크리에이터여,
유황성냥을 켜라

아이디어에 올인한 한 광고인의 불 같은 삶

나남
nanam

김태진

1960년대 후반부터 1970, 1980년대를
광고현장에서 발로 뛴 광고인으로
현재는 미국 뉴저지에 거주하며
여전히 경영일선을 지키고 있다.

저서로는《백발백중, 헤드라인 그 전부》I, II가 있다.

나남산문선 · 68

크리에이터여, 유황성냥을 켜라
아이디어에 올인한 한 광고인의 불같은 삶

2007년 2월 15일 발행
2007년 2월 15일 1 쇄

저자_ **金泰鎭**
발행자_ **趙相浩**
편집_ 방순영 · 윤인영
디자인_ 이필숙
발행처_ (주) 나남출판
주소_ 413-756 경기도 파주시 교하읍
출판도시 518-4
전화_ (031) 955-4600 (代), FAX : (031) 955-4555
등록_ 제 1-71호(79.5.12)
홈페이지_ http://www.nanam.net
전자우편_ post@nanam.net

ISBN 978-89-300-0868-6
ISBN 978-89-300-0859-4(세트)
책값은 뒤표지에 있습니다.

아이디어 불태우기 시리즈 1

크리에이터여, 유황성냥을 켜라

아이디어에 올인한 한 광고인의 불 같은 삶

김 태 진

나남 nanam

하나님께서 나에게 주신 평생의 선물은 무엇이었을까?

그것은 아마도 두툼한 한 갑의 유황성냥이었던 것 같다.

아이디어의 불꽃을 여기저기에 피워 당기라고 주신 지혜, 바로 그것이었다. 나는 이것을 나의 유일한 재주로 알고 일평생을 이 성냥개비를 꺼내 불을 일구며 살아왔다. 상품의 가치를 높이고 업무를 효율화하며 기업을 키우고 발전시키는 데 이 유황성냥을 사용해왔다.

사람은 누구나 자기만의 장기와 재주를 갖고 이 세상에 태어난다. 그래서 이것을 잘 갈고 닦는다면 그 인생에 결코 실패란 있을 수 없다고 단언할 수 있을 것이다.

나는 이처럼 보잘것없는 유황성냥 한 갑을 갖고도 이렇게 열심히 일생을 살아왔는데 이보다 더 훌륭한 재능을 갖고 태어난 사람이라면 그 일생이 얼마나 더 아름답고 보람있을 것인가.

그런 의미에서 이 글은 자서전이 아니다. 작은 재주 하나에도 그것을 갈고 닦는 데 최선을 다한다면 결과는 결코 실망스럽지 않은 것이 세상의 이치라는 것을 사랑하는 젊은 광고인들에게 말해주고 싶어서 쓴 글일 뿐이다.

직장생활을 하든 혹은 자영생활을 하든 사람은 일생을 살아가면서 나름대로 크고 작은 시련과 역경을 겪기 마련이다.

내가 한때 몸담아 일했던 회사도 결코 그렇게 만만한 회사는 아니었다. 그렇지만 그 만만치 않은 것에 불평하고 외면하기보다는 거기에 적응하고 도전하는 데 나의 귀중한 유황성냥을 적절히 일구고 당겼던 것이 지나고 보니 성과가 나쁘지 않았던 것 같다.

우리 광고인들은 일반적으로 자기주장이 강한 만큼 자기시각으로 세상을 보려는 버릇이 있다. 그러나 이런 자기주장을 하기에 앞서 한발짝 먼저 남을 생각하고 내가 아닌 상대방의 시각으로 세상을 볼 수 있는 지혜를 발휘한다면 막혔던 문제는 의외로 쉽게 풀릴 수도 있고 시련과 역경을 극복할 수 있는 지름길도 발견하게 될 것이다.

모름지기 나의 이 작은 경험들이 현대를 살아가는 젊은 광고인들에게 삶의 지혜를 깨닫는 작은 디딤돌이 되었으면 한다.

아울러 이 글은 내가 광고실무를 하면서 겪었던 일들을 정리하여 엮어놓은 글이므로 많은 분들을 본인의 양해없이 실명으로 올려놓았다.

그 한분 한분과의 만남이 나에게는 너무나 소중한 인연이었기에 나는 이것을 꾸밈없이 그대로 간직하고 싶어서 그랬던 것인데 혹시 이것이 언짢고 결례가 되었다면 다시금 정중하게 사과말씀을 드리며 저의 순수한 뜻을 헤아려 주시기를 바란다.

丙戌年 晩秋에

青山 金泰鎭

크리에이터여, 유황성냥을 켜라

아이디어에 올인한 한 광고인의 불 같은 삶

차 례

제 1 장

유황성냥의 크리에이터

첫 시사회

첫 경험은 항상 마음을 설레게 한다. 미지의 세계에 대한 불안과 새로운 것을 창조한다는 설렘이 교차하기 때문일 것이다. CF 한 편을 완성해 시사회를 갖는 것은 대단히 긴장되고 마음 졸이는 시간이다. 더구나 오늘처럼 처음 거래하는 거래처의 첫 시사회는 더더욱 피를 말리게 마련이다.

그래서 오늘은 좋은 인상을 주려고 양복도 제대로 갖춰서 반듯하게 입고, 넥타이도 밝고 고운 색깔로 골라 맸으며, 평소에는 자주 가지도 않던 이발소에 가서 머리까지 단정하게 손질하고 서둘러 조수와 함께 무거운 영사기를 들고 롯데 사장실로 올라갔다.

당시 롯데공업 본사는 대방동 공장에 있었지만, 시내에서 대방동까지는 거리가 너무 멀어서 사장 결재는 시청 앞 해남빌딩에 있는 시내 사장실에서 직접 받고 있었다. 그래서 이번 시사도 이곳에 준비하라고 해서 서둘러 온 것인데 우리가 너무 일찍 도착해서인지 담당자인 이석환 과장은 아직 오지도 않았다.

사장실 앞에는 비서실이 따로 있었고 그곳에 여비서 한 사람이 책상을 지키다가 우리가 들어서자 반갑게 맞아준다.

"사장님에게 롯데라면 CF시사하러 왔는데요."

나는 여비서에게 가볍게 인사를 했다.

"네, 이 과장에게 연락받았습니다. 잠시만 기다려 주세요. 과장님도 곧 도착하실 테니."

우리는 영사기를 내려놓고 잠시 기다리기로 했다.

사장실 안에서는 여러 사람들이 모여 정담을 나누는 모양인데도 투박한 경상도 사투리는 마치 서로 싸우기라도 하듯 문 밖에까지 왕왕 울린다.

"경상도 사람들은 연애할 때도 저런 식인가…."

나는 조여드는 압박과 긴장감을 풀어보려고 평소 잘 하지 않는 우스갯소리를 혼잣말처럼 지껄이며 작게 소리를 내며 웃어본다. 그러자 여비서도 손을 들어 입을 가리며 함께 웃는다.

"차라도 한 잔 드릴까요?"

"아뇨, 괜찮습니다. 우리가 좀 일찍 와서…."

나는 서둘러 사양하고 다시 깊게 숨을 몰아쉬며 긴장을 늦춰 본다.

이때 사장실 문이 열리며 웬 시골아저씨 풍의 마흔쯤 돼 보이는 사람이 나와 화장실로 들어간다. 순간 나는 바짝 긴장해서 그분을 바라보았지만 행색이 너무나 시골스러운 데다가 비서아가씨도 자리에서 일어나질 않아 나는 손님 중의 한 분인가 보다 하고 다시 긴장을 풀었다.

조금 후에 그분이 화장실에서 나와 서성거리는 우리 일행과 테이블 위에 놓여 있는 영사기를 바라보더니 다시 사장실 안으로 들어간다. 곧바로 사장실 안에서 비서를 찾는 소리가 들리고 비서가 들어갔다 나오더니 나보고 사장실 안에 시사준비를 하라는 것이다.

나는 아직 이 과장도 오지 않았는데 우리끼리 사장실에 들어가는 것이 마음에 좀 걸리기는 했으나 그렇다고 시사회 준비를 하라는데 머뭇거리고 있을 수만은 없었다.

나는 조수와 함께 영사기와 스크린을 들고 사장실 안으로 들어갔다.

사장실 안에는 내가 조금 전에 보았던 그런 시골스런 고만고만한 다섯 분의 아저씨들이 빙 둘러앉아서 뭔가를 재미있게 이야기하다가 우리가 들어서자 매우 호기심어린 눈으로 바라본다. 그런데 난감한 것은 그 다섯 분 중 과연 어느 분이 사장인지를 알 수가 없는 것이다.

사장이 누군지를 알아야 그쪽으로 시사준비를 맞출 게 아닌가.

모습도 그런 데다 응접실 소파마저도 상하를 구분하기 어렵게 배치되어 있었고 이따금씩 우리에게 말을 건네는 것조차 모두가 주인처럼 나서서 이야기하는 바람에 나는 더욱 헷갈릴 수밖에 없었다.

그렇다고 "어느 분이 사장님이세요?" 하고 물어볼 수도 없어서 일단은 사장 테이블을 기준으로 해서 그 앞쪽으로 스크린을 세우고 스크린 맞은편에 영사기를 놓고 필름을 걸어 연속으로 돌아가게 만들었다. 그리고 전원을 꽂고 영사기 스위치를 켜보니 모든 것이 정상으로 작동된다.

내가 준비를 마치고 허리를 펴자 다섯 분 모두 이제 잔뜩 기대에 찬 모습으로 스크린 쪽을 바라본다.

"전기를 끌까…?"

"끄자, 마."

"개안타. 그냥 이대로 해도 게안케타."

다섯 분 모두 똑같이 말참견을 하며 마치 시골소녀들이 영화관에 처음 들어온 것처럼 가슴이 설레는 모습이다. 나는 다소 난감한 표정을 지으며 그분들을 바라보았다.

"와 안키노? 어서 틀어보래이."

조금 전에 화장실을 다녀왔던 분이 재촉한다.

"그래, 어서 보자 마."

다른 분들도 덩달아 소파 끝으로 엉덩이를 끌어당기며 조바심을 낸다.

그러나 나는 영사기에서 한 발 물러서며 정중하게 그분들에게 고개를 숙였다.

"이제 곧 이 과장이 올 텐데 조금만 기다렸다가 함께 시사를 하면 어떨까요?"

그러자 모두들 멍한 표정으로 나를 바라본다.

그리고 잠시 침묵이 흐른다.

나는 초조했다. 나로서는 롯데 CF를 처음으로 맡아서 제작한 것인데 그 첫 시사에 이번 CF를 나에게 맡겨준 담당과장을 빼고 시사를 한다는 것은 말이 안되기 때문이다.

"지금 올라오는 중이랍니다."

나는 확인되지도 않은 사항까지 보태가며 초조하게 동의를 구했다.

"그랄까."

"그라지 뭐, 시간도 있는데…."

시골 분들이어서 그런지 의견이 모아지는 것도 간단했다.

나는 가슴을 쓸어내리며 조수를 데리고 서둘러 사장실을 나왔다.

방을 나오자마자 나는 곧장 여비서에게 저 다섯 분 중 누가 사장님이냐고 물었다.

여비서는 또 한 번 소리를 죽여 웃으며 방금 전에 화장실을 다녀간 분이 사장님이라고 알려준다.

"그럼 나머지 다른 분들은 회사임원들인가요?"

나는 그분들이 나누는 말투로 봐서 회사임원 같아 보이지는 않았지만 그래도 본래 경상도 말은 상하구분이 불분명한 부분이 있어서 혹시나 하고 물었다.

"아뇨, 가까운 친구분들입니다."

회사중역도 아닌 친구들과 시사를 보겠다니 조금은 의아한 생각이 들었지만 사장이 본래 그런 소탈한 성격인가보다 생각했다.

그리고 조금 있자 이 과장이 들어왔다.

"어, 김 감독 일찍 왔네."

"일찍이 뭐야, 벌써 사장실 안에 시사준비를 마친 지가 언젠데 …."

나는 비로소 초조한 마음을 털어버리며 늦게 도착한 이 과장에게 조금은 원망하는 투로 퉁명을 부려본다.

여비서가 다시 사장실 문을 열고 이 과장이 왔음을 알리자 안에서 시사를 하자는 연락이 왔다.

조수는 비서실에 그대로 놓아둔 채 나는 이 과장의 뒤를 따라 사장실 안으로 다시 들어갔다. 그리고 스크린 앞에 반듯하게 서서 우선 사장님을 찾아보았다. 상하구분이 안 가는 이상한 소파배열이었지만 그래도 사장님은 그 중 가운데 앉아 있었다. 그래서 이번에는 확실하게 그 사장님의 눈에 내 눈을 고정시키고 열정적으로 CF 제작설명을 시작했다.

나는 언제나 시사에 들어가기 전에 갖는 이 제작설명을 대단히 중요하게 생각하고 이때는 아주 당당한 자세로 사전에 상대방을 철저하게 압도하는 전략을 구사한다. 사전에 클라이언트의 기를 충분하게 눌러놓지 못하고 어물어물하거나 빈틈을 보였다가는 대개 중구난방식으로 트집을 잡히는 경우가 종종 있기 때문이다.

CF시사란 대개 그 회사의 최고경영자이거나 아니면 중요한 위치에 있는 임원들에게 보여주는 경우가 대부분이다. 이런 경우 시사를 하는 내 입장에서 보면 너무나 높고 어려운 분들이라 대개 긴장하거나 주눅이 들어서 말도 제대로 못한 채 단지 잘 보시고 선처만 해달라는 딱한 처지에 놓이게 마련이다. 그래서 도마 위에 올려진 작품은 철저하게 난도질을 당하고 그러다 보면 대개는 작품이 정상적인 평가를 받기보다는 평가절하되기 십상이다.

그래서 나는 작품을 만들 때도 물론 혼신의 힘을 다해 만들지만, 만들어진 작품을 최종 평가받는 이 시사에는 더욱 심혈을 기울였다.

CF 시사에도 나름대로 왕도(王道)가 있는 법이다.

특히 오늘처럼 첫 거래처의 첫 시사는 더더욱 중요한 시간이다. 대개 첫 인상이란 두고두고 나에 대한 평가의 기준이 되기 때문이다.

우선 내가 상대방에게 압도당하기 전에 내가 먼저 상대를 철저하게 압도하는 전략을 구사한다. 그러기 위해서는 우선 맹수가 먹이를 낚아채듯 상대의 눈을 집요하게 물고 늘어져야 한다. 이것은 마치 복싱선수가 처음 링에 올라서서 상대방을 눈으로 제압하려는 것과 똑같은 이치이다.

이렇게 내가 강한 눈빛을 보내면 상대방은 여러 가지로 반응을 보인다. 너무나 강한 눈빛에 쉽게 시선을 돌려 항복하는 타입이 있는가 하면, 어떤 사람은 같이 눈에 각을 세워 나를 마주 바라보는 사람도 있고, 시선을 어디에 둘지 우왕좌왕하는 사람, 오히려 불쾌한 듯 나를 더 노려보는 사람, '내 얼굴에 뭐가 묻었나?' 하면서 점잖게 내 시선을 거부하는 사람 등.

그럼 나는 상대방의 반응을 봐가면서 시선의 강약과 완급을 조절하게 되고, 아울러 시선 못지않게 CF에 대한 자신감도 보여주어야 한다. 그러기 위해서는 내가 만든 CF 이상으로 이번 상품에 대해서도 그들이 놀랄 정도의 해박함과 소비자반응에 대한 자신감을 보여주어야 한다.

그리고 이것들을 열정적인 어투로 하나하나 또박또박 풀어나간다면 대개의 경우 나에 대해서, 혹은 내가 만든 작품에 대해서 호감을 갖게 마련이고 그 반응을 토대로 해서 시사를 운영하면 대개는 그 작품 이상의 평가를 받아낼 수가 있었다.

오늘은 롯데 사장님과의 첫 시사이면서 첫 대면의 자리여서 나는 나름대로 준비도 많이 하고 그래서 긴장도 많이 되었지만 첫인상이 생각보다는 소탈하고 부담이 없어 보여서 조금은 마음이 놓였다.

이 정도 회사의 사장이라면 흔히 삿세 되는 권위적이거나 독선적인 자세도 찾아볼 수가 없었고 구사하는 어투도 화려한 수사보다는 조금은 어눌한 듯하면서도 정이 담겨 있는 것이 격의가 없어 보여 인상적이었다. 그러다 보니 나의 '상대방 압도전략'은 의외로 쉽게 풀어나갈 수가 있었다. 사장님은 나의 집요한 눈빛에 당황한 듯 이리저리 피하다가 어쩌다 눈길이 마주치기라도 하면 멋쩍어 씩 웃으시곤 한다. 이렇게 내가 의외로 쉽게 사장님을 압도하다 보니 말에 더욱 자신이 생기고 사장님의 마음 속까지도 미리 읽을 수가 있어서 시사결과에 대해서도 자신감도 생겼다.

그래서 나는 제작설명을 마치고 영사기 스위치를 서둘러 돌렸다.

연속으로 3번 정도를 돌리면서 나는 사장님의 표정을 살폈다. 역시 예측했던 대로 만족해 하는 눈치다. 그래서 나는 지체하지 않고 영사기 스위치를 껐다. 모두들 조금은 아쉬운 표정으로 나를 바라본다.

나는 언제나 시사 때는 한 필름을 여러 번 돌리지 않는다. 반응만 나쁘지 않은 것 같으면 적당히 조금은 아쉽다 할 때 끝내버린다. 그리고 반응을 들으면서 그쪽에서 한 번 더 보자고 하면 또 한두 번 더 보여줄 뿐이다.

좋은 평가를 받아내기 위해 사전에 아무리 고도의 심리전을 구사한들 막상 시사에 들어가서 작은 일에 실수한다거나 소홀히 해 모처럼 힘들여 만들어온 작품을 수정당하거나 거절당하면 그동안의 수고가 한순간 모두 물거품이 되기 때문이다. 그래서 필름을 너무 많이 빙글빙글 돌리는 것은 금기시했다. 한 작품을 계속 보면 대개 작품의 신선도가 떨어지고 진이 빠져 작은 결점들까지 눈에 드러나게 마련이다.

CF제작에 있어서 나의 최대 강점은 무엇보다도 산뜻하면서도 톡톡 튀는 아이디어와 제작기간을 최대한 압축하는 스피디한 진행이었다. 그래서 아무리 까다롭고 어려운 광고주라도 일단 내 손에만 들어오면 일주일 내에 모든 것을 마무리하고 시사까지 마치는 것으로 정평이 나 있었다.

롯데도 처음 이 과장에게서 제품설명과 표현전략을 전해듣고 불과 1~20분 만에 콘티를 완성시켰다. 나만의 독특한 경험적 방법이지만 나는 오랜 시간 질질 끄는 아이디어는 오히려 나중에 보면 더 진부하고 신선한 맛이 떨어진다고 생각하여 가급적 순발력 있게, 아이디어가 식기 전에 빨리 처리하고 뒷정리는 생략하는 것을 원칙으로 삼고 있었다.

롯데도 이번 첫 작품에 나의 이런 장기를 최대한 집약하여 만든 역작이었지만 과연 이런 나의 제작 스타일이 롯데 사장님에게도 통할지 매우 궁금했었다. 그런데 막상 20초 시사를 하는 동안 사장님의 표정에서 나는 만족을 확인하고 이번에는 자신 있게 영사기에서 20초짜리 필름을 빼내고 같은 작품 30초짜리를 걸어 두 번을 더 돌렸다.

그리고 스위치를 끈 다음 조심스럽게 사장님의 얼굴을 바라보았다. 그의 입에서 떨어질 최종판결을 기다리는 것이다.

"게안구만."

사장님이 고개를 끄덕인다. 사장님이 말로는 그렇게 간단하게 표현했지만 싱글벙글한 표정으로 봐서는 어쩌면 이 작품을 직접 만든 나보다도 속으로는 더 좋아하는 것 같았다.

첫 거래처, 첫 시사라 해서 특별히 신경을 썼던 것 이상의 큰 성과를 거둔 것에 나는 한숨을 돌리며 옆에 있는 이 과장을 바라보고 은근히 감사를 표했다. 사실 오늘 시사에 나 못지않게 긴장하고 조바심을 가졌던 사람이 바로 이 과장이었다. 기존의 거래처에서 나로 바꾸어 첫선을 보이는 작품이 사장님에게 좋은 평가를 받지 못한다면 이 과장 자신도 곤란했을 것이기 때문이다.

이 과장은 갑자기 신바람이 나서 나의 과거 영화경력을 하나하나 열거해 가며 내 자랑에 열을 올리기 시작한다. 영화이야기가 나오자 다섯 분 모두 눈을 반짝이며 큰 관심을 보인다. 아마도 이분들 모두 영화에 관한 한 나 이상의 영화광(映畵狂)인 듯싶었다. 그래서 궁금한 것도 많았고 질문도 많았다.

영화에 관한 이야기라면 거칠게 없을 만큼 풍부한 이야깃거리를 갖고 있는 나로서는 마치 물고기가 물을 만난 듯 재미있는 영화계의 에피소드들을 들어 그분들과 오랫동안 이야기를 나누었다. 작품평가도 좋았겠다, 거기에 또 영화 이야기를 곁들이게 되었으니 나로서는 신바람이 절로 난 것이다.

아무튼 롯데 사장님으로서도 처음 만난 나를 통해 작품도 마음에 들어 좋았고, 덤으로 재미있는 영화계 이야기까지 들었으니 더욱 기분 좋게 나를 기억할 수가 있었을 것이다.

방향전환

나는 어려서부터 영화인들 속에서 성장했다.

당시 우리나라 영화계의 대표적 국민배우였던 김승호 씨 집에서 나는 성장기를 보냈는데 그러다 보니 영화계의 내로라하는 제작자나 기획자, 감독들을 어려서부터 많이 알게 되었다. 이렇듯 영화계의 많은 인사들과 가까이 지내면서 나의 경기고등학교와 서울대학교의 학창시절도 학우들과 어울려 학림다방이나 학사주점에서 인생을 논하고 젊은 꿈을 키우기보다 헐레벌떡 교복을 입은 채 영화현장을 뛰어 누비는 매우 특이한 청년기를 보냈고, 일찍부터 영화계에서는 싹수가 보이는 영화미치광이로 평가를 받았다.

그리고 마침내 약관에 '김 감독' 소리를 들으며 첫 메가폰을 잡았는데 그만 그 첫 작품 〈한 번 준 마음〉에서 나는 크게 실패를 하고 엄청난 충격과 실의에 빠졌다. 시나리오면 시나리오, 연출이면 연출, 또 제작이면 제작, 영화라면 뭐든지 손대서 안될 것이 없을 줄만 알았던 자신만만했던 내가 이처럼 첫단추에서 어이없는 실패를 하고 보니 그동안의 나의 세상물정 모르고 펄펄 뛰기만 했던 자신감이라는 것이 얼마나 어리석은 만용이었나 하는 것을 절감하였던 것이다.

한마디로 영화란 완벽한 흥행사업인 것이었다. 흥행사업이란 때로는 능수능란한 변사와도 같이 관중을 읽을 줄 아는 예지(叡智)가 있어야 했고, 장사꾼 같은 철저한 계산도 할 줄 알아야 했으며, 도박사 같은 냉철한 판단력도 필요한 사업이었다. 영화에서 이 흥행을 전제로 하지 않는 한 제작이든 연출이든 그것은 한낱 허황한 꿈에 불과한 것이다.

첫 작품이 흥행에 실패하자 제작자 어느 누구도 거들떠보지 않는 처량한 신세가 되어버렸다. 일찍 핀 꽃이 쉽게 진다고 했던가…. 하루아침에 충무로 실업자가 되어버린 나는 청맥다방 한구석에 앉아서 심각한 고민에 빠져 있었다.

그리고 나 스스로를 냉정하게 되돌아보았다. 그동안 내가 비록 영화계에서는 잘 나가는 '젊은 희망'이라고 했으나 역시 흥행에 관한 한 나는 백치나 다름없는 맹탕이었음을 깨달았다. 영화감독이 흥행을 모르고 흥행에 보증이 안 된다면 그것은 감독으로서 끝난 이야기였다.

충무로에는 성공한 감독도 많지만 이렇듯 흥행에 실패하여 빛을 보지 못하는 감독들이 훨씬 더 많아서 실업자 아닌 실업자로 여기저기를 기웃거리고 있었다. 지금의 나라고 그런 신세가 되지 말라는 보장은 없는 것이다.

그래서 나는 이 시점에서 나를 냉정하게 판단하여 결단을 내려야 했다. 그리고 그 결론은 내가 이제까지 내 인생의 전부로 알고 올인해왔던 영화를 미련없이 버리기로 한 것이다.

그것은 영화에서 나의 성공한 미래를 장담할 수 없었기 때문이었다. 단 한 번의 실패로 그동안 내 생명과도 같았던 영화를 버리다니 너무 성급하고 경솔한 결정이 아닐까 하는 안타까움도 있었지만 역시 흥행이라는 요물을 요리하기에는 역부족이라고 스스로 판정을 내린 이상, 이제 더는 흥행영화에 머뭇거리거나 미련을 가질 이유는 없었다.

그렇다고 해서 영화 자체를 포기하고 싶은 생각은 없었다. 어차피 내가 흥행에 자신이 없었다면 흥행이 아닌 다른 영화를 모색하고 싶었다. 그래서 탈출구로 생각해낸 것이 당시 막 태동하기 시작한 광고영화였다.

광고영화는 흥행영화와는 달리 계약영화라는 것이 나의 마음을 끌었다.

그래서 광고영화에 대해서 본격적으로 공부를 시작했다. 광고영화에 깊이 들어갈수록 흥미진진한 엄청난 금맥(金脈)임을 깨달을 수가 있어서 마음은 또다시 뜨거워지고 흥분하기 시작했다.

당시 충무로 영화계에서는 '광고영화'란 말 자체가 없었던 때였다. 광고영화라고 해봤자 기껏 극장에서 휴식시간에 간간이 틀어주는 짧은 토막광고가 전부였다. 그러나 나는 산업화의 발전으로 자본시장이 확대되면 머지않아 이 땅에 엄청난 광고시대가 도래할 것을 예감할 수가 있었다. 당시 우리가 선진의 모델로 삼던 미국이나 일본의 예를 봐도 이것은 너무나 분명한 일이었고, 그럴 경우 지금 서둘러서 이 분야에 진출한다면 머지않아 영화계 이상 더 큰 광고시장을 선도할 수 있을 것이라는 확신이 생겼다.

그래서 영화계의 몇몇 친구들을 설득하여 광고영화 쪽으로 진출을 시도해 보려고 했지만 대부분의 영화계 사람들이 광고영화 자체를 이해 못하고 있던 터라 선뜻 나서는 사람은 아무도 없었다. 오히려 "몇십 초짜리 영화도 영화냐?"고 핀잔하거나 모욕을 당하기가 일쑤였다.

일반영화 한 편의 러닝타임이 1시간 20분이었는데 광고영화는 20초~30초, 그리고 제작비는 일반영화 한 편을 만드는 데 800만 원~1천만 원이 들었는데 광고영화는 한 편을 만들어서 광고주에 납품하면 40~50만 원을 받았다. 한마디로 광고영화는 일반영화에 비하면 영화 축에도 끼지 못하는 아주 하잘 것 없는 대접을 받았다. 그래서 많은 영화인들은 광고영화의 이 외형적인 것만 보고 이것을 무시하거나 천대했던 것이다.

그래서 광고영화를 만드는 주제에 '감독님'이니 '기사님'이니 하는 말은 쓰지도 못했지만 현장이나 녹음실 등에서 무의식중에라도 그런 호칭을 썼다가는 주위의 웃음거리가 되기 일쑤였다. 그것은 어디까지나 촬영부나 연출부의 말단 조수들이 용돈 정도 벌어 쓰는 것으로 치부되었기 때문이다.

그래서 내가 이 일을 처음 시작하겠다고 했을 때 주위의 많은 사람들은 내가 형편없이 몰락하고 찌들어서 이제는 돈의 노예가 된 비참한 신세가 되었다고 생각하고 동정했다. 왜냐하면 당시에는 영화감독을 한다면 최소한 금전적 문제에서만은 초연할 수 있는, 그래서 비록 호주머니가 텅텅 비어서 끼니를 거르고 커피값에 쪼들리는 한이 있어도 언제나 고고하고 넉넉하게 사는 것이 영화감독의 멋이요, 자존심으로 알던 때였기 때문이다. 그래서 감독은 물론 연출부의 조수들까지도 돈이 없으면 없는 대로 지내야지 돈을 벌겠다고 광고영화 따위를 넘보는 사람은 영화인 축에는 끼지도 못하고 밖으로 왕따 당하게 마련이었다.

그러나 나는 광고영화에 대한 생각이 달랐다. 단순히 호구지책으로서의 영화가 아니라 멀지 않은 장래에 하나의 거대한 산업으로 발전할 수 있는 가능성을 보았던 것이다. 흥행영화는 흥행에서 성공하면 부와 명성이 하루아침에 들어오지만 실패하면 그것으로 끝장이었다. 거기에 비해서 광고영화는 성공과 실패의 극단적 편차가 적어서 비교적 안정적이고 과학적이라는 점도 내 마음을 끌었다.

그래서 이제까지 일반영화에만 혈안이 되었던 생각을 접고 충무로에서는 거들떠보지도 않는 20초짜리 쪼가리(조각)영화, 즉 광고영화만을 전문으로 만드는 프로덕션을 차리기로 마음을 바꾸었다. 그래서 1968년 명동 한복판에 있는 심지다방 4층에 '내외광고'라는 간판을 올렸다.

이곳은 당시 우리나라 젊은이들이 모이는 청년문화의 중심지였다. 프로덕션 사무실로는 충무로만큼 편리한 곳도 없었겠지만 충무로에는 나의 변신에 대해서 빈정대는 사람들이 많아서 오히려 이런 젊은이들 속으로 뛰어드는 것이 좋을 것 같았다.

심지빌딩은 지하부터 4층까지는 모두 젊은이들 상대의 카페와 레스토랑, 다방뿐이었다. 게다가 당시로서는 국내 유일한 라이브카페가 있어서 이곳 무대에는 항상 새로운 신인가수들이 등장하곤 했는데 이곳에서 성공하면 곧바로 방송국에 픽업되어서 대형가수가 되는 것이다.

당시 가수로 데뷔하는 코스는 이곳 3층에 있는 'OB캐빈' 이외에도 까다로운 오디션을 거쳐야하는 '미8군 쇼', 그리고 각 방송국에서 개최하는 노래자랑 등이 있었으나 이곳 라이브카페를 통해서 방송국으로 진출하는 것이 가장 빠르고 확실한 것이어서 이곳은 항상 젊은 연예인들로 붐비고 있었다.

이 빌딩의 5층은 전체가 사무실이었는데 그 중에서도 맨 중앙에 위치한 작지 않은 사무실에서 우리는 광고영화의 첫 장을 연 것이다.

사무실은 홍대 출신의 젊은 엘리트들에게 당시로서는 획기적인 인테리어 작업을 의뢰해서 단장했다. 당시만 해도 사무실이란 그저 빈 공간에 책상과 의자만 놓으면 되는 것으로 알고 있을 때였는데 나는 이곳에 일반적으로 상상하기 어려운 멋진 공간을 만들어낸 것이다. 인테리어가 완공되자 많은 사람들이 아래층의 카페보다도 오히려 더 아름답고 분위기가 좋다고 했다.

거의 같은 시기에 인사동에서 MBC-TV가 개국을 하자 소량이나마 CF제작 일거리가 생기기 시작했다. 초기에는 제약업계와 제과업계 그리고 모방업계 등에서 TV광고를 조금씩 하기 시작했고 시간이 지나자 전문적인 CF제작회사도 하나둘 생겨나기 시작했다.

충무로 출신 중에는 기존 영화사의 연출부나 촬영부 조수들이 아르바이트로 제품을 찍어주고 용돈 정도 받으면서 시작한 사람이 있었고, 아니면 문화영화나 기록영화를 만들다가 광고영화로 돌아선 사람, 그리고 극장 슬

라이드광고를 만들던 사람, 아니면 방송국 CM 제작부에 입사해 일하다가 독립한 사람들이 초기 광고영화 전문제작자로 활동을 시작했다.

비록 나이는 어렸어도 충무로 감독출신으로 이 업계에 진출한 것은 내가 유일하였으나 당시 나는 첫 작품에서 실패하고 아무도 영화라고 취급조차 않는 광고영화에 뛰어들었다 해서, 선망의 대상이기보다는 '20초짜리 인생'이라고 불쌍하고 측은한 눈으로 보는 동정의 대상이었다.

그러나 시간이 지나갈수록 광고영화 쪽에도 질서가 잡히고 나름대로 전문화가 형성되기 시작했다. 그래서 제약업계는 'Q프로덕션'(손정철), 제과업계는 '한일기획'(추남) 등이 전문화의 영역을 넓혀가기 시작했고, 우리 내외광고는 모방업계와 은행 쪽으로 주로 많은 거래처를 확보했다.

한국모방은 우리의 여러 거래처 중에서도 매우 중요한 곳이었다. 그것은 이곳의 선전책임자로 있는 이석환 과장이 나와는 친형제 이상으로 가깝게 지냈던 탓에 이 친구가 자기회사는 물론 여타 모방업계의 다른 회사들도 나에게 많이 연결해 주어서 영화 이외에는 전혀 아는 것이 없던 내가 처음부터 비교적 순탄하게 이 광고계에서 거래처를 확보하는 데 결정적으로 도움을 주고 있었기 때문이다.

그러던 그가 한국모방을 떠나 롯데공업으로 자리를 옮기는 바람에 나로서는 친구 이 과장을 통해서 처음으로 식품업계에도 진출할 수 있는 기회를 갖게 된 것이다. 그리고 그 첫 작품이 롯데라면 CF였는데 첫 작품부터 롯데 사장님과 좋은 인연이 맺어져 그 다음부터는 롯데의 전 광고물량을 내가 모두 도맡아 제작하는 전문시스템으로 확대되었다.

롯데는 제 2차 대전에 일본이 패망한 폐허 속에서 새로운 기업신화를 일구어낸 재일교포 신격호 회장이 조국에서 같은 상호로 시작한 회사였다. 당시에는 제과(롯데제과)와 식품(롯데공업)이 주종을 이루는데 전체적으로는 신 회장의 아우인 롯데공업의 신춘호 사장이 한국롯데를 총괄하였고, 일본 신 회장은 한 달에 한 번 한국에 나와 신 사장에게 업무를 청취하고 있었다.

신춘호 사장은 외유내강(外柔內剛)의 전형인 그런 분이었다.

첫인상은 너무나 소탈하고 겸손해서 마치 고향 언양에서 방금 올라온 시골사람처럼 말수도 적고 또 표현이 어눌하여 잘 알아듣지도 못할 정도로 답답하게 보였으나 속으로 들어갈수록 강직하고 판단이 정확하며 고집이 센 분이었다.

경영에는 철두철미 제품제일주의였다. 좋은 제품만이 시장을 지배할 수 있다는 확고한 일념으로 생산, 특히 제품개발실과 연구실은 사장의 안방이라 할 정도로 이 분야는 신 사장이 처음부터 끝까지 모든 것을 확실하게 챙기고 진두지휘했다.

그 다음으로 관심을 갖는 분야가 광고 쪽인데 '좋은 제품은 좋은 만큼 정확하게 소비자에게 알려야 한다'는 일종의 사회정의 차원에서의 사명감을 갖고 접근했다. 그래서 스스로가 '선전부장'이라고 자처할 정도로 광고에 관한 한 신 사장은 확고한 철학을 갖고 있어 어느 누구도 신사장의 이 철학을 이해하지 못하면 접근하기 어려운 것이 이 광고분야였다.

광고의 기본은 우선 '역발상'(逆發想)이라고 하는 신 사장 나름의 독특한 발상에서부터 시작된다. 요즘에 와서는 이 역발상이라는 것이 어느 정도 일반화되어 광고학이나 마케팅개론에도 쉽게 등장하는 단어가 되었지만 당시만 해도 너무나 생소한 개념이어서 대부분의 광고인들이 신 사장과의 면담에서 이 역발상을 이해하지 못해 낭패하는 경우가 허다했다.

신기하게도 나는 신 사장과의 첫 대면에서부터 서로간에 생각이 일치하는 이상한 현상을 발견할 수 있었다. 이것을 나는 후에 '운명'이라고까지 표현한 적이 있었는데 아무튼 다른 사람은 잘 알아듣지 못하는 사장님의 말도 나는 두 번 설명할 필요 없이 모든 말들이 쏙쏙 귀에 들어왔고 사장님 또한 내가 드리는 제안에는 이해가 빨랐다. 이것을 사장님은 의기투합(意氣投合)이라고 했는데 아무튼 이렇게 서로가 이해를 빨리 하니 사장님이 추구하는 바를 그대로 표현에 담는 일은 그렇게 어려운 일이 아니었다.

거기에 사장님의 성격에까지 나는 매력과 애정을 느끼고 있었으니 나는 항상 '롯데일'이라면 신바람이 났고 또 만들면 만든 대로 사장님도 좋아하는 것이었다.

기분 좋은 땀냄새

1972년 6월. 아직 봄 냄새가 채 가시지도 않았는데 그날은 한여름처럼 무덥고 바람 한 점 없었다.

나는 '소고기라면' CF를 완성하여 이를 시사하러 시청 앞 해남빌딩에 있는 롯데 사장실로 올라갔다. 오늘따라 우리회사에 일이 밀려서 시사에 따라붙는 직원도 없이 나 혼자 무거운 영사기와 스크린을 들고 낑낑거리며 비서실에 들어섰다. 날씨가 아직은 그렇게 한여름처럼 더운 날은 아니었는데도 나는 천근같은 영사기를 들고 사장실에 달려오다 보니 숨이 가쁘고 옷은 땀에 흠뻑 젖어있었다.

비서실에는 이 과장이 먼저 와서 기다리고 있었고 언제나처럼 여비서 미스 차가 웃으며 나를 맞아준다.

"사장님도 지금 기다리고 계시니 서둘러 시사준비를 하세요."

나는 숨돌릴 겨를도 없이 이 과장과 함께 사장실 안으로 영사기를 들고 들어갔다. 마침 사장님은 무료하게 방안을 이리저리 서성거리다가 우리가 들어서자 반가운 표정으로 맞는다.

"말씀드린 대로 소고기라면 CF를 보시지요."

이 과장이 정중하게 보고를 하자 사장님은 고개를 끄덕이며 자리를 비켜준다. 나는 스크린을 사장님 소파 맞은편에 세워두고 거기에 맞춰 영사기를 설치하고 가져온 필름을 서둘러 연결했다.

오늘따라 사장님은 자리에 앉아 기다리기보다는 계속 내 주위를 이리저리 맴돌며 나를 지켜보는데, 그것이 영 마음에 걸린다. 마치 이 시사가 끝나면 어디 골프약속이라도 있는 듯, 자리에 앉지 않은 채 서성이는 모습이 더욱 부담이 되어 필름은 자꾸 엇갈려 제대로 들어가지를 않는다. 날씨는 무더운 데다가 사장님마저 이렇듯 내 등뒤에서 나를 지켜보고 있다고 생각하니 마음이 더욱 조급해져서 얼굴에서는 땀이 비 오듯 하고 하얀 와이셔츠는 등에 찰싹 달라붙어서 움직일 때마다 옷이 찢어질 듯 거북하기만 하다.

가까스로 필름을 끼고 전원까지 꽂아 영상의 초점을 맞춘 다음 사장님을 바라보았다.

"다 됐나?"

"네, 준비 다 되었습니다."

"그럼 틀어보려마."

그러면서 사장님은 소파에 가서 앉을 생각도 않고 그 자리에 그대로 서서 스크린 쪽을 바라본다. 사장님이 자리에 앉지 않으니 이 과장마저도 덩달아 엉거주춤한 자세로 서서 사장님을 바라본다.

할 수 없이 다시 스크린을 사장님 쪽으로 돌리고 거기에 맞춰 영사기를 다시 배치하려고 하자,

"괴안테두. 와 또 그걸 만지노. 그대로 하자마."

"옆에서 보시면 화면이 일그러져서…."

"내가 이걸 한두 번 보나. 어서 틀기나 해라."

모처럼 정성들여 만들어온 CF를 사장님에게 제대로 보여주어 좋은 평가를 받고 싶었는데 사장님이 이렇게 건성으로 보겠다고 하니 좀 섭섭했지만, 어쩔 수 없이 영사기의 스위치를 틀었다. 스크린에 화면이 나오고 곧이어 사운드까지 열리며 영사기의 휠이 빙글빙글 돌아간다.

대개 시사를 할 때는 처음 한 바퀴를 돌릴 때까지는 혹시 영사기에 필름

이 물려 이상이 생기지나 않을까 해서 돌아가는 영사기에서 눈을 떼지 못하다가 두 번째 때부터는 비로소 사장이나 주위사람들의 반응을 살피며 CF에 대한 평가를 미리 가늠해보는 것이 일반적으로 시사를 할 때 우리가 취하는 태도였다.

이날도 첫 한 바퀴가 무사히 잘 돌아가자 두 번째부터는 비로소 얼굴을 돌려 사장님을 바라보려고 하는데,

"됐다."

사장님이 짧게 결론을 내리는 것이다.

깜짝 놀라 얼결에 영사기를 정지시킨 채 사장님을 바라보았다. 단 한 번을 보고 됐다고 하는 것이 무엇을 의미하는지 도대체 알 수가 없었다. 좋다는 것인지 아니면 틀렸으니 두 번 다시 볼 필요가 없다는 것인지…. 놀라기는 이 과장도 마찬가지였는지 동그래진 눈으로 사장님과 내 얼굴을 번갈아 본다. 할 수 없이 허리를 굽혀 영사기에서 20초 필름을 빼내고 다시 30초 필름을 꽂으려고 했다.

"뭘 하노, 됐다카는데."

"30초짜리도 마저 보셔야지요…."

"같은 거 아이가."

도대체 이런 시사는 난생 처음 겪는 일이어서 나는 어찌해야 할지 알 수가 없었다. 아무리 그동안 사장님과 의기투합되어 시사가 일사천리였다고는 하나 이처럼 단 한 번에 시사를 끝내는 경우는 처음이었기 때문이다.

그러나 그런 중에도 그나마 마음이 다소 놓이고 위로가 되는 것은 그런 사장님의 얼굴에 노기(怒氣)보다는 오히려 잔잔한 미소가 흐르고 있다는 점이다. 나는 그 표정에 잔뜩 기대를 하며 조심스럽게 물었다.

"왜 마음에 안 드세요…?"

"됐다카는 말 니 몬 알아듣나?"

"글쎄 됐다는 말씀이 좋다는 건지 아니면…."

"그래, 니 말 대로다. 됐다카이. 된 건 한 번만 보믄 되지 두 번, 세 번 볼 필요가 있나."

나는 비로소 그동안 막혔던 한숨을 길게 투해내며 속으로 쾌재를 불렀다. 그리고 서둘러 주섬주섬 영사기를 거두었다. 영사기를 미처 다 거두기도 전에 이미 소파에 가서 앉은 사장님이 나를 불러 앞에 앉으라고 자리를 권한다.

사장님이 시사가 끝나기 무섭게 서둘러 자리를 뜰 줄 알았는데 의외로 소파에 편히 앉으며 여유를 부리는 게 의아한 생각이 들었다. 나는 이 과장과 함께 사장님 앞자리에 가 앉았다.

사장님은 미스 차를 불러 시원한 것을 내오라고 한다. 그러자 곧 노란 오렌지 주스 두 잔을 쟁반에 받쳐들고 와서 나와 이 과장 앞에 놓고 나간다.

"수고 많이 했데이. 더운데 시원하게 한 잔 쭉 마시거라."

그 말에 갑자기 갈증이 심하게 느껴져서 앞에 놓여 있는 주스잔을 들어 단숨에 깊게 들이마셨다. 노란 주스가 목젖을 넘어 뱃속으로 들어가면서 그동안 입 속을 바삭바삭 타게 했던 갈증과 더불어 더위마저도 한꺼번에 삼켜버리듯 온몸이 짜릿해지면서 시원함을 느낄 수가 있었다. 그리고 주머니에서 손수건을 꺼내 아직까지도 등과 가슴팍에 찰싹 달라붙어 있는 와이셔츠를 떼어내고 그 사이에 손수건을 밀어 넣어 땀을 닦아본다.

"오늘 날씨가 그리 덥더나?"

"네, 땀이 좀 많이 나네요."

"오늘따라 니 땀냄새가 유난히도 기분 좋게 느껴지네."

"죄송합니다. 간밤에 목욕을 미처 못했습니다."

"아냐, 아냐. 나쁜 의미가 아니고, 난 정말 니가 그 숨가빠하는 모습을 볼 때마다 항상 신선한 기분을 느끼고 있데이. 좋다는 의미다."

"사장님답지 않은 과찬이십니다."

나는 손수건을 접어 주머니 속에 넣으며 한숨을 돌려 마음의 여유를 가져 본다. 그러면서 아직도 컵에 남아있는 주스를 마저 홀쩍 마셔버렸다.

사장님이 이번 작품에 대해서 도대체 무슨 말을 하려고 이렇게 서론을 길게 끌어가나 하고 그의 얼굴을 바라보았다. 사장님은 여전히 특유의 잔잔한 미소를 입가에 흘리며 나를 마주 바라보고 있다.

"김태진이, 니 영화찍는 거 많이 힘들지 않나?"

기대하던 것과는 다소 동떨어진 엉뚱한 질문에 나는 조금은 어리둥절했다. 평소에는 전혀 쓰지 않던 내 이름까지 정확히 기억하여 부르면서….

"힘들 때도 있습니다만 그만큼 보람도 큽니다."

"그래? 그라지 말고 차라리 나와 함께 일하문 더 보람도 클 텐데…."

"네? 무슨 말씀이신지?"

"그렇게 밖에서 땀 뻘뻘 흘려 고생하지 말고 우리회사에 들어와 나와 함께 일해 보잔 말이다."

너무나도 뜻밖의 제안에 벌어진 입을 다물지 못한 채 사장님과 옆에 앉아있는 이 과장의 얼굴을 번갈아 바라보았다. 사장님은 이미 전부터 마음속에 담아두었던 생각을 꺼내 말하는 것 같았으나 옆에 앉은 이 과장의 표정은 아리송했다. 사전에 사장님과 이 문제에 대해서 협의해서 이미 알고 있는 것 같기도 하고 또 어찌 보면 나와 마찬가지로 오늘 처음 듣는 듯한 매우 헷갈리는 표정이었다.

크지는 않지만 그래도 한 회사를 운영하는 나를 이처럼 다짜고짜 오라고 하는 것도 그렇고, 또 막상 내가 온다면 이 과장도 있는데 나를 어떻게 하겠다는 것인지도 궁금했다. 롯데 '선전과'라고 해야 이 과장 한 사람에 디자이너 한 사람, 그리고 잡무를 처리하는 여직원, 이렇게 달랑 세 명뿐인 작은 부서였는데 여기에 나를 끌어들여 어떻게 하려고 이런 제안을 하나 하는 생각도 들었다.

"사장님께서 아무런 능력도 없는 저를 그렇게 예쁘게 보아주시니 고맙습니다만 제가 그런 재목이 되겠습니까?"

일단은 이런 인사치레로 잠시 숨을 돌려보았다. 그러나 사장님은 조금은 단호한 표정이었다. 조금 전까지 입가에 흐르던 잔잔한 미소도 이미 사라지고 없었다.

"너의 재목 됨됨이야 내가 판단해서 정한 일이고. 아무튼 지금까지도 니가 잘 해왔으니 앞으로 한지붕 밑에서 함께 일한다문 훨씬 더 잘 될기라고 나는 생각하는데…."

사장님의 압박에 나는 점점 더 가슴이 답답하고 혼란스럽기만 하여 옆에 있는 이 과장을 바라보며 눈으로 지원요청을 했다. 그러나 이 과장 역시도 내 쪽이기보다는 오히려 더 사장님을 거들고 나선다.

"그래, 사장님이 모처럼 김 감독에게 호감을 갖고 하시는 말씀이니 감사합니다, 하고 받아들이지 그래요."

나는 다시 손수건을 꺼내 이마에서 흘러내리는 땀을 씻었다.

"사장님이 너무 졸지에 그런 말씀을 하시니 제가 어리둥절해지네요. 저에게 시간을 좀 주십시오. 생각해 보고 말씀드리겠습니다."

"그래, 그러나 너무 오래 생각하지 말그래이. 생각도 길어지면 제 발에 밟혀 넘어진다 안카나…."

사이클을 맞춰라

사무실로 돌아와 이 문제를 놓고 곰곰이 생각해 보았다. 우선 롯데같이 국내 굴지의 재벌회사 오너사장에게서 이런 영입제안을 받은 것 자체는 싫지 않은 일이었다.

이제까지 롯데일이라면 너무 까다롭고 힘들어서 업계에서는 고개를 흔드는 곳이었는데 내가 맡은 다음부터 그런 소문을 모두 잠재우기라도 하듯 그 괴팍하다는 사장님과 어울려 너무나도 잘 해왔지 않은가. 혹자는 이런 일을 두고 관운장이 적토마를 길들여 천하의 명콤비를 이룬 것으로 빗대어 말을 하는 사람도 있었으나 그것은 너무 황송한 표현이었고, 아무튼 그러다 보니 사장님 자신도 그런 나를 인정하고 이제는 나를 영입하겠다고 손을 내미는데 나는 뿌듯한 성취감까지도 느껴졌다.

일반인들이 말하는 사장님에 대한 부정적인 조건들이 생각을 조금만 바꾸어보면 이 모든 것들이 오히려 사장님의 장점이 될 수도 있다는 생각을 그동안 롯데일을 하면서, 아니 사장님과 마주앉아 이야기를 나눌 때마다 항상 느끼곤 했었다. 내 입장이 아니고 사장님 입장에서 사장님의 말을 들어보면 모든 것이 이해가 빨랐고 그래서 그 방향대로 아이디어를 정리하거나 작품을 만들다 보면 일은 의외로 쉽게 풀리는 것이다.

이것을 나는 사이클이라고 했는데(요즘은 '코드'라는 말로 더 자주 사용하지만) 사람은 누구나 나름대로의 생각이나 주장이 있는 법이다. 상대방의 생각에 맞추지 않고 내 생각에 맞춰 내 눈높이에서 보니 상대가 까다롭게도 보이고 외고집쟁이로도 보이고 상식이 통하지 않는 별난 사람으로도 보이는 법이다.

내가 아닌 상대방에게 내 사이클을 맞추어보자. 그러면 그 안에 방법이 있고 길이 보일 것이다. 상대가 까다롭고 외고집일수록 사이클은 그만큼 더 분명해지고 그래서 맞추기도 더 쉬워지는 법이다.

그동안 롯데 사장님과 일하면서 나는 이 방법을 터득하여 그것을 적용하고 있었으므로 그동안 재미있고 쉽게 그 까다롭고 어렵다는 롯데 일을 성공적으로 해오던 것이다.

사장님과 미팅을 할 때는 좀 건방지다고 느껴질 정도로 흉허물없이 자유스럽게 이야기를 나누었다. 어려운 사장 앞이라고 해서 주눅이 들거나 하고 싶은 말을 못하거나 하지 않는다. 물론 내가 롯데직원이 아니다 보니 그렇게 자유스럽고 아무 말이나 거침없이 할 수 있었겠지만 설사 이야기 중에 사장님의 생각이 틀렸다고 생각될 때는 가차없이 문제점을 지적하고 내 의견을 따라줄 것을 강요하기도 했다. 사장님 입장에서는 때로는 당돌하리만큼 자기를 몰아세우기도 하고 또 때로는 왕고집이라고 소문난 자기의 의사마저 묵살하는 나의 당당함에 불쾌해 하기보다는 오히려 퍽 신선하게 느껴졌던 모양이다.

분위기가 이렇듯 자유롭다 보니 나는 사장님의 이야기를 빨리 알아들을 수가 있었고, 사장님의 생각을 영상으로 고스란히 표현하는 것은 그리 어려운 일이 아니었다. 거기에 롯데라는 거대한 배경과 또 나와는 의사소통이 잘되는 그룹 총수인 사장님이 공을 던진 이상 일은 잘만 처리하면 좋은 결과는 낙관해도 좋을 성싶었다.

그러나 문제는 사장님과 나와의 관계였다. 지금처럼 자유로운 입장이 아니고 회사에 들어가 사장님을 조직의 총수로 모실 때도 과연 지금과 같은 자유분방한 관계가 가능할 것인가 하는 것이 이번 제의한 것에 대한 수락여부의 핵심이었다. 그렇게 하려면 롯데라는 조직에서 이런 나를 인정해줄 수 있는 제도적 보장이 필요한데 그것은 바로 광고제작 업무에 대한 모든 권한을 나에게 맡겨주는 것이다.

그러나 과연 그것이 가능한 일일까? 그래서 사장님의 제안에 대답을 하기에 앞서 우선 이 가능성 여부를 먼저 타진해보기로 했다. 그 가능성만 확인되면 이번 사장님의 제안을 기꺼이 받아들이기로 마음을 정했다. 그렇게만 된다면 나에게는 보다 더 큰 발전의 기회가 될 수가 있을 것이고 이것이 이 과장에게도, 사장님에게도, 그리고 롯데에게도 모두 도움이 되는 길이라고 확신했기 때문이다.

그리고 또 한 가지 이 과장과의 관계정립에 관한 문제도 중요했다.

이 과장과는 비단 거래처의 담당자와 업자라는 관계를 떠나서 서로 형제처럼 가깝게 지내는 사이였다. 그런 두 사람이 갑자기 같은 직장의 상하관계로 바뀌었을 때 과연 모든 것들이 원만하게 잘 수용되어 지금처럼 좋은 관계가 지속될 수 있을지가 의문이었다.

무엇보다도 이번 나의 영입문제가 이 과장 스스로가 제안해서 이루어진 것이 아니라 이 과장과는 무관하게 사장님 생각에 의해서 이루어지고 있다는 것이 문제였다. 그날 이 과장은 사장님 뜻에 동의하는 투로 말을 거들기는 했지만 아무리 생각해봐도 그것은 이 과장의 진심은 아닐 성싶었다. 이번 일에 이 과장이 그처럼 떨떠름한 마음이라면 앞일을 좋게 기대할 수는 없었기 때문이다.

그래서 먼저 이 과장을 만나 이 일에 대한 의견을 들어보았다. 생각했던 대로 이 과장은 이번 일에 대해서 전혀 관여하지 않고 있었다. 뿐만 아니라 사장님의 일방적인 밀어붙이기에 조금은 못마땅하게 생각하는 측면도 있었고 또 그만큼 소외감도 가졌던 게 사실이다. 그러나 어차피 사장님이 그렇게 강한 의지로 말을 꺼낸 이상 내가 롯데에 들어와 함께 일을 했으면 좋겠다고 했다.

"김 감독이 들어와 일단 제작일에 전념해 봐. 기획이나 마케팅 쪽은 내가 맡아서 할 테니. 어차피 김 감독은 제작전문가고 또 사장님이 바라는 바도 그런 것 아니겠어? 알다시피 우리회사는 제작에 역점을 두고 있는 제작 제일주의 회사니까 제작만 잘 되면 모든 선전업무가 다 잘 풀릴 거야."

이 과장의 의견은 우리 둘이 업무분담을 해서 사장님을 잘 보필해보자는 것이었다. 이 과장이 말은 그렇게 하지만 앞으로 한 부서에서 함께 일하다 보면 가까운 친구 사이에 서로 부딪치는 일도 생길 것이고 또 때로는 오해하는 일도 많을 것 같아서 마음은 가볍지가 못했다.

그렇게 며칠을 고심하는데 롯데 사장실에서 연락이 왔다.

사장님이 좀 보자는 전갈이다. 그래서 이 과장에게 전화를 걸어 그동안 사장실에서 무슨 연락이 있었는지 물었다. 아무런 연락이 없었단다. 나는 이 문제는 사장실이 아닌 이 과장을 통해서 연락을 해주었으면 얼마나 좋았을까 하는 생각이 들었다. 이 과장 앞에서 공연히 내가 부자유스러워지는 것이 싫었다.

아무튼 오늘은 내 문제에 대한 사장님의 구체적인 구상을 들어보면서 과연 그런 사장님에게서 어떻게 주도권을 확보할 수 있을 것인가를 판단하기로 하고 다시 해남빌딩 사장실로 올라갔다. 사장실 안에는 사장님만이 혼자 앉아 있다가 반갑게 나를 맞아 준다.

"그래 그동안 생각해 봤나?"

"네, 사장님 제안은 너무 고마운 말씀입니다만 지금의 저로서는 결정하기가 좀 어려울 것 같습니다."

우선 나는 한 발짝을 뒤로 빼보았다.

"그게 무슨 소리가. 뭐가 그리 어렵다는 기야?"

"제가 지금 하는 일도 있고……"

계속해서 사장님이 꼭 쥐고 끌어당기는 줄을 조금 튕겨도 보았다.

"지금 하는 일이야 정리해버리면 되는 거 아이가. 작은 일에 얽매어 평생을 고생할 긴가, 아니면 큰 회사에 들어와 큰일에 보람을 걸긴가는 생각해 보지 몬하나? 너 정도 되면 이제 큰물에서 놀아야 하는 거 아이가."

사장님은 이미 나의 영입을 기정사실화하고 있었고 그것을 그대로 밀어붙일 기세였다.

그러나 나는 여전히 그런 사장님에게서 언제 어떻게 주도권 확보에 대한 기회를 찾을 것인가에만 온통 정신을 쏟고 있었다. 과연 그것이 내가 바라는 대로 가능할 것인가. 사장님으로 봐서는 가장 아끼는 노리개 하나를 내놓으라고 하는 것이나 마찬가지인데 그것이 과연 순탄하게 이루어질 수 있을지 궁금했다.

그렇다고 해서 이 문제를 너무 무리하게 서둘러서 될 일도 아니었다. 만약 오늘 그 기회를 찾지 못한다면 다음 기회로 미루는 한이 있더라도 절대 서두르지 않기로 했다. 그래서 우선 이 과장 문제를 꺼내 사장님의 의중을 떠보면서 우회적으로 기회를 찾아보기로 했다.

"그러나 제가 지금 당장 롯데에 들어온다면 기존의 이 과장도 있고 한데…."

"그 문제라면 걱정하지 말그래이. 니도 과장과 똑같은 3급으로 발령을 내 주꾸마."

"3급이라뇨…?"

"과장이 3급이다."

나는 아직 직장생활을 해보지 않아서 직급이나 호봉제를 잘 몰랐다.

"아니 그럼 선전과에 과장을 둘을 두시겠다는 말씀인가요?"

"아니, 과장은 이 과장 하나고 니는 급수만 그렇게 높여놓겠단 말이다."

이 말이 무슨 뜻인지 쉽게 납득이 되지 않아 어리둥절했다.

"과장은 하나에 급수만 높이다니…? 무슨 말씀인가요?"

"말 그대로 아이가. 과장은 둘을 둘 수 없으니께 니는 우선 급수만 높여 과장급 대우를 해주겠단 말이제."

"그럼 정확한 직위는 뭐고요?"

"주임으로 하자."

"네? 주임이라고요?"

난 하마터면 버럭 소리를 지를 뻔했다. 아니 이게 무슨 소린가. 이제까지 과장으로 할 것인가 말 것인가를 고민하고 있었는데 엉뚱하게 난데없는 주임이라니….

순간 너무나 크게 실망하여 차라리 자리를 박차고 일어나 나와 버릴까하는 생각이 들었다. 그러나 그렇게되면 속좁은 사람으로 비쳐질까 염려가 되어 잠시 한 호흡을 쉬며 마음을 진정시키기로 했다.

설사 이번 영입문제가 여기서 깨지는 한이 있더라도 앞으로도 롯데 일은 계속해서 해야한다는 계산에 가급적 감정을 되잡으며 냉정해지려고 노력했다. 뿐만 아니라 이런 때일수록 나의 또 다른 진면목을 보여 사장님을 더 확실하게 사로잡아보고 싶다는 여우같은 생각도 들었다.

그러나 왜까? 왜 이 마당에 사장님은 나에게 엉뚱한 주임을 제시한 것일까? 이 과장 때문에 과장이 어렵다면 대리도 있지 않은가. 그런데 왜 하필 '주임'이란 말인가. 평소 사장님이 좀 엉뚱하고 괴팍한 생각을 많이 하는 분이라는 것은 익히 알고 있었지만 지금 이런 상황에서 주임을 제시하는 것은 아무리 생각해봐도 이해가 되지를 않았다.

나를 꼭 붙들어야겠다고 하면서도 제시하는 카드는 주임이라…. 그것은 꼭 지금의 이 과장을 의식해서만도 아니요, 그렇다고 나를 평가절하하겠다는 생각도 아닌 것 같았다. 여기에는 뭔가 사장님의 숨은 뜻이 있어 보였다. 그러나 아직 그 속내는 알 수 없었고 그래서 섭섭함은 감출 수 없었다.

주임이란 직위에 대해서 정확히는 모르고 있었지만 짐작으로는 주임이 정식 직위이기보다는 공장의 현장직원 중에서 기술이 좀 좋은 고참사원을 일컬어 높여 부르는 말 정도로 생각했기 때문에 사장님이 왜 하필 주임을 주겠다고 하는 것인지 궁금하고 섭섭했다. 영화사 감독출신이라고 그렇게 부르겠다는 건가….

"사장님, 제 동기들은 지금 대부분 과장이거나 좀 빠른 사람은 차장까지 올라가 있습니다. 아주 특별한 경우는 부장, 이사까지도 있습니다만…. 제가 비록 그동안 직장생활은 안 했다지만 그래도 저 나름대로는 동기들보다는 한발 앞서 간다고 자부하고 있었는데 과장도 대리도 아닌 주임이라면 너무나도 제 형편은 고려하지 않으신 것 같네요."

나는 조금은 차분한 어조로 말했지만 그래도 속에서 배어 나오는 섭섭함을 숨길 수는 없었다.

"그러게 내가 그것을 호봉으로 보상해 주겠단 말 아이가. 3급 중에서도 니는 1호봉이다. 우리회사 과장 중에 1호봉은 몇 안 된다."

나는 할 말을 잃었다. 처음 이곳으로 올 때는 사장님에게서 광고업무에 대한 주도권을 어떻게 확보할 것인가를 머리 속에 그리면서 왔던 것인데 주도권은커녕 주임을 제시하고 이것을 받으라고 강요하는 사장님에게 뭐라 할 말이 없었다.

내가 그런 충격에서 벗어나지 못하는 것을 눈치챈 사장님이 서둘러서 다음 말을 잇는다.

"그 대신 이것은 딱 6개월 만이다. 6개월 후에는 니를 꼭 과장으로 만들어 놓겠구마."

"네? 6개월 만이라고요?"

"그래. 6개월 만이다. 6개월만 주임을 달고 있그라."

아니, 이건 또 무슨 말씀인가. 6개월 후에는 과장이라니…. 6개월 후에 시킬 과장이라면 지금 못 시키는 이유는 또 뭔가.

아무리 생각해봐도 지금의 사장님 속마음을 알 수가 없었다. 혹시 일단 듣기 좋은 소리로 나를 붙잡아두었다가 나중에 그 약속을 안 지키고 어물쩍 넘어간들 그때 가서 어쩌랴하는 것은 아닐까 하는 생각도 들었으나 사장님이 그런 사람은 아닌 성싶었다.

그럼 그게 아니라면…? 좀더 곰곰이 생각해보니 혹시 그 6개월 안에 이 과장을 타부서로 전출시키고 나를 그 자리에 앉히겠다는 뜻은 아닌가 하는 의심이 버럭 들었다. 만에 하나라도 사장님이 그런 생각을 갖고 있다면 이 이야기는 더 끌 이유가 없었다. 어떤 일이 있어도 이번 일로 해서 이 과장이 피해를 보는 일이 있어서는 절대 안 된다는 것이 처음부터 내가 갖고 있는 확고한 생각이었기 때문이다.

나에게 이 과장이란 어떤 사람인가. 그동안 친구 이상의 사이인 것은 말할 것도 없고 당장 이곳 롯데도 이 과장이 주선하여 광고영화 일을 처음 시작한 것이고 사장님도 그래서 알게된 것인데, 이제 와서 그런 이 과장이 나 때문에 피해를 당한다는 것은 절대 있을 수 없는 일이었다. 그렇지 않아도 요즘 이 과장이 대놓고 말은 안 하지만 속으로는 좀 섭섭하게 생각하는 듯 싶어서 나도 찜찜하게 생각하던 중이었다.

그래서 이 문제를 분명하게 따져 묻기로 했다.

"6개월 후에 저를 과장을 시키시겠다면 그럼 이 과장은요?"

"그렇지 않아도 지금 여러 가지를 생각 중에 있다 아이가."

"혹시라도 제 문제로 해서 이 과장을 타부서로 밀어내겠다는 생각은 아니시겠지요?"

"와 니는 그러기를 바라나?"

조금은 장난스럽게 내 얼굴을 바라보며 반문한다.

"천만에 말씀입니다. 만약 사장님께서 그런 생각을 갖고 계시다면 저는 절대 이번 사장님의 제의를 받아들일 수 없다는 것을 분명히 말씀드리기 위해섭니다."

나는 사장님의 얼굴을 똑바로 바라보며 한마디 한마디에 힘을 주어 단호하게 말했다. 그러자 사장님은 금방 얼굴에서 웃음을 지운다.

"그런 걱정은 말거라. 다만 니는 지금 당장 발령을 내야 하는데 그러자면 모양상 니를 주임으로 해서 선전과로 만들어놓고 추후 시간을 갖고 제작과를 따로 만들든 방법을 강구해 보겠다는 것이란다. 알아묵것나?"

사장님의 설명을 듣고 보니 그 말에도 일리가 없는 것은 아니었으나 그러나 찜찜한 마음은 쉽게 지워지지 않아 마음은 크게 내키지를 않았다.

“아무튼 긴말 필요 없데이. 주임이든 뭐든 일단 내가 붙여주는 대로 아무거나 달고 당장 내일부터 회사 나온나.”

그 말에 내가 시원한 답을 하지 않자 사장님은 조금은 초조한 모양이다.

“내가 누고? 내가 이 회사 사장이다. 주인이란 말다. 주인이 니를 알아서 챙겨주겠다면 되는 기지 타이틀이 뭐가 기리 중요한기라고 이리 고집을 부리는 기가? 니는 그저 눈 딱감고 나만 보고 일하믄 되는 기다. 알았재?”

나는 계속 침묵으로 일관했다.

“당장 내일부터 출근하그라. 뒷일일랑 모두 나에게 맡기고…. 그라믄 이제 말 끝났재? 인사부장 부를까?”

사장님은 금방이라도 전화기를 들어 인사부장을 부를 기세다. 그러나 나는 한번 떠난 마음이 쉽게 되돌려지지가 않았다. 그렇다고 앞서도 말했듯이 여기서 모든 것을 깨버릴 수도 없었다. 그래서 가급적 사장님에게 가능성을 남겨놓는 선에서 오늘의 이야기를 끝내고 싶었다. 주도권 문제도 추후로 미루어 한 번 더 기회를 봐야할 것 같았다.

“사장님 죄송합니다만 조금만 더 시간을 주십시오.”

“와 또…”

사장님은 짐짓 짜증나는 표정을 지었으나 나는 개의치 않고 자리에서 일어났다.

황진이 전략

그리고 또 며칠이 지나갔다. 시간이 흘러가면서 처음 주임제안을 받았을 때의 사장님에 대한 섭섭하고 실망스러웠던 충격이 조금씩 누그러들었다. 그러면서 곰곰이 생각해보니 이번 수임제안이 어쩌면 사장님의 치밀한 용인술의 한 방편인지도 모른다는 생각이 들었다. 필요는 해서 쓰긴 쓰되 어느 한쪽은 다 채워주지 않고 여지를 남겨놓는 것.

사장님이라면 충분히 그럴 수도 있으리라는 생각이 들었다. 사장님이 아무리 젊고 겉보기에 순한 시골사람처럼 보인다해도 그래도 이 엄청난 롯데그룹을 총괄하고 있는 총수가 아닌가. 그동안 CF 몇 편을 만들면서 사장님의 칭찬을 좀 들었다 해서, 그리고 사소한 일까지 나와 직접 독대를 해준다 해서 내가 그런 사장님을 너무 쉽고 가볍게 생각하는 것은 아닌가 하는 생각이 슬며시 고개를 드는 것이다.

사장님의 눈으로 본다면 내가 마치 영화판에서 이리저리 뛰어다니던 고삐 풀린 망아지 정도로 보여 그런 나를 제대로 부려써먹기에는 이런 제어장치나 미끼가 필요하다고 생각했는지도 모른다는 생각도 들었다.

"아, 그랬구나. 나는 지금 사장님과 서로 밀고당기는 줄다리기를 하고 있는 중이었구나. 내가 왜 이걸 미처 깨닫지 못하고 공연히 사장님 앞에서 내 속을 보였을까."

하는 후회가 들었다. 아울러 나는 그동안 사장님에 대한 평가 중에 '왕고집'란 말이 새삼 떠올랐다.

사장님 입장에서 본다면 나 정도의 인물에 그토록 집착해야 할 이유는 없었다. 그리고 또 굳이 나를 꼭 쓰고싶다면 과장자리 하나 시원하게 못줄 이유 또한 없는 것이다. 그럼에도 불구하고 지금까지 이렇게 내 문제를 질질 끌고 있는 것은 이 모두가 사장님의 그 왕고집을 표현하고 있는 것이었다. 뒤늦게 이 사실을 깨달은 나는 다시 사장님의 영입제의를 적극적으로 재검토해 보기로 했다.

공은 아직도 내 손안에 있었다. 그래서 사장님의 주임제안을 들어주는 대신 주도권 문제를 자연스럽게 바꿔치기 하기로 마음을 먹었다. 즉 바터제로 맞교환을 하자는 속셈이었다.

사장님은 지금도 스스로가 선전부장이라고 자부할 정도로 광고에 집념이 강하고 또 그만큼 업무에도 깊이 관여하는 분이다. 이런 분에게 광고의 주도권까지 쥐어진다면 그 밑의 광고담당자는 항상 이리저리 휘둘리다가 책임만 몽땅 뒤집어쓰고 떨려나갈 수밖에 없는 것이 일반적인 업계의 생태였다. 이제까지 롯데의 선전과장들의 수명이 짧았던 것도 따지고 보면 모두가 이런 이유 때문이었는데 역으로 이 주도권을 사장님이 아닌 나와 이 과장이 쥔다면 선전과의 모든 업무는 완전히 달라질 것이다.

비록 사장님이 이 회사의 오너사장이기는 하나 선전업무가 활성화되고 크게 발전하려면 사장님이 광고업무에 대해서 세세한 데까지 너무 깊이 관여하는 관심을 줄이거나 그게 아니라면 광고업무에 대한 주도권을 해당부서에 상당부분 넘겨주든가 해야지 지금처럼 이 두 가지를 모두 쥐고 전횡(專橫)을 계속한다면 롯데광고는 여전히 사장님의 좁은 틀에서 벗어나지 못해 크게 발전을 기대할 수가 없기 때문이다.

사장님이 광고에 대한 관심을 포기하라고는 말할 수 없고 대신 광고업무의 주도권 하나는 해당부서에 넘겨주는 것이 바람직하다고 생각했고 그것을 이번 기회에 확실하게 못을 박아두자고 결심했다.

나는 평상시 나보다 강한 상대 앞에서는 오히려 더 꼿꼿하게 나를 세웠고 약한 상대에게는 더 부드럽게 풀어주는 쪽으로 처세했다. 이 중에서도 특히 강한 상대 앞에서 처신할 때는 옛날 송도기생 황진이의 삶을 인용하는 경우가 종종 있었다.

'나에게 흠뻑 빠져있을 땐 예쁘게 튕겨라.'

이것이 이른바 황진이가 자신의 정인(情人) 벽계수의 마음을 확실하게 잡아놓는 간단한 방법이었는데, 이처럼 때로는 튕기기도 하고 빼기도 하는 당돌한 전략이 현대를 살아가는 나에게도 때론 좋은 지혜로 이용되고 있었다. 그래서 그동안에도 사장님과 대면 중에는 항상 사장님의 속마음을 읽으면서 이런 밀고당기고, 그리고 때로는 튕기는 전략을 계속했는데 대개는 성공적이었다. 그래서 지금 공이 내 손안에 있을 때 사장님이 받으라는 주임은 못이기는 척 받으면서 대신 광고에 대한 주도권은 꼭 챙겨두고 싶었다. 그것도 예쁘게 튕기면서.

마침내 그날이 왔다.

전처럼 비서실의 미스 차에게서 전화가 왔다. 사장님이 뵙자고 하니 들어오라는 것이다. 나는 다시 정장에 머리까지 말끔하게 손질하고 오늘은 평소에는 전혀 써보지도 않던 향수까지 조금 뿌려 한껏 모양을 내고 롯데 사장실로 올라갔다. 사장실 안에는 여전히 사장님 혼자 앉아 있다가 들어오는 나를 보고 깜짝 반긴다.

"와 이리 대답이 늦노? 내가 니 회사를 찾아가야 그 대답을 줄긴가?"

말투로는 그렇게 퉁스러워 보였지만 이미 방안으로 들어서는 내 모습에서 답을 알아차린 듯 얼굴에는 웃음이 가득하였다. 나는 고개를 숙여 인사를 하고 사장님 앞자리에 앉았다.

“그러고 보니 감독이 아니라 영화배우 같구마. 아예 글로 나가지.”

평소 농담을 모르는 분이 썰렁하나마 조크로 분위기를 풀어본다.

나는 주머니에서 갖고 온 유황성냥을 꺼내 테이블 위에 놓았다.

“뭐꼬. 담배 필라나?”

“아닙니다. 다방에서 주워왔습니다. 디자인이 예뻐서.”

나는 그 작은 유황성냥에서 시선을 떼어 사장님을 똑바로 바라보았다. 그리고 사장님만큼이나 엉뚱한 질문으로 말문을 열었다.

“사장님, 제가 왜 이렇게 얼굴에 분도 바르고 향수도 뿌리며 몸단장을 예쁘게 하고 왔는지 아시겠습니까?”

“도대체 무슨 말을 할라카노?”

“옛날 송도기생 황진이처럼 사장님의 마음을 확실하게 잡을 수 있을지 없을지를 알아보기 위해섭니다.”

“니 미쳤나, 무신 놈의 맘을 잡게….”

“사장님께서 한 가지만 확실하게 저와 약속을 해주신다면 저는 오늘 이 시간부터 사장님의 종이 되어 일하겠습니다.”

“약속? 그게 뭔데?”

내가 벽두부터 이처럼 사장님을 쥐고 이리저리 흔들어대니 사장님은 어리둥절하면서도 기분은 여전히 좋은지 웃음이 얼굴에서 지워지지 않는다.

“저는 광고전문갑니다. 사장님은 롯데그룹을 총괄하시는 총수이시고요. 선장님이 설사 기계를 좀 알고 관심이 있다해서 선장실을 비우고 기관실에 내려가 있으면 그 배가 제대로 항해(航海)할 수 있겠습니까. 또 기관실에 들어와 콩놔라 팥놔라 하면 그 기관사가 소신대로 기계조작을 할 수가 있고요? 그래서 드리는 말씀인데요, 앞으로 선전에 관한 한 이 과장과 저에게 모든 것을 맡겨주십시오. 그리고 선장님은 선장실에서 지시만 해주세요. 기계를 잘 알고 관심도 많은 선장님이니 그 지시가 얼마나 정확하겠습니까. 저는 그 지시대로 배를 순항하는 데만 저의 신명을 다 바치겠습니다. 이것만이 유능한 선장과 유능한 기관사가 다함께 사는 길이라고 생각되어 감히 건의드리는 것입니다."

사장님은 아무런 답이 없다. 답이 없는 것이 아니라 내가 예측한대로 기분 좋은 쇼크에 취해있는 듯 했다.

"어떻게 할까요. 지금부터 사장님의 종이 될까요, 말까요?"

"니 참 말 잘하네…."

사장님 식 동문서답(東問西答)이다. 그러나 이 말은 아직 대답에 대한 확신이 없다는 뜻이기도 하다. 한 번 더 확신을 심어줄 필요를 느꼈다.

"이것은 저를 위해서가 아닙니다. 오로지 롯데를 위해섭니다. 사장님이 지시하는 항로는 철저하게 지키겠습니다. 저에게 맡겨주신다 해서 사장님이 지시하는 항로를 무시하고 내 멋대로 배를 몰겠다는 말은 절대 아닙니다. 저는 다만 사장님의 항로 안에서 어떻게 하면 빨리 안전하게 갈 수 있나에만 저의 모든 것을 올인하겠습니다."

"내가 사람 하나는 잘 본 것 같다."

"그럼 이제 인사부장을 부를까요?"

"니가 인사부장을 우에 안다고 부른단 말가?"

사장님이 웃으신다.

"제 앞에 계신 분이 롯데 인사부장이 아닌가요? 이제껏 사장님이 제 면담을 다 하셨잖아요."

"그래 맞다. 오늘부로 니를 선전과 주임으로 명한다. 이제 됐나?"

"고맙습니다. 최선을 다하겠습니다."

나는 새삼스러이 자리에서 일어나 깊이 허리를 굽혀 앞에 앉아있는 사장님에게 인사했다. 그리고 다시 자리에 앉았다.

"외람된 말씀입니다만, 한 가지만 더 여쭙겠습니다."

"그래 또 뭐꼬?"

"사장님의 꿈은 무엇입니까?"

"와이카노, 니가 또 무슨 말을 할라꼬 그런 걸 묻노?"

"제가 앞으로 이 회사에서 일을 하려면 이 회사 사장님의 꿈 정도는 알고 있어야 하지 않겠습니까. 그래서 여쭙는 것이니 말씀해 주십시오."

"그래? 이 회사를 업계의 1위로 만드는 것이 내 꿈이요, 희망이란다. 어째 니가 내 꿈을 풀어줄라카나?"

"네, 그렇습니다. 사장님 꿈을 내 꿈으로 생각하고 죽는 날까지 그 꿈을 이루기 위해 최선을 다하겠습니다."

"아니지. 니가 죽을 때까지 그 꿈을 몬 이룬대서야 말이 되겠나. 앞으로 5년? 아니 10년 안으로 한 번 확 뒤집어 볼까나?"

사장님은 조금은 장난기까지 곁들여 말은 하면서도 그래도 나의 이런 결의를 듣고 마음은 흡족하신 모양이다. 이것은 입사를 앞두고 내가 사장님 앞에서 공연히 허세를 부려보자는 게 아니라 나 스스로도 나를 벼랑 끝으로 몰아 사장님의 그 꿈속에 확실하게 묶어두고 싶었기 때문이다.

사실 이때까지 국내 제과업계는 해태가 확실하게 선두를 달리는 중에 롯데가 뒤늦게 뛰어들어 다크호스로 선두자리를 노리고 있었고, 롯데공업은 선두 삼양식품에 한참 뒤져 역시 힘겹게 추격중이었다. 그러니 제과, 식품 모두 2위에서 1위로 올라서기 위해서 모든 역량을 집중하고 있을 때여서 롯데의 총수격인 사장님이 이처럼 1위 노래를 하는 것도 이해가 되었다.

"그동안 별 능력도 쓸모도 없는 저를 두고 사장님께 심려를 끼쳐드려서 죄송합니다. 그러나 이제부터는 롯데의 한식구로서 사장님을 모시고 사장님의 꿈을 이루어나가는 데 최선을 다하겠습니다."

조금은 의도적인 표현이었지만 그래도 나름대로 격식을 갖춰 정중하게 결의를 다지자 사장님도 마냥 웃고만 있는 것이 아니라 그의 얼굴에도 차츰 기대와 자신감이 일기 시작한다.

"자, 그럼 이제 됐나?"

"아니오. 한 가지가 더 있습니다."

"또 뭐꼬…?"

"사장님께서 6개월 안에 저를 과장 시켜주겠다는 약속 말입니다."

"그걸 왜? 각서라도 쓰란 말이가?"

"아닙니다. 그런 말씀이 아니라 광고업무를 좀더 합리화하고 극대화하려면 지금 제작과를 신설하기보다는 선전과를 선전실로 승격시켜 이 과장을 실장으로 올려놓는 쪽이 좋을 것 같다는 생각입니다. 그렇게 되면 저와의 약속도 자연스럽게 이루어지게 될 것이고…."

"글쎄 선전과를 승격시키든 제작과를 새로 만들든 그것은 차차 연구해 보기로 하고 일단 니와 한 약속만 내가 지키면 될 거 아니가?"

"감사합니다."

아직 입사도 하지 않은 주임주제에 이런 기구개편까지 언급한다는 것이

어불성설(語不成說) 가당치도 않은 말이라는 것은 잘 알고 있었다. 하지만 이런 건의를 받아들이기를 기대하기보다는 이런 엉뚱한 제안에도 사장님이 어떻게 반응하는지를 알아보기 위해서였는데, 나름대로 진지한 반응을 보여주어 앞으로 일이 잘 되리라는 확신이 들었다.

아무튼 입사에 앞서 최고경영자에게서 이런 몇 가지 약속을 미리 받아냄으로써 업무에 대한 자신감과 열정 그리고 용기를 강하게 인식시키는 데 성공했다고 생각되었다. 뿐만 아니라 이것이 앞으로 이 회사에서 일 해나가는 데 결정적으로 유리한 여건을 만들었다고 판단되어 마음이 후련하였다.

나는 비로소 한숨을 내쉬었다. 앞으로 사장님에게 질질 끌려 다니는 게 아니라 이제부터는 내가 사장님을 끌고 다닐 수 있는 그 첫 발판을 확실하게 구축하였다는 것이 엄청난 개가(凱歌)였다.

나는 테이블 위에 놓여있는 유황성냥을 들었다.

"사장님 저는 어렸을 때부터 이 유황성냥을 켤 때마다 참 많은 생각을 했습니다. 순간적으로 확 일었다가 장작이나 검불 같은데 불씨를 당겨놓고는 또 이내 재도 남기지 않은 채 사그라져 버리는 유황성냥, 참 멋지잖아요?"

사장님은 또 무슨 말을 하려고 이러나 하는 표정으로 나를 바라본다.

"저는 이런 유황불꽃 같은 삶을 살고 싶었습니다. 나의 모든 것을 몽땅 불태워 오로지 롯데가 업계 1위가 되게 하고 사그라드는…. 이 얼마나 멋지고 아름다운 일입니까. 이 회사가 누구의 회사인가 하는 것은 중요하지 않습니다. 일 그 자체가 저는 좋고 그 결과를 향해 활활 불태우는 것 자체가 즐겁습니다."

입사를 앞두고 나의 결의를 정확하게 사장님에게 알리기 위해서 조금은 연극적인 요소를 가미한 것이었지만, 아무튼 이제부터 시작되는 롯데맨으로

서의 결심을 알리고 또 사장님의 약속을 받아내는 등 모든 것들이 비교적 무난하게 목적을 이룬 것 같아서 한결 가볍고 홀가분하였다.

사실 처음 사장님에게서 주임제안을 받고 실망도 하고 분개도 했지만 사장님이 이렇게까지 고민하며 기대하고 배려해주는 데 대해 감동도 받았다. 그리고 이처럼 사전에 사장님의 기를 미리 확실하게 꺾어 놓은 것은 나름대로의 생각이 있어서 그랬던 것이지만 그래도 이런 까다로운 조건을 모두 다 들어준 괴짜 사장님에게 조금은 미안한 생각이 들었다.

"죄송합니다, 사장님. 일을 시작하기도 전부터 이렇게 오랫동안 사장님에게 심려를 끼쳐드리고 마음고생을 시켜드려서…"

"괴안타마. 본래 좋은 물건일수록 다루기가 까다롭고 비싼 법 아이가. 앞으로 일이나 열심히 잘 하그래이."

"네, 내일 아침 출근하여 뵙겠습니다."

집에 돌아와 곧바로 이 과장에게 전화하여 오늘 사장님을 만나 입사문제를 최종 결론내고 내일 아침에 정식으로 출근하겠다고 했다. 이 과장은 그렇지 않아도 방금 전에 사장실과 인사부에서 연락을 받았다며 내일 보자고 한다.

롯데 입성

롯데에 첫 출근하는 날이다. 그동안 직장생활을 하지 않을 때는 아침 출근 시간에 정장을 하고 바삐 회사로 뛰어가는 샐러리맨들을 볼 때마다 그렇게 부러울 수가 없었다. 오늘은 나도 마침내 그 대열에 끼어서 새벽부터 콩나물시루 같은 버스 속에서 이리저리 내둘림을 당하면서도 행복감을 만끽할 수가 있었다.

"대방동, 공군사관학교 앞 내리세요"

버스 차장이 목청을 한껏 높여 소리를 지른다.

깜짝 놀라 황망히 사람들 사이를 비집고 가까스로 내리고 보니 의외로 한적한 시골이었다. 주위에는 온통 배추무밭이었고 밭두렁에는 콩과 호박넝쿨이 뒤엉켜 있었다. 그리고 길다랗게 뻗은 좁은 아스팔트길을 따라 여기저기에 집들이 옹기종기 몰려있는 전형적인 교외의 한적한 마을풍경이었다. 길을 따라 작은 다리가 하나 보였고 그 다리를 건너 길은 우측으로 약간 구부러지는데 그곳에 커다란 공장건물과 정문 쪽으로 부속건물이 하나 서 있었는데 그곳이 롯데공업의 공장이요, 사무실이었다.

공장에서는 하얀 김이 마치 불난 집에서 연기가 쏟아지듯 공장 한쪽이 가려서 보이지 않을 정도로 하얗게 퍼져 나오고 있었는데 지금 같으면 공해라 해서 야단법석을 떨 만도 하지만 당시에는 그런 모습이 오히려 배부르고 넉넉한 것처럼 느껴져서 자랑스러워했다.

그곳에서 조금 더 지나 공군사관학교가 롯데와 담을 끼고 같이 있었는데 도로변 위병소에는 마치 로봇처럼 부동자세로 서있는 위병의 모습이 멀리

서도 보였다. 그 위병소에서부터 길게 사관학교로 들어가는 길 양옆으로는 아직 다 자라지 않은 가로수가 정확한 간격을 유지하며 나란히 서 있었다.

방금 내린 버스정류장 옆에는 3층짜리 건물이 이곳에서는 유일한 고층건물로 덩그러니 놓여 있었고 그 입구 쪽에는 중화루라는 자장면집 간판이 크게 걸려있어 그나마 이곳에 사람들이 모여 사는 곳임을 말하고 있었다.

그동안 롯데일을 하면서 이곳을 한 번도 와보지 않은 것은 아니었다. 그러나 그때는 내 차로 직접 왔다갔다 하다 보니 전혀 이런 생경한 모습을 발견할 수가 없었는데 오늘 비로소 버스를 타고 와서 정류장에 내리고 보니 이렇게 주위의 시골스러움이 한눈에 들어오는 것이다.

롯데 정문 쪽으로 다가가자 갑자기 많은 사람들이 몰려들기 시작한다. 대부분은 공장에서 일하는 근로자들이어서 여자는 위생복 비슷한 흰색작업복에 머리에 흰 모자를 썼고 남자들은 쥐색 작업복을 입고 있었다. 그리고 그들 사이사이에 정장을 한 사무직 직원들이 간간이 끼어 있었다. 근로자들은 대부분 공장 주위에 있는 집들에서 몰려나오고 있었고 나처럼 멀리 시내에서 버스 타고 출근하는 사람은 사무직 몇몇에 불과한 것 같았다.

정문 안으로 들어서자 사람들은 갑자기 더 많아져서 붐비기까지 했다. 마침 공장 야간조가 작업을 끝내고 나오는지 주·야간조가 한데 뒤섞여 큰 혼란을 이루고 있는 중에 벽에 붙어있는 카드함에서 각자 자기 출퇴근카드를 찾아 기계에 집어넣어 철커덕 시간을 찍어 확인하고는 다시 제자리에 꽂아 놓고 황망히 자리를 비켜준다.

수위실 입구 쪽에는 배가 튀어나오고 체격이 건장해 보이는 수위장이 근엄한 자세로 그들 근로자들의 출퇴근을 지켜보고 서 있다가 회사간부가 들어오면 깍듯이 거수경례로 인사하고 있다.

공장직원과 따로 있는 사무직 직원용 카드함에서 선전과를 찾아 혹시 내 카드가 있나해서 찾아보았으나 선전과에는 과장 이석환, 박정호, 김옥선 세 사람만 적혀있을 뿐 내 이름은 없었다. 이렇게 두리번거리고 있자니 아까부터 이상하게 바라보던 수위장이 가만히 내 뒤로 와서 말을 붙인다.

"누구를 찾으십니까?"

"아, 안녕하세요? 오늘 선전과에 새로 들어온 김 주임인데 혹시 이름이 있나해서 찾아보는 중입니다."

"아, 그러세요. 인사부에서 아직 발령이 안 난 모양입니다. 이따 확인해서 준비해 놓도록 하겠습니다. 2층으로 올라가세요."

그러면서 가볍게 거수경례까지 올린다.

나는 현관으로 들어와 조금은 썰렁해 보이는 콘크리트 층계를 따라 2층으로 올라갔다. 널따란 사무실 안에는 칸막이로 각 부서를 나누었고 그 한가운데에 영업상무 테이블이 마치 야전군 사령관처럼 버티고 있었다. 아직 출근 전이어서 각 부서마다 조금 일찍 나온 직원들이 각기 자기 책상에 앉아 이것저것 서류를 뒤지느라 나 같은 이방인(異邦人)이 들어왔는데도 어느 누구도 눈여겨보는 사람이 없다.

나는 한쪽 구석에 칸막이로 막아놓은 선전과로 찾아갔다. 박정호 씨나 김옥선 씨 모두 그동안 내가 일하면서 알고 있는 사이였으나 이제는 거래처 사람이 아니고 같은 회사직원으로 신분이 바뀌어 얼굴을 내밀려니 조금은 멋쩍고 떨떨한 기분이 든다.

"어마, 김 감독님 어서 오세요."

먼저 알아본 미스 김이 반색을 한다. 디자이너 박정호 씨도 뒤늦게 자리에서 벌떡 일어나며,

"미스 김, 김 감독이 뭐야 김 주임님이지."
하고 정정해 준다.

"아, 그렇지 이제부터 김 감독이 아니고 김 주임님이지…. 김 주임님, 여기가 김 주임님 자립니다. 앉아보세요."

이제까지 나의 대명사였던 '감독'에서 '주임'으로 탈바꿈된 것이 듣기 거북하고 쑥스러웠으나 겉으로는 내색하지 않은 채 자연스럽게 넘겼다.

창가 쪽으로 조금 큰 이 과장 책상이 있었고 그 앞으로 마치 'T'자처럼 둘씩 마주보게 책상 네 개를 붙여놓았는데 이 과장 바로 앞이 내 책상이고, 내 옆이 미스 김, 그리고 건너편 책상 두 개를 박정호 씨가 디자인 겸용으로 쓰고 있었다. 내 책상 위에는 벌써 예쁜 꽃을 담은 화병 하나가 나를 반기고 있었다.

"과장님은 아직 출근 전인가 보지?"

"네, 곧 나오실 겁니다. 차 한 잔 준비할까요?"

평소에는 좀 퉁명스럽고 무뚝뚝하던 미스 김이 오늘은 내가 한 식구가 되어서 그런지 매우 싹싹하고 상냥하기만 하다.

조금 있자 이 과장이 예의 그 씩씩한 발걸음으로 사무실 안으로 들어서다 나를 보고 큰소리로 소리친다.

"어이, 김 주임 일찍 나왔네."

그 소리에 사무실 안에 있는 여러 직원들이 비로소 모두 나를 쳐다본다. 나는 자리에서 일어나 이 과장에게 인사하고 이 과장이 자리에 돌아와 옷을 벗어 옷걸이에 걸 때까지 기다렸다.

위계질서

드디어 이 과장이 자리에 앉으며 직원들에게 나를 소개한다.

"다들 알고 있었지? 오늘부터 김 주임이 우리와 함께 근무하게 되었어. 앞으로 서로 협조해서 잘 해보도록 합시다."

박정호 씨와 미스 김이 박수치며 '환영합니다' 하고 소리를 지른다. 그러자 옆에 있는 다른 부서 직원들도 덩달아 박수치며 미소를 보낸다. 나는 모두에게 정중히 고개를 숙여 인사하고 이 과장을 바라보았다.

"과장님, 잠깐 좀 뵐까요?"

내가 정색을 하고 이제와는 달리 깍듯이 존칭을 쓰자 이 과장은 매우 어리둥절한 눈으로 바라본다. 그런 이 과장을 데리고 아까 미리 봐두었던 옆 회의실로 갔다. 회의실 안은 출근 전이어서 그런지 아무도 없이 조용했다.

"무슨 일인데…?"

나는 불문곡직하고 이 과장의 손목을 덥석 잡았다.

"과장님, 저는 오늘 이 시간부터 과장님을 이전의 친구가 아닌 이 회사의 상사 이 과장님으로 깍듯이 모시겠습니다."

"그게 무슨 소리야?"

"조직생활에서 상하가 분명치 않으면 조직에 영이 서지 않고 룰이 무너진다고 했습니다. 제가 일단 롯데선전과에 입사한 이상 과장님을 직속상사로 모시고 업무에 최선을 다할 테니 과장님도 그렇게 알고 저를 아무런 부담감 없이 충직한 부하직원으로 알고 잘 이끌어주시기 바랍니다."

"……"

"저는 오늘 첫 출근에 과장님과 이 약속을 먼저하고 업무를 시작하고 싶었습니다."

그동안 나의 영입문제를 처음부터 끝까지 사장님이 직접 나서서 혼자 처리하다 보니 사실 이 일에 가장 중요한 위치에 있는 이 과장 입장에서는 매우 섭섭하고 어쩌면 배신감까지도 느끼고 있으리라는 생각이 들었다. 그래서 이 과장이 나를 아예 '사장님의 사람'으로 치부하고 거리를 둔다면 앞으로 회사의 업무가 원활하게 이루어지지 못할 뿐만 아니라 이제까지 좋았던 이 과장과의 관계마저도 깨어질 수가 있다는 생각에, 이 문제를 어떻게 풀어야하나 고민을 많이 했던 것이다.

그래서 내린 결론이 롯데에 들어와 일 하려면 일단 친구 하나를 잃는 한이 있더라도 이 과장을 이제까지의 친구가 아닌 새로운 상사로 깍듯이 모셔야한다는 결론을 내린 것이다. 그것도 말로만의 겉치레 상사가 아니라 진정 마음속에서 우러나오는 사랑하고 존경하는 상사로 말이다. 이것만이 이 회사에서 성공적으로 직장생활을 할 수 있는 길이요, 더불어 나도 살고 이 과장도 살고 또 사장님과 회사도 살 수 있는 방법이라고 생각했던 것이다.

내가 진심에서 이렇게 간곡하게 속내를 털어놓자 이 과장도 마침내 마음이 풀렸던지 얼굴이 환하게 밝아지며 잡은 손에 힘을 준다.

"김 주임이 이렇게 먼저 말을 해주니 고마워. 우리 합심해서 한 번 멋지게 잘 해봅시다."

아침 업무가 시작되자 이 과장은 나를 데리고 각 부서장들에게 일일이 인사를 시켰다. 그런 이 과장의 얼굴이 나보다도 오히려 더 경쾌한 모습이었다.

중역실과 인사부에서는 그동안 사장님이 선전과에 새 사람 하나를 영입하려고 한다는 소문은 들었는데 아무에게도 나를 알리지 않고 있어서 모두들 궁금하게 생각했던 모양이다. 그런 내가 오늘 아침 첫 출근을 하여 인사하니 모두들 매우 호기심어린 눈으로 나를 뜯어보며 이것저것 묻기도 한다.

선전과가 직제상으로는 영업본부에 속해 있었고 그래서 장소도 2층 영업부 한쪽에 칸막이를 하고 있었다. 실질적으로 선전과가 영업본부장의 지시를 얼마큼 받는지는 몰라도 아무튼 형식적으로는 나도 영업본부장이 직속상관인 셈이었다. 내가 이 과장과 함께 영업회의를 주재하는 본부장인 이 상무에게 인사를 드리자 이 상무는 주재하던 회의를 잠시 뒤로 미룬 채 나와 이 과장을 그 자리에 앉으라고 한다.

출근하면서 2층 한복판에 커다랗게 자리잡은 영업본부장의 테이블을 처음 보고 나름대로 상상하기를 본부장은 우락부락하고 대단한 카리스마를 갖춘 야전군사령관일거라 생각했는데, 막상 눈앞에 앉아있는 이 상무의 모습은 그런 분위기와는 다소 거리가 있는 분으로 보였다. 학자풍의 인자한 모습에 말도 조용조용하였다. 그러나 안경너머의 날카로운 시선이며 빈틈없이 정연한 화술 등은 사장님과는 전혀 다른 모습이었다.

이 상무도 여느 중역과 마찬가지로 나에 대해서 관심을 많이 갖고 있었나보다. 그러나 그것은 내가 자기 수하의 선전과 직원이어서라기보다 사장님이 어렵게 특채했다 해서 특별히 관심을 갖고 있는 것 같았다.

맨 마지막으로 사장실로 들어갔다.

"그래 인사는 다 했나?"

사장님은 빙그레 웃으며 나를 반긴다. 그러나 내 눈에는 그런 사장님의 모습이 이전의 집안 가형처럼 따뜻하고 가깝게 느껴지기보다는 이 방대한 조직을 이끌고 있는 절대적인 상사로 조금은 거리감까지 느껴져 전처럼 말도 함부로 할 수가 없었다.

'아 이런 것이 바로 조직생활이라는 것이구나.'

나는 새로운 직장생활의 냉엄한 환경에 겁먹기보다는 하나하나 적응해 가기로 했다.

차장까지는 트고 지내자

생산직과 관리직이 한 울타리 안에서 일을 하다 보니 부딪치는 일도 많았고 정신이 없었다.

조직이 방대하다 보니 각 부서별로 부서장들도 많았는데 나는 사장님의 특채라 해서 그들이 대하는 태도가 곱지만은 않았다. 겉으로 드러내지는 않았으나 속으로는 은연중 나를 질시하거나 경계하는 태도가 역력했다. 더러는 노골적으로 시비를 거는 사람도 있었다.

새로운 세계에 들어왔으니 당연히 어느 정도 이런 것을 예상했고 그래서 더욱 몸을 낮추며 그들과 가까이하려 했으나 그럴수록 그들은 더 냉랭해지는 것 같았다. 특히 나와 비슷한 나이 또래의 과장이나 차장들에게서 이런 냉대를 당할 때는 은근히 화도 나고 오기가 났다.

그래서 하나의 색다른 생각을 해보았다.

직장생활도 생각하기 나름 아닌가. 지금처럼 내가 일방적으로 몸을 낮춰 그들을 따라다니느니 차라리 몸을 튕겨 차장까지는 모두 반말로 말을 터 버리자는 생각이었다. 물론 처음에는 반발이 있고 시끄럽겠지만 그렇다한들 그들이 어쩔 것인가. 존칭을 쓰라는 것이 법으로 정해진 것도 아니고 이렇게 나를 소 닭보듯 하는데 반말을 한다 한들 어쩌랴 하는 배짱이 생겼다.

차라리 이런 기회에 이렇게 말을 터놓으면 나중에는 오히려 더 가까운 친구관계를 굳힐 수가 있어 부서간 협조를 받는 데도 도움이 되리라는 생각이 들었다. 어정쩡하게 '그랬어요, 저랬어요' 하는 관계보다는 '이 자식, 저 자식'하는 관계가 훨씬 더불어 생활하는 공동체에서는 편리하고 유리하기 때문이었다. 그렇다, 이 기회에 차장까지는 확실하게 끈끈한 친구관계로 챙겨놓아야겠다. 어차피 좋은 소리 듣기는 틀린 이상 이렇게 말이라도 터놓으면 이것이 바로 꿩 대신 닭이란 말이 아니겠는가.

다음날부터 차장까지는 모두 말을 터 버렸다. 이제까지 예, 예 하고 양순해 보이던 내가 하루아침에 이토록 태도가 뒤바뀌자 모두들 어리둥절하여 혹시 미친 게 아닌가 하는 투로 바라보는 것이다. 그렇든 말든 나는 무조건 '야자'로 말을 놓아버렸다.

곧 사내가 시끄러워졌다. 갓 들어온 주임 처지에 아무나 보고 말을 놓는다고 말들이 많았다. 한 번 결심한 것 끝까지 밀어붙일 생각으로 눈 딱 감고 반말로 버텨나가자 모두들 어이가 없는지 나를 빤히 쳐다보기도 하고 더러는 역으로 자기 쪽에서 꼬박꼬박 존댓말로 비꼬는 사람도 있었으나, 내가 그런 얼굴에도 반말로 받아버렸더니 기가 막히는 모양이다.

처음에는 식당에서 한자리에 앉아 있다가도 내가 가까이 가면 슬슬 피해서 자리를 옮겨가거나 더러는 노골적으로 시비를 거는 사람도 있었으나 나는 끝까지 굽히지 않았다.

그 대신 이 과장에 대해서만은 철저하게 선임자요, 상사로 깍듯이 모셨다. 그래서 식사나 휴식시간 같은 때 여러 과장들이 모이면 진풍경이 벌어졌다. 내가 다른 과장이나 차장들에게는 가차없이 '야자' 하면서도 이 과장에게는 깍듯이 '님'자를 붙여 모시니 피차간에 호칭이 혼란해지고 분위기가 묘해졌던 것이다. 나는 여전히 내 고집대로 반말전략을 바꾸지 않았다.

때로 이 과장이 입장이 난처해서 직장생활을 그렇게 해서는 안 된다고 충고도 했으나, 나는 그런 이 과장의 압력까지도 무시하고 이 반말전략을 계속 이어나갔다.

이 말트기 작전은 내가 롯데의 과장, 차장들을 무시해서가 아니었다. 물론 발단은 그네들이 나를 곱지 않게 대해서 그에 대한 반발로 시작한 것이었지만 결국 사내생활을 원만하게 이끌어가기 위한 하나의 방편으로 이 아이디어를 고집했던 것이다. 거기에다 우리 이 과장과 선전과의 위상을 은근히 높여주는 덤도 생기고.

반말작전은 해병대 출신 고참 박 차장에게 정통으로 걸려들어 멱살잡이까지도 당한 적이 있었지만 결국 시간이 흐를수록 처음 예상했던 대로 이런 야자 하는 친숙한 관계는 굳어져 버리고 말았다. 물론 처음에는 싫고 언짢아서 모두 나를 기피했지만 결국은 시간이 모든 것을 해결해 주었다.

그후부터는 회사 내에서 내가 친숙한 관계를 가장 많이 확보하고, 부서간에 원만한 협조관계를 유지하는 등 새로운 직장생활을 할 수 있었다.

새로운 조직생활

처음으로 이런 큰 회사에서 조직생활을 시작하다 보니 나로서는 모든 것들이 서툴고 모르는 것들이 많았다.

그렇다고 그럴 때마다 아무에게나 물어볼 수도 없었다. 말단직원으로 신입한 것도 아니고 명색이 중간간부에다 특히 사장님이 특별히 채용한 케이스다 보니 때로는 몰라도 모른 체할 수가 없는 경우가 많았다. 그래서 그럴 때마다 눈치껏 다른 사람 어깨너머로 몰래 배워두거나 급할 때는 도서관을 찾아가거나 다른 회사에 있는 친구들을 찾아가 물어보기도 했다.

이런 식으로 스스로 공부하면서 조직생활에 적응하다 보니 이 생활에 이내 익숙해지기 시작하고 그래서 이제껏 갖고 있던 대기업의 직장생활에 대한 콤플렉스에서 서서히 벗어나 이제는 하나둘 창조적인 생활로 전환시킬 수가 있었다.

조직생활에 눈이 떠지면서 사내 제반 규정이나 운영면을 들여다보니 그곳에서도 개선해야 할 점, 잘못되거나 낭비하고 있는 요소들이 한두 가지가 아니었다. 처음에는 이런 문제들에 부딪힐 때마다 고민했다. 어찌보면 이런 것들은 내 업무와는 직접 관련이 없으니 모른 체하고 넘어가야 하나 아니면 힘이 닿는 데까지 참견해야하나. 그러나 일단 이 회사에 몸을 담은 이상 '아니다'고 생각되는 것을 그대로 못 본 척 눈감고 넘어갈 수는 없었다. 스스로 알면서도 또 참지 못하는 것 또한 나의 한계이자 단점 중 하나이기도 했다.

눈에 띄는 일이라면 부서에 관계없이 덤벼들어 해결하려다 보니 차츰 일에 일이 쌓이기 시작하고, 잠시도 그 일속에서 헤어날 수가 없게 되어갔다.

그래서 처음에는 겁도 났으나 이런 일들에 부딪칠 때마다 사람의 능력의 한계가 어디까지인가 한번 그 한계에 도전이라도 해보고 싶은 생각에, 차츰 일을 두려워하기보다는 뭐든지 닥치는 대로 새로운 일에 도전하고, 또 그런 일들을 좀더 쉽고 빠르게 해낼 수 있는 방법을 찾아내는 데 모든 열정을 쏟기 시작했다.

당장 선전과의 캐비닛을 열어보니 그 안에 가득한 서류가 모두 제각각 뒤섞여 있어서 서류 하나를 찾는 데 여간 시간이 걸리는 것이 아니었다. 이것을 모두 정리해야겠다고 생각하고 총무부에 찾아가 담당자와 이야기를 해봐도 총무부에서도 정확한 룰이나 원칙이 없이 방치하고 있음을 알고 깜짝 놀랐다. 아니 이런 큰 회사에 문서분류에 대한 기본적인 룰 하나가 없다니.

그래서 내가 직접 해결해 보기로 하고 일단 도서관에 가서 문서분류에 대해서 기본부터 공부하며 여기에 그동안의 나의 경험이나 아이디어를 접목시켜 나름대로 간편한 방법을 도출해내어 그대로 정리해 놓으니 시간은 좀 걸렸지만 아주 일목요연(一目瞭然)한 것이 훌륭해 보였다.

이 방법대로 우리 선전과 캐비닛을 정리해놓고 보니 서류를 찾는 데 시간을 낭비하는 일이 없어졌다. 그러자 이제는 총무부에서까지 찾아와 그 방법을 그대로 도입해 가서 나중에는 전사적으로 활용하기도 했다.

불과 얼마 전까지만 해도 최고의 감독이 되겠다고 충무로에서 이리저리 뛰어다니던 내가 이제는 문서분류에 매달려 도서관을 뛰어다니다니, 사람이란 이렇게 변하고 또 적응할 수도 있는 것이구나 하는 것을 새삼스럽게 느껴 지금의 변화된 내 자신을 돌아보기도 했다.

아이디어 승부사

'선전과' 일이라는 것이 사내업무보다는 주로 외부업무가 많았다.

CF제작 업무가 주로 충무로를 중심으로 이루어지는 데다가 내가 또 수시로 들락거려야 하는 방송국, 신문사가 모두 시내에 있어서 대방동에서 시내를 하루에도 몇 번씩 왔다갔다 하다 보면 길거리에 버려지는 시간과 비용이 그렇게 아까울 수가 없었다.

당시 우리회사의 연간 총매출액은 30억 원이었고 광고선전비는 한 달에 1,300만 원을 쓰고 있었다. 라면 한 봉지값이 10원이었으니 매출액 30억 원이 결코 적은 액수는 아니었으나, 그러나 나는 이렇게 팔아서 어떻게 이 큰 회사를 운영하나 하는 생각에 잠시도 마음이 편할 날이 없었다. 그래서 시내 출장중에 택시를 탄다는 것은 엄두도 내지 못했고 기껏 버스타고 다녔는데 이것마저 나중에 회사에 돌아와 교통비를 정산할 때는 가슴이 조마조마했고 회사에 큰 죄나 진 듯 마음이 아팠다.

롯데공업이 창립된 지는 7년이 되었으나 지난 7년 동안 매년 적자만 내고 있었는데 그나마 일본롯데가 뒤에 있어서 그 적자를 근근이 메워 주는 형편이었다. 그러다 작년에 '소고기라면'이 히트하여 회사가 기사회생하는가 하더니 금년에는 또다시 '새우깡'이 연달아 히트하는 바람에 회사 분위기가 완전히 새로워지고 있었다.

선전에서도 연속적으로 히트작품을 내서 나는 입사와 동시에 사장님의 기대를 저버리지 않게 되었고 그래서 롯데는 선전으로 버틴다는 소문이 업계에 파다하게 퍼졌다.

선전과라는 곳은 항상 일에 쫓기고 일에 묻혀서 정신없이 지내는 곳이었다. 전에 프로덕션에 있을 때는 광고주의 선전과 직원들은 그저 아무 하는 일 없이 편안하게 지내는 사람인 줄만 알았는데 막상 이곳에 들어와 보니 밖에서 보던 것과는 딴판으로 끝없이 이어지는 일의 연속으로 피를 말리게 하는 곳이었다.

우선 시간과의 싸움이 가장 괴롭고 고통스러웠다. 대개 극비리에 제품개발을 진행하고선, 시장출시를 불과 얼마 남겨두지 않고 급하게 선전과에 광고계획을 세우라는 명령이 떨어지게 마련이다. 그러면 이때부터 분초를 다투는 시간과의 사투(死鬪)가 벌어지는데 이 촉박한 시간 안에 성공적으로 광고전략을 세우고 또 그에 맞는 광고물을 만든다는 것이 그렇게 만만한 일이 아니었다.

특히 CF제작이나 기타 표현전략을 세울 때 마땅한 아이디어가 떠오르지 않으면 그야말로 피가 마르고 가슴속은 바삭바삭 타 들어가게 마련이다.

'수돗물처럼 그저 꼭지만 틀면 아이디어가 콸콸 쏟아져 나온다면 얼마나 좋을까….'

이때 선전과 직원들은 하나같이 이런 환상에 젖어 스스로 답답한 가슴을 쥐어뜯는 것이다.

그래서 나는 필요한 아이디어를 필요한 때 뽑아 쓸 수 있는 아이디어뱅크를 운영하기로 했다. 아이디어란 조금만 노력하면 누구에게나 다 비슷하게 떠오르는 일종의 평범한 두뇌현상이다. 단지 우리 뇌 속에 잠시 떠올랐다가 사라져버리는 그 아이디어를 어떻게 유효적절하게 모았다가 쓰느냐에 따라 아이디어맨으로서의 평가가 달라지는 법이다.

나는 선천적으로 생각이 많은 사람인 데다가 메모광이었다. 길을 가다가,

혹은 버스 안에서, 혹은 식사중, 대화중, 때를 가리지 않고 떠오르는 아이디어는 무조건 그때그때 메모지에 잡아두었다.

나는 이것을 '이삭을 줍는다' 혹은 '매미채로 날아가는 아이디어를 낚는다'라고 했다. 메모해두지 않고 나중에 그 아이디어를 기억하려면 절대 다시 떠오르지 않는 것이 또한 이 아이디어의 속성이기도 했다. 그래서 심지어 목욕하다가도 아이디어가 떠오르면 주저 없이 메모지를 찾아 꼭 메모해 두었는데 이러한 아이디어 수집벽이 결국 나를 쓸모 있는 아이디어맨으로 만들어준 것이다.

모아진 아이디어를 다음날 아침 남보다 1시간 정도 일찍 출근하여 그것들 하나하나를 다시 정리하고 분류하여 내 아이디어뱅크 파일에 차곡차곡 쌓아놓는 것이다. 어느 정도 내 뱅크에 아이디어가 쌓이면서부터는 언제 어떤 회의에 부닥친다해도 당황하지 않고 효과적으로 전략을 구사할 수가 있는 유능한 아이디어맨으로 변화하는 것이다.

제품이 쌓이면 소화가 안 된다

사무실의 내 자리에서 눈을 돌리면 창 너머로 넓은 마당이 보이고 그 마당 너머에 공장건물이 서 있었다.

라면공장은 국수를 쪄서 기름에 튀기는 유탕과정을 거치기 때문에 공장 안에서는 항상 하얀 김이 쏟아져 나오고 있었고, 역시 하얀 위생복을 입은 근로자들이 분주하게 들락거리는 모습이 매우 활기차 보였다.

생산된 제품은 그때그때 반출이 제대로 안되면 넓은 마당에 쌓아놓았는데 아침에 출근하여 창 너머로 이 야적물량이 산처럼 높게 쌓여있는 것이 보이면 그렇게 가슴이 답답하고 소화까지 안 되는 것 같았다. 그러다가 어느 날 그 야적물량이 밀물처럼 싹 빠져버려 텅 빈 마당에서 직원들이 공이라도 차고 노는 모습을 보면 내 가슴도 덩달아 뻥 뚫린 것처럼 시원하고 즐거웠다.

또 언젠가는 그 자리에 라면을 실러 온 트럭들이 줄줄이 서서 기다리는 모습이 보이면 또 빨리 제품을 대주지 못해 대리점에서 불편해하면 어쩌나 하는 생각에 또다시 마음은 불안해지는 것이다.

이래저래 창 너머 공장마당은 나에겐 항상 걱정과 불안만 주는 곳이어서 한때는 이곳 창 너머로 눈을 돌리지 않으려고 애를 써보기도 했으나 그러면 그럴수록 그 창이 더 넓게만 보여 자꾸 시선은 그쪽으로만 가는 것이다.

당시 생산을 총괄하던 사람이 허 상무였다.

항상 손에 지휘봉을 들고 공장 이곳저곳을 뛰어다니며 직원들을 다그친다 해서 '허 대령'이라는 별명이 붙어있는 사람이었는데 별명만큼이나 일에 적극적이고 다혈질인 무서운 노병(老兵)이었다. 평상시 창가에 서서 공장마당을 바라보고 있노라면 그런 허 상무가 마치 백 미터 경주라도 하듯 지휘봉을 휘두르며 직원 뒤를 쫓아가는 우스운 모습이 자주 눈에 띄기도 했고 또 때로는 하얀 위생복을 입은 여직원들을 세워놓고 쩌렁쩌렁 호통치는 모습도 보였다.

그렇게 무서운 허 상무가 유독 나에게만은 상냥하고 자상했나. 내가 까마득한 학교후배라고 그랬는데, 그래서 나는 허 상무에게 거침없이 이런 말 저런 말을 가리지 않고 하는 편이었고 허 상무는 나에게 화를 내기보다는 참고 잘 들어주었다.

"상무님, 왜 그렇게 공장에서는 생산량 하나 제대로 맞추지 못해 항상 마당에 물건이 쌓였다가 트럭이 밀렸다 해서 사장님에게 혼나시는 겁니까?"

"너까지 내 염장에 불을 지를 거냐? 우리야 영업에서 보내온 계획서대로 생산할 뿐이야."

"영업에서 해달라는 대로만 한다면 생산기획부는 뭘 하는 곳입니까? 상무님도 아이디어를 내 결과적으로 출하량을 맞추셔야 할 게 아닌가요? 공장마당에서 며칠씩 비바람에 묵혔다 내보내면 그걸 누가 사먹겠어요?"

"그렇게 똑똑하면 네가 해라."

"왜, 저를 시키면 그렇게 못할 것 같아서요?"

"이 녀석이…. 선배 잡아먹는 후배는 용서 못한다."

하면서 짐짓 지휘봉을 들어 겁을 주는 척하지만 입가에는 미소가 떠나지 않았다.

출근 전 1시간의 활용

이렇게 정신없이 지내는 사이 계절은 바뀌어 그해 여름이 가고 가을이 가고 겨울이 다가왔다.

그 사이 회사는 대방동 공장에서 시청앞 해남빌딩으로 영업부와 관리부가 옮겨왔다. 그래서 우리같이 거의 모든 업무가 시내에서 이루어지고 있는 부서들은 쌍수를 들고 좋아했다. 시청 앞은 서울시내에서도 가장 붐비고 복잡한 곳이다. 그래서 아침에 이곳으로 출근할 때는 콩나물시루 같은 비좁은 버스 안에서 보통 고역을 치르는 것이 아니었다.

당시 서울 시내버스는 몸체도 지금에 비하면 월등히 작았을 뿐만 아니라 각 노선마다 차량배차도 넉넉하지 않아 버스 안은 항상 만원이었고 그 혼잡함이 이루 말할 수가 없었다. 그래서 '콩나물 시루'라는 별명이 있었고 이 콩나물버스에 실려 가까스로 회사 앞에서 내려보면 여자들은 핸드백 끈이 끊어져나가고 남자들은 옷에 단추 한두 개가 떨어져나가는 것은 늘상 겪는 일이었다. 회사에 들어오면 각 부서마다 여직원들이 이런 남자직원들의 단추를 달아주는 모습도 자주 보게 된다.

나의 고민은 이렇게 아침마다 버스 안에서 진을 다 빼고 나면 업무에 많은 지장이 있다는 것이었다. 하루를 힘차고 의욕 넘치게 출발해야 할 아침부터 맥이 풀려 일이 손에 잡히지를 않으니 보통 심각한 문제가 아니었다. 그래서 생각다 못해 하루는 아예 1시간을 더 일찍 나와봤다.

아, 그런데 이게 어찌된 일인가. 보통 출근시간(물론 나의 출근시간은 다른 직원들보다는 빠른 시간이었지만)에서 겨우 1시간을 앞당겨 일찍 나왔을 뿐인데 세상은 완전히 달라 보였다. 버스 안이 텅텅 비어서 거의 나 혼자 독차지하다시피 한 것이 오히려 버스 운전사나 차장에게 미안할 정도였다. 한 시간만 당기면 세상이 이렇게 편하고 좋은 것을….

나는 의기양양해서 시청 앞에서 내렸다. 아침 이른 새벽이라 거리도 한산하여 버스가 보통 때보다 빨리 달려와서 버스 타는 시간도 20분 정도가 단축되었다.

문제는 그 다음부터였다. 그 넓은 시청 앞이 적막강산(寂寞江山)이었다. 당시만 해도 자정부터 새벽 4시까지 모든 차량이나 사람이 돌아다닐 수 없는 야간통행금지를 실시하고 있을 때여서 이처럼 조금 이른 새벽까지도 사람들은 집 밖에 나오지를 않는 것이다. 가끔씩 지나가는 차량 이외에 사람이라고는 거리청소를 하는 청소부가 이따금 눈에 띌 뿐 시내는 너무 조용하기만 하다.

사무실이 있는 해남빌딩 셔터도 굳게 닫혀있고 수위실마저 불이 꺼져 아무도 없었다. 귀는 떨어져나갈 듯이 춥고 발은 시려오는데 어디 몸둘 곳이 없어 여기저기를 뛰어다니며 찾아보았다. 해남빌딩 뒤의 북창동시장 안에 그렇게 많던 다방도 단 한 군데 불이 켜진 곳이 없고, 이렇게 시청 앞에서 남대문 앞까지 대로변과 뒷골목을 샅샅이 뒤지며 돌아다녀도 어디 한 군데 불이 켜진 곳이 없었다.

"이를 어쩌지…? 날이 밝아 셔터가 열리려면 앞으로도 한참은 더 있어야 할 텐데…."

낙담하여 우두커니 서서 주위를 두리번거리는데 문득 골목 안으로 깊숙이 들어간 후미진 곳에 노랗게 불이 켜진 것이 하나 보인다.

'일어학원'이라고 하는 아주 작은 간판이었다. 나는 너무나 반가워 단숨에 그곳으로 달려가 낡은 문을 열고 안으로 들어가 보았다. 일단 문 안으로 들어서니 조금은 따뜻한 온기를 느낄 수가 있어서 마음이 놓인다. 한숨을 돌리고 주위를 돌아보니 손바닥만한 작은 현관에서 2층으로 올라가는 좁은 계단이 보인다.

한참을 이렇게 서 있으려니 추위는 그런 대로 피할 수가 있었으나 이런 상태로 출근시간까지 기다리기는 너무 무료하다 싶어 2층까지 올라가 볼 생각이 들었다. 2층으로 올라가니 복도를 끼고 작은 강의실이 3개가 나란히 있었고 그 끝에 사무실이 보였다. 그 중 한 강의실에 하얗게 불이 켜져 있었다. 소곤소곤하는 소리가 들리는 걸로 봐서 강의라기보다 한두 사람의 학생과 선생님이 프리토킹을 하고 있는 듯싶었다.

내가 올라오는 소리를 들었는지 사무실 문이 조용히 열리며 아주 작은 여자분이 마치 일본여자인형처럼 허리를 깊게 숙여 나에게 인사를 한다.

"어서 오십시오."

나는 조금 당황했다. 수강하러 온 것이 아닌데도 이분이 이렇게 정중하게 인사를 하니 난처한 것이다. 일단은 여자가 문을 열고 기다리고 있어서 어쩔 수 없이 그 안으로 조심스럽게 들어갔다. 작은 사무실 안에는 난로가 빨갛게 달궈져 있고 몇 개의 일본그림과 기모노를 입은 인형이 정갈하게 놓여 있었다.

그 여자분이 이곳 학원의 원장이라고 했다. 원장이 권하는 대로 난롯가에 의자를 당겨 앉으며 내가 여기 들어온 자초지종을 이야기했다. 그래도 그 원장은 실망하기보다는 출근시간까지 편하게 쉬라고 따뜻한 차까지 한 잔 내주며 친절하게 대해준다. 나는 그 차를 마시며 시간을 기다렸다. 원장선생이 하도 몸매도 작고 구사하는 말씨마저 조금은 일본풍이어서 혹시 일본

여자가 아닌가 하는 생각이 들었다.

드디어 수업시간이 끝나자 사무실 문이 열리고 3명의 학생과 50대로 보이는 남자선생님이 안으로 들어온다. 그리고 그들에게 원장선생이 일일이 차를 따라 건네준다. 모두들 이 주위에 있는 회사에 나가는 샐러리맨들이라는데 하는 말을 들어보니 초보는 넘어선 중급반인 듯싶었다.

그들이 이야기하는 중에도 나는 알아들을 수도 없는 일본말을 짧게짧게 섞어가며 이야기를 나누는 것이 그렇게 부러워 보였다. 남자선생은 나를 보고 새로 등록한 사람으로 생각했던지 매우 친절하게 이것저것을 묻는다. 그러자 옆에 있던 원장이 나서서 만류를 한다.

"아닙니다. 이분은 강의를 받으러 오신 게 아니고…."

"네, 그렇습니다. 지나가다가 불이 켜져 있어서 잠시 들러 보았습니다."

시간이 이미 다 되어 나는 수강생들과 함께 학원을 빠져나왔다.

사무실에 돌아와서 한참을 생각해 보았다.

새벽에 1시간을 일찍 나오는 것이 진도 빠지지 않고 단추도 떨어지지 않아 좋았는데 그럼 그때부터 해남빌딩 셔터가 열릴 때까지 어디서 무엇을 하며 기다리느냐가 문제였다. 그래서 그 시간에 차라리 학원에서 하루 한 시간씩 일본어를 공부하는 것도 나쁘지 않겠다는 생각이 들었다. 더구나 우리 회사는 일본롯데와 특별한 관계가 있는 회사이니 지금 이 기회에 일본어 하나를 확실하게 해두면 나중에 크게 유용하리라는 생각이 들었다.

그날 점심시간에 다시 그 학원으로 찾아가 등록하고 바로 다음날부터 새벽에 나와 일본어공부를 시작하며 이것이 바로 일석이조(一石二鳥)라는 아이디어구나 하는 생각이 들었다.

어차피 조직생활이란 경쟁인데 이 경쟁에서 이기는 방법이란 남보다 강점이 있어야 가능한 것이다. 남들과 똑같은 능력으로 똑같이 일한다면 어떻게 경쟁에서 그들을 이길 수가 있단 말인가.

하루 24시간은 누구에게나 주어진 동일한 조건이다. 이 24시간 중에서 매일 1시간씩을 더 활용할 수가 있다면 그것만으로도 나는 경쟁에서 우위를 점할 수가 있지 않을까.

에피소드 1

이처럼 시간에 쫓기며 하루하루를 정신없이 지내다 보니 툭 하면 야근을 하는 경우가 많았다. 야근은 대개 회사 가까운 여관에서 했는데 하루는 이 과장이 집에 급한 일이 있으니 자기집에 가서 야근을 하자고 했다.

그래서 일거리를 잔뜩 들고 멀리 장위동 이 과장집으로 갔다. 이 과장 부인은 집에서 약국을 경영하고 있었는데 맞벌이 집안이어서 그런지 퍽 안정되고 단란해 보였다.

우리는 온 밤을 일에 매달려 씨름하다 새벽녘에 잠시 눈을 붙였는데 아침에 눈을 떠보니 이 과장 부인이 밤새 수고했다고 몇 가지 보약을 챙겨서 준비하고 있다가 세수하고 들어오는 이 과장에게 정중하게 내밀고 이 과장은 또 그것을 당연한 듯이 받아 마시는 것을 보고 나는 깜짝 놀랐다.

나는 이제껏 거의 혼자 생활하다 보니 이런 젊은 가정의 모습을 볼 기회가 별로 없었다. 아니 설사 보았다 하더라도 이처럼 충격적으로 받아들이기는 이번이 처음이었다. 이 과장은 약탕기를 물리고 습관인 듯한 헛기침을 몇 번하며 아랫목에 자리를 정하고 앉자 부인이 이번에는 정성스레 차린 조반상을 들고 들어와 이 과장 앞에 반듯하게 놓는다. 밥상은 나와 겸상으로 차려져 있었다. 그래서 내가 그 앞에 앉아서 같이 식사를 하는데 이 과장 부인은 계속 상 옆에 무릎을 꿇고 앉아서 이 과장의 식사시중을 들고 있는 것이다.

비록 이 과장과 내가 이제 겨우 서른을 갓 넘은 또래라고는 하나 지금의 이 모습은 마치 하늘과 땅만큼이나 엄청난 다른 세계의 사람들로 느껴졌다. 그리고 이 과장의 그런 모습이 더더욱 어른스럽고 부러워 보였다.

'아, 이것이 가정이라는 것이구나.'

나는 이때까지, 이 나이가 되도록 오로지 일에만 미쳐서 외톨이로 떠돌아다니기만 했지 이처럼 따뜻한 가정을 모르고 지낸 것이 후회가 되고 또 부끄럽게 느껴지기까지 했다. 식사를 마치고 준비해온 차를 마시며 잠시 앉아있는데 밖에서 자동차 경적소리가 난다.

"차가 왔나 보네. 김 주임 나갑시다."

이 과장은 역시 당당한 모습으로 방문을 열고 나갔고 나는 그런 이 과장 뒤를 따라 대문을 나오니 그곳에 회사 지프가 우리를 기다리고 있었다.

부인이 대문 앞까지 따라나와 깍듯이 인사를 하건만 이 과장은 듣는 둥 마는 둥 하고 차 안의 동료들에게 손을 흔들며 큰소리로 아침인사를 한다.

당시 회사에서는 간부들에 한해 코스별로 지프나 승용차로 아침출근을 시켜주었다. 그래서 매일 아침 복잡한 버스에 시달리지 않고 이처럼 편하게 자기집 대문 앞에서 회사차로 출근하는 모습 자체가 마치 큰 출세나 한 것처럼 그렇게 부럽고 자랑스러워 보일 때였다.

아무튼 그날 나는 이 과장의 신혼가정을 통해서 큰 충격을 받았고 늦게나마 나를 뒤돌아보는 계기가 되었다.

제 2 장

모든 것을 다 던져라

자, 출동이다

입사한 뒤로 사장님과 약속한 6개월이 다 되어가지만 아직까지도 인사부에서는 아무런 기별이 없다.

직제상 선전과가 영업본부 이 상무 소속으로 되어있어서 수차 이 상무에게도 이 문제를 꺼내 이야기해 보았지만 그때마다 이 상무는 신속하게 조치하겠다고 하면서도 미적미적 뒤로 미루고만 있었다. 그러다 근래에 이르러서는 영업본부 자체 내에 복잡한 문제가 대두되어 이 상무로서는 더더욱 내 문제는 신경을 쓰지 못하고 있는 것 같다. 즉, 나길연 영업부장을 영업이사로 승진시켜 영업업무 전체를 총괄하게 할 움직임이어서 이 상무 입장에서는 정신이 없었다.

그렇다고 이 문제를 다시 사장실에 들어가 말을 할 수도 없었다. 조직에는 계통이 있게 마련인데 이미 그 조직 안에 들어왔는데도 철없이 계통을 무시할 수는 없었기 때문이다. 이 과장에게 부담을 줄 수도 없어서 나는 오로지 이 상무에게만 매달리고 있었는데 일이 순조롭지가 못했다. 그래서 나는 할 수 없이 영업부의 새로운 실력자로 급부상하고 있는 나 이사에게 찾아가 이야기를 꺼내 상의해보기로 했다.

나 이사는 본래 나와 사장님과의 입사 전 약속을 전혀 모르고 있었다. 내가 자초지종을 이야기하자 나 이사는 내 이야기를 듣고 바로 사장실에 확인한 후 얼마 안 가서 인사부로부터 대리발령을 내주었다.

그렇다고 해서 사장님이 처음 이야기했던 제작과를 새로 만들어 제작과를 맡긴 것도 아니고 그저 종래의 선전과 안에 이 과장과 나를 과장과 과장

대리로 만들어놓은 것이다. 전체적인 구조조정은 추후 검토하여 하되 우선 약속한대로 내 문제만 임시방편으로 그것도 과장이 아닌 대리로 잠정 처리해 놓은 것 같았다.

'제작과'를 신설하여 과장을 맡겨주지 않았다 해서 맡은 일을 게을리할 수는 없었다. 일에 미치는 것은 천성이었으므로 아침 일찍부터 저녁 늦게까지 나는 여전히 일 속에 묻혀 헐떡거리며 지냈다.

그래서 사장님은 그런 나를 볼 때마다 몸에서는 항상 쌩쌩 소리가 났고 말과 행동은 빨랐으며 눈은 언제나 무언가를 찾아 헤매듯 반짝반짝 빛이 나고 있다고 했다. 그도 그럴 수밖에 없는 것은 매일매일 주어지는 일을 다 소화해 내려면 그렇게 뛰지 않으면 해낼 수가 없었기 때문이었다.

내가 롯데에 들어오고 나서부터 회사가 갑자기 상승세로 전환되었다.

'소고기 라면'과 '새우깡'의 대히트에 이어 '라면땅', '자야', '해장국 라면' 등 크고 작은 히트품이 계속 줄을 이어 나오는 바람에 이들의 광고전략을 세우고 그 세워진 전략에 맞춰 각종 광고물을 제작하고 이것을 집행, 관리하는 일이 끝도 없이 이어지고 있어서 그야말로 선전과는 하루 24시간이 모자랄 지경이었다. 물론 이 과장과 나름대로 업무를 나누어서 분담은 했지만 일이 밀리고 시간에 쫓기다 보면 업무분담도 별 의미가 없었다.

상품력이 미약하고 그래서 시장상황이 어렵다 보니 회사에서는 시도때도 없이 취약지구 판촉활동에 동원되곤 했는데 이런 날은 비단 영업부서뿐만 아니라 전직원이 총동원되어 새벽부터 할당받은 지역에 나가서 라면박스를 남자직원들은 등에 짊어지고, 여직원들은 머리에 이고 골목골목 구멍가게를 이 잡듯 뒤지고 다니며 온종일 물건을 팔기도 했다.

이런 전직원 징발령은 새로 영업총수에 오른 나 이사의 아이디어로 시작된 일이었다. 나 이사는 젊은 나이에 초고속 승진을 한 엘리트로서 머리회전이 빠르고 상황판단이 정확하며 결단력이 뛰어난 사람이었다. 그런 나 이사의 능력이었는지 아니면 제품의 품질이 그만큼 향상되어서인지 아무튼 나 이사가 영업의 사령탑을 맡은 다음부터 시장에 변화조짐이 일기 시작하였다.

이제까지 라면시장에서 롯데는 경쟁사 삼양에 비해서 절대적 열세에서 벗어나지 못하고 항상 어렵게 허덕이고 있었는데 이처럼 시장에 변화의 기미가 보이자 나는 이 기회를 놓칠 수가 없다고 생각했다.

그래서 사장실에 건의하여 이번 이 기회에 사운을 걸고 승부수를 띄우자고 했다. '소고기라면', '새우깡'이 아직까지 시장에서 좋은 반응이 이어지고 있고 또 그 외에도 속속 히트품이 계속되고 있어서 우리로서는 이 기회를 잘 이용만 한다면 얼마든지 승산이 있다고 판단되었기 때문이다.

그러기 위해서는 우선 광고비를 대대적으로 늘려야 한다는 생각이 들었다. 아무리 좋은 광고라도 물량 면에서 떨어지면 결코 좋은 결과를 기대할 수가 없기 때문이다.

사장님은 이 건의에 대해서 고개를 갸웃거렸다. 그도 그럴 것이 회사는 창업 이래 지난 7년 동안 계속 적자만 내다가 이제 겨우 조금 숨통을 돌릴 만하게 되었는데 여기에 갑자기 광고비를 대폭 늘린다는 것이 경영주로서 그렇게 쉽게 결단을 내릴 수 있는 게 아니었다.

사장실에서 시원한 대답을 얻을 수가 없자 이번에는 이 과장과 함께 영업총수격인 나 이사를 찾아갔다.

나 이사는 이 과장과 특별히 가깝게 지내는 사이였다. 특히 점심식사 후 탁구장에 들러 라켓을 잡으면 두 사람은 촌보도 양보하지 않는 영원한 맞수이기도 했다.

그런 이 과장이 나 이사를 직접 설득해 보기로 했던 것이다. 영업에서 절대적으로 신임을 얻고 있는 나 이사의 의견이라면 사장님도 더는 거절을 못하리라는 생각에서였다. 그러나 나 이사와 같이 앉아 이야기를 해보니 의외로 나 이사라는 사람이 별난 사람이었다. 나는 나 이사가 젊고 패기가 넘치는 사람이어서 광고비 증액에 대해서도 쉽게 이해하고 협조해줄 줄 알았는데 의외로 광고무용론자였다. 아니, 마케팅을 제대로 공부한 프로가 이 시대에 광고무용론을 주장하다니….

나 이사는 철두철미 영업제일주의였다. 영업만 잘한다면 광고도 필요 없고 제품도 썩지만 않았으면 얼마든지 팔 수 있는 게 영업이라는 것이다. 이것은 자신감도 아니고 오히려 교만이라는 생각이 들었다.

그러나 나는 물러서지 않고 이 과장과 함께 끝까지 밀어붙이기로 했다. 아무리 사장님이 광고를 이해하고 밀어준다고 해도 당장 영업의 총책임자가 광고무용론자라면 앞으로 광고업무가 순조롭게 이루어질 수가 없다고 생각했기 때문이다.

결국 그날은 나 이사를 더는 어쩌지 못하고 나 이사 방을 나왔다. 나오면서 곰곰이 생각해보니 차라리 나 이사에게 말을 꺼낸 것 자체가 잘못이었다는 후회가 들었다. 공연히 적만 하나 더 만들어놓은 셈이 된 것 같았다. 내가 낙심해서 어깨를 떨어뜨리고 있는데 옆에 있는 이 과장이 그런 내 어깨를 두드린다. 나 이사는 어떻게든 자기가 맡아서 설득해볼 테니 대신 사장님은 내가 맡아서 결론을 내보자는 것이다.

그후 몇 번을 이 과장이 나 이사와 탁구장에서 탁구하는 것을 본 적이 있었는데 과연 며칠 후 이 과장이 회심의 미소를 지으며 드디어 나 이사가 사장님에게 광고비증액을 요구하겠다고 약속했다며 나보고 이제 사장님 설득을 하라고 한다. 그래서 하루는 나 이사와 이 과장 그리고 내가 함께 사장실로 들어가 광고비증액의 필요성을 설파했다. 주로 내가 설명을 했고 이 과장과 나 이사는 옆에서 서느는 형식이었다. 내가 하도 집요하게 묻고 늘어지자 사장님은 나 대신 나 이사의 얼굴을 빤히 쳐다본다.

"게안켄나?"

사장님이 나 이사에게 직접 묻자 나 이사가 고개를 끄덕인다.

"김 대리 말이 맞심더. 우리에게 힘이 붙었을 때 상대방을 치면 효과는 배가가 될 겝니더. 그리해 주이소."

"이 과장 니는?"

"저도 동감입니다. 믿고 밀어주십시오. 이번 기회에 꼭 삼양라면을 잡겠습니다."

그러자 마침내 사장님이 결단을 내린다.

"좋다. 그럼 그렇게 해보자마. 그대신 세 사람 목을 내놓아야겠구마. 성공하지 몬하문…."

사장님이 세 사람의 얼굴을 번갈아 보며 확실하게 결의를 다짐받으려 한다. 그러자 내가 기다렸다는 듯이 나섰다.

"기꺼이 제 목을 내놓겠습니다. 만약 결과가 목표에 미달한다면 제가 사표를 쓰겠습니다."

"그건 니 몫이 아냐. 니가 영업하냐?"

그러자 이제껏 소극적으로 일관하던 나 이사가 고개를 든다.

"알겠심더. 꼭 성공시켜 마켓쉐어를 올려놓겠심더."

"영업에서는 마켓쉐어를 말하지만 난 매출액을 더 좋아한다 아이가. 이번 광고비 증액 후 영업에서 얼마를 더 매출을 올릴지 내일까지 책임지고 계획서를 내논나."

"네, 알겠심더."

그리고 우리 셋은 사장실을 나왔다. 나오면서 공연히 나 이사에게 멍에를 씌워놓은 것은 아닐지 싶어 고개를 돌렸으나 나 이사는 그런 내 어깨를 가볍게 두드리며 잘해보자고 했다.

다음날부터 당장 광고비를 대대적으로 증액을 했다. 그래서 TV에서는 골든프로 섭외를 시작했고 라디오도 황금시간대를 중심으로 각 프로마다 청취율 조사를 시작했다. 그러면서 광고제작뿐만 아니라 매체전략 측면에서도 우리나라 광고사에 큰 변화를 줄 수 있는 몇 가지 새로운 기법들을 새로 시도해 보기로 했다.

매체효과의 극대화

당시 우리나라의 상업방송이 도입된 지 불과 얼마 되지 않은 시기여서 모든 것들이 대개 이웃나라 일본의 제도나 규정을 그대로 도입하여 시행하고 있어서 조금만 깊이 따지고 들어가 보면 문제점이 한두 가지가 아니었다.

우선 방송시급(放送時給)이나 광고요금 책정에서도 그랬다. 야간통행금지라는 사회환경의 커다란 차이가 있음에도 불구하고 우리의 방송시급이 일본이나 미국과 별 차이 없이 만들어놓은 것 등이 그 예이다.

그래서 이런 잘못된 것을 지적하여 방송국에 시정을 요구하기보다는(그런 요구를 해봤자 쉽게 시정될 사항이 아니었으므로) 잘못되고 문제가 많은 속을 파고들어 오히려 이것을 잘 활용한다면 같은 광고비를 쓰면서도 효과측면에서는 엄청난 차이가 있다는 것을 발견했다. 그래서 이 분야에서는 업계의 베테랑인 이 과장과 함께 이것을 적극적으로 연구하여 모처럼 증액시킨 광고비 이상의 광고효과를 만들어보자고 했다.

당시 TV와 라디오 시급책정은 나름대로는 요일별, 시간대별 시청률이나 청취율을 기준으로 해서 만들어졌다고 방송국에서는 강변하고 있었으나 이것은 어디까지나 일본 것을 그대로 카피한 것이었지 우리 실정에 꼭 맞는 것은 아니었다. 그래서 우리는 나름대로 따로 조사해서 이 자료와 현 시급을 대조하여 불리한 쪽은 버리고 유리한 쪽은 확보하여 광고배정을 다시 조정하는 방법을 채택했다.

또한 프로그램도 방송국에서는 시급별 전파료에 해당프로의 인기도에 따라 제작비를 임의 상정하여 그 프로그램의 광고비 단가를 책정했는데 여기에도 문제가 많았다. 시급별 전파료는 이미 정해져 있는 것이니 그렇다 하더라도 제작비는 완전히 방송국 임의대로였다. 그래서 이 제작비 산출근거를 방송국에 요구하기로 했다.

이 과장은 그것이 가능하겠느냐고 의문을 제기했다. 그렇지 않아도 인기 프로그램은 방송국에서 끼워팔기를 고집할 정도로 방송국의 횡포가 대단한데 이런 상황에 어떻게 제작비를 따져보겠느냐는 것이다.

"그래도 우리는 구매자 입장이 아닙니까. 구매자가 구매자의 권익을 스스로 지키고 요구할 줄도 알아야지 그런 식으로 방송국에 끌려다니니 번번이 이런 결과가 나올 수밖에 없는 게 아닐까요."

과거 방송국 형편이 어려웠을 때는 광고주에 대한 배려가 대단했다. 그래서 당시의 대표적 대형프로인 〈OB그랜드쇼〉나 〈일동스포츠〉 등에는 프로그램명에까지 광고주를 표시하던 것이 차츰차츰 광고주가 늘고 매출이 증대되면서부터 보다 많은 광고주에게 기회를 부여한다는 명분을 내세워 종전의 단독제공을 모두 공동제공으로 바꾸면서 광고주들에게는 경합을 붙이고 대신 방송국에서는 전횡체제를 굳혀갔던 것이다.

그러다 보니 예전에는 프로그램 청약시에 꼭 첨부되던 제작비명세가 어물쩍 사라져버리고 이제는 아예 그런 말을 꺼내는 사람을 이상하게 볼 정도로 입장이 뒤바뀌어 버린 것이다. 그래서 우리는 방송국에 보다 강력하게 대응하기로 했다.

우리의 광고비가 증액된 데다가 또 이 과장이 업계에서 그만큼 파워가 있다 보니 방송국에도 우리의 이런 대응을 전혀 외면만 할 수도 없었다. 결국 방송국에서도 공연히 우리와 맞붙어 문제를 일으키다 보면 여타업계에까지 확산되는 것을 우려하여 소극적이나마 우리 요구사항을 들어주기 시작했다.

그래서 우리가 제공하는 모든 프로그램의 제작비 산출근거를 방송국으로부터 제출받았고 그것을 따져 우리는 광고비를 조정했다.

이렇게 모든 일을 일일이 짚고 넘어가다 보니 일은 매우 더 번거롭고 복잡해졌지만 그만큼 효과는 배가되었으며 시장에서도 변화가 오기 시작했다. 아울러 방송국에서도 이제껏 일본 통계나 규정만을 고집하던 안이한 자세에서 벗어나 차츰 우리 실정에 맞는 쪽으로 제도나 규정을 바꾸어나가기 시작하는 것이다.

지방방송 활용

그 다음엔 방송국간 경쟁과 협조를 유도할 수 있는 차등 집행방법이었다. 비록 문화방송이 지방방송국은 많이 가지고 있다고는 하나 동양방송이 커버하는 서울과 부산, 광주, 군산이면 전국적으로 보아서 우리 마켓의 거의 75% 이상을 점하는 지역이었다. 그래서 당시에 인기 오락 프로그램이 많아서 시청률이 높은 동양방송 위주의 집행을 하고 동양방송이 미치지 못하는 지역은 또 그 지역의 문화방송 지방사를 활용하는 방법을 쓰기로 했다.

문화방송 서울본사에서 보면 여우처럼 약은 생각이라고 미워도 했겠지만 효과증대를 위해서는 어쩔 수 없는 선택이었다. 그 대신 문화방송 쪽은 그 쪽으로 좋은 인간관계를 유지하고 있는 이 과장이 나서서 해결하기로 했고 이러한 소문이 타사에 알려서 문화방송 자체가 난처한 일이 당하지 않도록 세심한 배려를 했다.

'뛰는 것만큼 벌어들인다' 라는 말이 있다. 이것이 방송국과의 일에 꼭 맞아떨어지는 말이다. 방송관계 일은 쉽게 하자면 한없이 쉽게 할 수 있지만 또 이것을 따져서 조금이라도 더 효과를 기대하자면 끝도 한도 없는 것이 방송관계 일이었다. 이번에 증액되는 광고비는 몽땅 이렇게 철저하게 그 효과를 따져서 집행하기로 이 과장과 합의했다.

당시 상업방송으로는 TV방송이 문화방송(MBC)과 동양방송(TBC)이 있었고, 라디오방송은 문화방송과 동양방송과 동아방송 그리고 기독교방송이 서울에 있었고, 각 지방에는 문화방송의 지사가 21개사, 기독교방송이 5개사 정도 있었고, 동양방송이 제휴사가 부산과 광주, 군산에 있었으며, 동아방송은 서울뿐이었다.

방송국 운영에 대해서도 자세하게 조사해보니 서울에 있는 방송사들은 당시 '방송사업은 황금알을 낳는 사업'이라고 시중에 회자될 정도로 많은 이익을 내고 있었으나 지방방송은 전혀 그렇지가 않았다. 그도 그럴 것이 서울에서 광고주가 문화방송이나 동양방송의 서울본사에 광고청탁을 하면 방송사 자체 배분율에 의해서 지방방송국에 광고와 광고비를 배분하는데 이것이 서울본사 일방적이어서 부산을 제외한 대부분의 지방사들은 직원들 월급도 제때 주지 못할 만큼 재정이 빈약했다.

그래서 우리가 이것을 깨고 서울 문화방송이나 동양방송에 전국방송을 일임하던 것을 최대한 억제하고 지방방송에 직접 광고배정을 하는 방법을 선택했다. 그러다 보니 서울의 본사에서는 자기네 사규에 어긋나 시장을 교란시킨다고 강하게 반발했으나 이 과장과 내가 나서서 적당히 타협하여 관철시켰다.

이런 식으로 지방방송국에 광고를 직접 배정하다 보니 지방방송에서는 대환영이었고 고마워서 어쩔 줄을 몰라 하는 것이다. 그래서 우리는 그 대가로 우리가 청탁한 광고시간 이외에 서비스로 광고를 더 방송해 달라고 요구했다. 그랬더니 이 역시도 지방방송국에서는 싫어할 이유가 없었다. 어차피 비어나가는 광고시간에 서울의 롯데광고로 도배한들 방송비용이 더 들어가는 것도 아니고 오히려 롯데라는 믿을 수 있는 대형광고주가 스폰서를 하니 그 프로그램의 신뢰도가 올라가는 긍정적 효과까지 있었기 때문이다.

거기에서 한 걸음 더 나아가 우리는 각 지방방송국과 그 지역의 우리 지점장이나 영업소장을 직접 연결해주어 서로 협력체제를 구축하는 전략도 구사했다. 우리가 이처럼 각 지방방송국과 끈끈한 관계를 이어가자 각 지방방송국에서는 크고 작은 행사 때 나나 이 과장을 초대하는 일이 잦았다. 나는 그때마다 그 지역의 우리 지점장이나 영업소장을 대신 참석시켜 서로간에 유대를 강화토록 했다. 이런 방법으로 각 지방방송국을 직접 거래하다 보니 비단 광고비 절약이나 효과증대 이외에도 우리 각 지점이나 영업소의 사기진작이나 홍보효과 또한 대단한 것이어서 종전의 안이했던 방법에 비하면 실로 엄청난 것이었다.

에누리 도사

시장에서는 '싼 게 비지떡이다'라는 말이 있다. 그러나 방송신탁에서는 이 말이 통하지 않는다. 싸든 비싸든 방송에 광고가 송출되는 것은 변함이 없기 때문이다. 그래서 나는 각 방송국과 광고청탁을 할 때 우선 가격은 깎을 수 있는 한 최대한 깎아내는 것을 원칙으로 했다.

당시에는 방송국에 광고청탁할 때는 방송국에서 제시하는 금액을 거의 그대로 수용하고 있었다. 그러나 구멍가게에서 콩나물 하나를 살 때도 판매자와 구매자 사이에 흥정이 있게 마련인데 이런 엄청난 금액의 구매를 방송국에서 제시하는 조건을 그대로 수용하는 것은 문제가 있다고 생각했다. 그래서 방송국에서 담당자가 청약서를 가져오면 그 순간부터 서로 밀고 당기기를 시작하는 것이다.

심지어는 드라마의 경우 방송국에서 가져온 제작원가표에서 출연하는 탤런트의 출연료나 기타 제반 제작비까지도 일일이 참견했더니 방송국에서 우리에게는 프로그램 판매를 보이콧하겠다는 협박까지 했으나 우리는 여기에 굽히지 않고 끝까지 물고 늘어져 최대한 가격조정을 해냈다.

방송국에서는 롯데만 들어오면 마치 남대문 시장에 온 것처럼 가격흥정을 한다고 비난했으나 허허 웃으며 제값 주는 것보다는 이렇게 한바탕 하고 가격절충을 하는 게 훨씬 홀가분했다. 우리가 아주 골치 아픈 '에누리도사'로 찍혔지만, 그래도 많은 광고비를 집행하면서 방송국이 어려울 때는 물불 가리지 않고 협조하는 등 협력과 다툼을 적절히 조절하여, 좋은 관계를 유지하면서도 이익을 최대한 확보하기 위한 피나는 노력을 계속했다.

5초, 15초 CM 첫 시도

당시에 방송 CM은 20초와 30초가 대종을 이루고 있었다. 스폿광고는 모두 20초로 통일되어 있었고 프로그램은 내용에 따라 20초 혹은 30초를 배정하였다. 나는 여기에 의문을 갖고 따져 보기로 했다.

왜 꼭 20초, 30초여야만 하는 것일까. 이것은 물론 방송국에서 자체규정대로 정해 놓은 것이었지만 광고주 입장에서 좀더 효과적인 방법은 없는가, 과연 이것이 최상인가를 면밀하게 실험해 보기로 한 것이다.

CF 한 편이 단순한 고지가 아닌 이미지를 통한 메시지 전달수단으로서 그 시간을 최대한 축소한다면 과연 몇 초까지 가능할까. 이것을 나는 CF감독으로서 수도 없이 실험에 실험을 반복해 보았다. 가능하다면 10초까지 압축하고 싶었다. 만약 이것이 가능하다면 우리는 20초 CM은 두 배로, 30초 CM은 세 배로 활용할 수 있다는 계산이 나온다. 그러나 아무리 연구하고 실험을 해봐도 10초는 무리였고 15초까지는 가능하다는 결론이 나왔다.

그러나 이것만으로도 우리는 커다란 수확이었다. 우리가 모든 CF를 15초로 만들어 쓴다면 20초 CM에는 5초가 덤으로 생기고 30초 CM은 15초짜리 두 개로 쓸 수가 있어서 엄청난 이익이 되는 것이다. 그래서 나는 즉시 우리 회사 모든 CF는 15초로 통일해버렸다. 그리고 5초 CF는 고지광고로 또 따로 만들었다. 그래서 모든 20초 CM은 15초 광고+5초 광고로, 그리고 30초 CM은 15초 광고+15초 광고로 방송배정을 했다.

그러고 보니 예상했던 대로 같은 광고비로 1.3배 내지 2배의 광고량을 쓰는 엄청난 결과가 되었다.

사실 우리 같은 식품회사는 신제품이 끊이지 않고 쏟아져 광고계획을 세울 때마다 한정된 예산으로 그들 제품을 다 광고할 수 없어서 고심하게 된다. 그렇다고 광고 없이 출하하면 또 그 제품이 쉽게 사장될 것은 불을 보듯 뻔한 일이고, 그렇다고 광고비를 무한정 늘릴 수도 없고….

어쩔 수 없이 전략제품을 선정하여 그들 전략제품에만 광고를 집중하고 나머지는 그냥 내보내게 되는데, 그로 인해 영업부와는 항상 실랑이를 하게 된다. 그래서 고안해낸 것이 바로 이 5초짜리 고지광고였다. 5초로는 이미지 전달은 불가능하므로 제품사진과 제품명만 알리는 것으로 집약을 시킨 광고이다. 그것도 두 제품을 하나로 묶어서.

다른 회사에서는 20초 CM에 단 한 제품만 광고했는데 우리는 한 제품 광고에 덤으로 5초짜리 고지광고 두 제품을 더 할 수가 있었으니 숫자로는 세 개의 제품을 광고할 수 있는 엄청난 일대 사건이었다. 이런 방법으로 이미지 광고와 고지광고를 한 CM 안에 병행하다 보니 광고효과 또한 서로 상승작용에 의해 훨씬 높아지는 부수적 효과까지 얻을 수가 있었다.

내가 처음 시도한 이런 광고를 나중에 광고계에서는 '토막광고' 혹은 '츄레라광고'라고 했지만 그 명칭도 내가 만들어 붙인 것이다.

이 5초 토막광고는 어차피 고지광고였으므로 주로 신제품을 알리는 데 활용하거나 기존제품 중에서도 비록 이미지광고는 못해도 시장에서 리마인드 필요성이 있는 제품을 골라 올렸는데 그 효과는 무시 못할 정도였다.

제품개발실에서 새로 개발된 신제품의 출하예정일과 생산일정을 우리에게 통고해 주면 우리는 그 일정에 맞춰 출하 일주일 전부터 5초 고지광고에 올려놓게 된다. 그런데 어떤 때는 생산에 차질이 생겨서 본래 계획했던 예정일에도 시장에 출고가 안될 때가 있었는데 이렇게 되면 그동안 잔뜩 기대하던 대리점에서 난리가 나고 그 신제품을 안주면 수금도 안 해주겠다고 버틴다고 일선영업부에서 빨리 그 광고를 빼달라고 해서 부랴부랴 5초 광고를 내린 것도 한두 번이 아니었다. 그럴 때마다 우리는 비록 짧은 5초짜리 토막광고였지만 그 효과는 결코 무시할 수 없음을 새삼 실감하고 혀를 내두르곤 했었다.

이처럼 우리가 처음으로 아이디어를 내어 시작한 5초짜리 토막광고가 조금 시간이 지나자 방송국에서 문제를 삼아 시끄러워졌다. 방송국에서는 20초 CM 안에 여러 제품 광고를 하면 방송규정에서 벗어날 뿐만 아니라 기존 질서를 무너트리는 것이라고 제동을 거는 것이다. 그러나 나는 방송광고의 20초 타임은 우리가 정당하게 매입한 것이므로 여기에 한 제품을 광고하든 두 제품을 광고하든 그것은 매입자의 정당한 권리라고 주장하여 방송국과 논쟁을 벌였다.

결국은 우리가 처음 시도한 이 5초 토막광고가 상당한 시간이 흘렀음에도 다른 회사에서 시도하거나 따라하는 회사가 없다 보니 비록 규정에는 벗어났다 하더라고 시장질서는 무너트렸다고는 볼 수가 없어서 방송국에서 한발 양보하는 선에서 원만하게 매듭을 보아 우리는 계속 이 5초 토막광고를 활용할 수 있게 되었다.

그러나 정작 문제는 30초에서 벌어졌다. 사실 30초 CM이란 20초짜리 CF를 시간만 좀 길게 늘려서 만든 것이었으므로 효과측면에서는 20초나 다를 바가 없었다. 그래서 나는 이것도 낭비라고 생각하고 15초짜리 두 개를 붙여서 집행했는데 이것은 다른 회사에서도 금방 뒤따라와 이런 식의 광고배정이 유행병처럼 번지는 바람에 방송국에서 본격적으로 문제를 삼고 나왔다. 방송국에서 만약 이것을 그대로 묵인했다가는 결과적으로 방송광고료 자체가 1/2로 인하된 효과를 감수해야 하기 때문이었다.

이 싸움은 너무나 중요하고 예민한 사항이어서 쉽게 매듭지어지지 않아서 결국은 동양방송의 남석현 업무부장과 우리 이 과장이 서로 만나서 협의를 하기로 했다. 그러나 만나서 협의를 하기 전부터 서로 기싸움에서 지지 않으려고 만나는 장소를 정하는 데도 양보하지 않았다. 방송국에서는 우리를 자기네 사무실로 들어오라는 것이고 우리는 구매자 입장에서 남 부장을 우리 사무실로 오라고 팽팽하게 고집했던 것인데 결국은 절충안으로 우리 사무실과 방송국의 중간지점에 있는 다방에서 만나 협의하기로 했다.

그러나 그렇게 어렵게 만나서 협의했지만 서로간에 합의가 이루어지지 않아 결국 방송국에서는 더 이상 우리를 설득하기보다는 차라리 30초 CM 자체를 없애는 쪽으로 방향을 바꾸어 종내엔 국내 광고계에서 30초 CM이 사라져버리는 결과가 되고 말았다.

우리회사같이 신제품이 많이 나오고 상품 종류가 다양한 회사는 한정된 광고비로는 그 많은 제품을 다 광고할 수는 없었다. 그래서 할 수 없이 때로는 이렇게 방송국과 싸워서라도 우리 뜻에 맞게 밀고나가야 했는데 그러다 보니 방송국과는 가깝게 지내면서도 또 때에 따라서는 서로 밀고당기기를 계속해야만 했다. 그러나 실무 하는 입장에서 좀 어렵고 힘이 들어서 그렇지 결과는 항상 회사에 큰 힘과 보탬이 되었다.

이처럼 어떤 목표를 세우면 끝까지 굽히지 않고 관철시키고 밀어붙이다 보니 나중에는 광고계에서(특히 방송국에서) 나와 이 과장을 가리켜 '독사'니 광고계의 질서를 교란시키는 '악당'이니 하는 별명까지 붙여주었으나, 그런 것에 개의치 않고 오로지 광고효과 극대화를 위해서 내가 할 수 있는 것이 있다면 수단과 방법을 가리지 않기로 했다.

1인 5역도 부족하다

이 과장은 대단히 의리가 강한 사람이다. 그래서 내가 롯데에 들어오기 전에는 나를 그토록 일방적으로 밀어주었지만 일단 롯데로 들어온 다음에는 종래의 나 대신 이 과장의 또 다른 가까운 친구 김사룡 씨가 운영하는 동주필림에 CF제작을 전적으로 밀어주고 있었다.

내가 회사에 들어올 때는 이 과장과 나름대로 업무분담에 대해서 협의를 했었지만 막상 일이 밀리고 쫓기다 보니 꼭 그렇게 분담하여 일을 처리한다는 것이 불가능한 것이었다. 그러다 보니 내 주업무인 CF제작 이외에도 광고계획과 집행, 조사는 물론 디자인과 일반관리업무까지 내 손이 안 가는 곳이 없었다.

이처럼 몸이 몇 개라도 모자랄 정도로 바쁜 일과 중에도 특히 한 달에 두세 편씩 떨어지는 CF제작은 더욱 나의 피를 말리게 하는 작업이었다. 본래 사장님이 나를 영입한 일차적 이유는 CF 제작능력을 높게 샀기 때문이었다. 그래서 물론 CF제작 일이라면 내가 비록 롯데의 선전과 직원이었지만 종전처럼 직접 아이디어를 내어 콘티를 짜고 이것을 사장결재를 받은 다음 또 직접 연출까지 해서 일을 매듭짓곤 했다.

사실 나 한 몸으로서는 한 달에 두세 편의 CF를 만드는 일만으로도 시간이 모자라고 정신이 없을 텐데, 심지어 다른 사내업무를 병행하면서 이 일을 처리한다는 것이 보통 힘겹고 어려운 일이 아니었다.

어떤 때는 CF제작을 다른 회사처럼 외주를 주어 그들이 아이디어도 내고 콘티도 짜고 그래서 사장결재를 받아 제작하게도 해보고 싶었다. 그래서 몇 번은 동주필림에 일을 맡겨도 보았으나 이것이 그렇게 순탄하게 이루어지는 게 아니었다. 공연히 시간만 낭비했지 단 한 번도 외부콘티가 사장실에서 통과되는 법이 없었고 그럴 때마다 사장님은 짜증을 냈다.

"와 이걸 니가 안하고 남을 시키노?"

그래서 할 수 없이 동주필림에 외주는 주되 아이디어나 콘티는 물론 연출에서 마지막 시사까지 몽땅 내가 직접 해야 했는데 그러다 보니 일에 밀려서 미칠 지경이었다. 뿐만 아니라 동주필림에서는 아예 우리 일이라면 모든 것을 몽땅 다 나에게 일임해버리고, 기껏 촬영장에 나와서 뒤치다꺼리나 하고 잔무처리만 해줄 뿐 아예 아이디어나 사장결재 등에는 관여할 생각조차 하지를 않았다.

그래서 CF제작 일체를 내가 직접 하는 대신 제작비 청구에서 기획료나 연출료 등 내가 담당하는 비용은 모두 공제한 실제작비만을 청구하게 했다. 그러다 보니 결과적으로는 일반 CF제작비의 반값정도만 지불하게 되어서 회사로서는 엄청난 제작비 절감효과가 있었으나 대신 내가 말이 아니었다.

뿐만 아니라 이런 방법으로 오래 하다 보면 롯데광고가 나 한사람의 고정된 틀에서 벗어나지 못하는 결과를 초래할 수도 있다는 염려 때문에 오로지 동주필림만을 고집하는 이 과장을 설득하여 몇 번 다른 프로덕션에도 문호를 개방하여 제작에 참여시켜 보았으나, 너무나도 엉뚱한 사장님의 사고를 이해하지 못하여 쉽게 일을 성사시키지를 못하였다.

"그러게 내가 뭐랬어. 우리회사 일은 아무나 할 수 있는 게 아니라고 했지. 그래서 사장님이 김 대리를 영입한 것이기도 하고… 그러니 앞으로는 딴 생각 말고 그저 우리 일에 수족처럼 잘해주는 동주를 데리고 김 대리가 직접 만들어보라고."

이 과장의 이런 언질이 없었어도 나는 CF감독이라는 멍에에서 결코 벗어날 수가 없는 운명이라고 생각했다. 그래서 또 할 수 없이 오로지 모든 CF 제작은 내가 맡아서 동주필림과 함께 만들었는데 내가 직접 하다 보니 일은 빠르고 비용은 절감되었으나 내가 시간을 제대로 낼 수 없다는 것이 큰 문제였다. 그래서 이 과장에게 한 가지 안을 제안했다.

당시 동주필림은 충무로에 있고 우리사무실은 남대문 해남빌딩에 있었는데 하루에도 몇 번씩 사무실과 동주필림을 왔다갔다하려면 길거리에 버리는 시간이 너무 많았다. 그래서 이 시간만 절약해도 나에게는 크게 도움이 될 것 같아서 차라리 동주필림을 우리회사 가까운 곳으로 옮기게 김 사장을 설득해 달라고 이 과장에게 부탁했다.

이 과장은 내 말에 일리가 있다고 생각되었던지 곧 김 사장을 설득하여 결국 해남빌딩 바로 뒤에 있는 사무실로 동주가 이사를 왔는데 그 다음부터는 내가 훨씬 더 쉽고 빠르게 일을 해낼 수가 있었다.

기네스북에 오를 진기록

CF란 좋은 아이디어로 훌륭한 작품을 만드는 것이 우선은 기본이겠지만 마케팅상의 타이밍을 맞추는 것도 또한 중요한 일이었다.

일요일이었다. 주적주적 가랑비가 내리고 있었다. 충무로에 나와 이것저것 밀린 일을 마무리하거나 앞으로 있을 일을 미리 준비하는 것이 쉬는 날의 나의 일과였다.

녹번동에서 버스를 타고 충무로로 향했다. 일요일의 늦은 아침이어서 버스 안에는 손님이 많지 않았고 빈자리도 많았다. 내가 탄 버스가 영천시장 앞에 섰다. 버스문이 열리는데 내리는 사람은 없고 기다리던 여자승객 한 사람이 우산을 접어들고 달랑 올라선다.

그런데 첫눈에 눈이 번쩍 뜨인다. 눈이 크고 이목구비가 뚜렷한 것이 사진발이 잘 받을 것 같은 전형적인 모델형 얼굴이다. 어찌 보면 방금 전 이 아가씨가 서 있었던 영천시장이나 지금의 버스 안 분위기가 전혀 어울릴 것 같지 않은 생경한 아름다운 모습이다. 파란색에 약간의 연두가 가미된 발랄한 비옷차림인 것도 그의 외모와 잘 조화를 이루고 있어 자신의 외모에 신경을 많이 쓰고 있음을 알 수 있었다. 당시 나는 뭐든지 보이는 대로 때와 장소를 가리지 않고 그것을 연관해서 아이디어를 만들어 내거나 예쁜 여자가 보이면 즉시 연락처를 알아두었다 모델로 쓰곤 할 때였다.

맞은편 의자에 앉아 차창 밖으로 시선을 돌리고 있는 모습이 한두 번 모델로 쓰기에는 적격이라는 생각이 들었다. 그런 모습을 바라보며 여러 가지를 연상하여 갖가지 아이디어를 구상해보고 있자니 이 아가씨는 그런 내 시선이 불편한 듯 차츰 나를 경계하는 눈치를 보인다.

버스가 서대문을 지나 광화문 시청앞을 도는 사이에 이 아가씨는 이제 노골적으로 피하는 것 같아서 할 수 없이 그 아가씨를 포기하기로 하고 을지로 3가가 가까워오자 자리에서 일어났다. 그런데 이 아가씨도 이곳에서 내리려는 듯 내 뒤를 따라 내릴 채비를 하는 것이 아닌가.

'어라, 이게 무슨 인연이 되려고 이러나…?'

나는 버스에서 내리며 내 뒤를 바짝 따라 내리는 아가씨를 돌아보았다.

"저, 잠깐만요…."

아가씨가 놀란 눈으로 멈칫 바라본다. 나는 우선 주머니에서 명함을 꺼내 건네며 안심을 시켰다. 아가씨는 명함을 한참 들여다보더니 다시 고개를 들어 용무가 뭐냐는 투로 바라본다.

"저… 눈이 크고 얼굴이 예뻐서 그런데, 혹시 모델에 관심이 있으세요? 광고모델."

이런 경우 나는 단도직입적으로 말을 바로 던져버리는 버릇이 있었다. 공연히 뻔한 이야기를 두고 말을 빙빙 돌릴 필요는 없다고 생각하고 있었기 때문이다. 당시에는 모델이라는 말이 흔치도 않은 데다가 얼굴이 예뻐 모델로 쓰겠다고 해도 도망가거나 피하기가 일쑤였는데 이 아가씨는 의외로 깜짝 반가움을 표시한다. 이제까지 버스 안에서 나에게 보였던 태도와는 너무나 다른 태도변화여서 오히려 내가 조금은 당황할 정도였다.

그래서 그녀를 데리고 가까이에 있는 송프로덕션으로 들어갔다. 그리고 송 감독과 함께 광고모델에 대해서 자세하게 설명을 해주었더니 이 아가씨는 꼭 해보고 싶다며 이제는 오히려 더 적극적으로 나온다. 나는 그녀의 연락처를 적어놓고 앞으로 필요하면 연락을 해주겠다고 했다.

다음날 회사에 출근하였는데 사장실에서 나를 찾는다기에 갔다.

사장실에는 이미 영업본부장과 생산상무, 제품개발실장, 연구소장 등이 사장님을 중심으로 테이블 위에 라면접시를 놓고 한참 시식에 열중하고 있었다. 나는 이 과장과 함께 영업본부장옆 소파에 가서 앉았다.

"응, 왔나? 니도 한 번 시식해 봐라."

그러나 접시 안에 있는 것은 라면이 아니었다. 면발은 분명 라면인데 국물이 없고 대신 까만 짜장이 덮여 있었다. 나는 순간적으로 국물에 말아먹는 라면보다도 '짜장라면'이라면 크게 히트할 것 같다는 생각이 들었다.

나는 접시를 들어 냄새를 맡아보았다. 짜장냄새가 물씬 풍긴다.

"이게 뭡니까? 짜장면 같은데…?"

나는 고개를 들어 주위 사람들을 둘러보았다.

"먹어보고 평가해 본나."

사장님은 다소 흥분한 듯 얼굴에 홍조까지 띠며 시식을 독촉한다. 라면접시 옆에 놓여 있는 물컵을 들어 한 모금 입에 넣고 잠시동안 입 안을 깨끗하게 헹군 다음 라면 몇 가닥을 짜장에 버무려 입에 넣어보았다. 싸 하면서 향긋한 맛이 짜장면 맛 그대로다. 나는 입 속에 있는 면발과 짜장을 신경을 곤두세워 조근조근 씹으며 씹히는 감촉과 맛을 음미해본다. 이 정도면 짜장을 좋아하는 아이들도 잘 먹을 것 같다.

입 속에 있는 면발을 다 삼키고 다시 물컵을 들어 입에 넣고 한참을 입가심을 한 다음 다시 다른 접시에 있는 시제품을 젓가락으로 떠서 입에 넣어보았다. 모든 사람들이 하나같이 내 얼굴에 시선을 고정시키고 긴장한 눈으로 주시하고 있다.

마침내 시제품 A, B, C 모두를 시식한 다음 미소를 띠며 주위사람들을 돌아보았다. 그들도 비로소 함께 미소로 받으며 내 평가를 기다린다.

"괜찮네요. 맛도 이만하면 훌륭하고…. 저는 B가 좋은데요. 시각적으로나 맛이 중국집 짜장과 거의 비슷해요."

우리가 들어오기 전까지의 전체적인 시식결과도 내 평가와 비슷했던 모양이다. 이 과장도 나와 똑같이 B를 지목한다.

"제품명은 뭐로 하실 건가요?"

내가 사장님에게 물었다.

"그냥 짜장면이라카면 어떡켄노. 롯데짜장면."

"삼선이 아니고요?"

"응. 이건 그냥 짜장면이다. 왜 뭘 더 붙여야겠나?"

"아닙니다. 아무래도 많이 팔고 대중화하려면 짜장이라는 일반명사가 좋겠지요. 김치나 된장처럼."

사실 우리나라 사람들은 남녀노소를 막론하고 짜장면을 좋아한다. 이처럼 우리 식생활에서 짜장면이 차지하는 비중을 사장님은 일찍부터 간파하고 있었고 그래서 오래 전부터 극비리에 제품개발실과 연구소에서 짜장라면 개발에 심혈을 기울이고 있었던 모양이다.

그러다 중간에 어떻게 이런 개발정보가 상대경쟁사에 흘러들어가 경쟁사 역시도 지금 짜장면을 개발중인 모양인데 그래서 이제부터는 언제가 D-데이인지 그것만 모를 뿐이지 양사가 개발에 목을 걸고 있는 것은 다 알려져 있는 상황이었다.

더구나 상대경쟁사는 최근 몇 년 사이 계속 우리가 히트품을 내어 시장이 흔들리고 있어서 이 짜장면 개발만큼은 절대 우리에게 기선을 빼앗기지 않으려고 사운을 걸고 있었고, 우리 역시 최초로 개발 아이디어를 낸 만큼 제품출하부터 확실하게 시장을 장악하기 위해 사운을 걸기는 마찬가지였다.

그래서 이제껏 제품개발실과 연구소에서 극비리에 피나는 고생을 한 결과 마침내 오늘 이런 제품을 탄생시킨 모양인데 시식 전부터 사장님은 이정도 제품이라면 '소고기라면', '새우깡'에 이어 또 하나의 빅히트를 확신한 모양이었고 그래서 오늘 간부들을 모아놓고 신제품 짜장면 선포를 하는 마당이었다.

"이제 오늘로서 우리가 짜장면을 완성한 것이 천하에 알려졌으니 이제부터는 시간과의 싸움이다. 경쟁사가 지금 어디까지 개발이 진행되고 있는지는 몰라도 아무튼 우리가 시장출하를 하면 그네들도 곧 따라나올 것이다. 그러니 하루라도 빨리 시장에서 우리가 선제독점을 해야 할 것이니 영업은 당장 오늘부터 신제품 판촉에 들어가도록 하고 생산은 본격적인 생산채비를 서두르도록. 그리고 이제부터는 무엇보다도 선전이 제일 중요하다. 패키지 디자인을 서두르고 CF를 빨리 찍어 속히 내보내라. 당장 오늘이라도 좋으니 하루라도 빨리 방송에 짜장면 광고가 나가 시장을 확실하게 압도할 수 있도록 최대한 서둘러라."

사장님이 일사천리로 각 부서별로 일일이 지시하고 독려한다. 물론 신제품 개발이라는 것이 대개는 비밀리에 이루어지는 것은 사실이지만 이번처럼 철저하게 비밀에 부쳤다가 출하 직전에야 공개하는 것은 흔한 일이 아니어서 나는 몹시 당황했다.

양쪽회사에서 그만큼 이번 짜장면 라면에 사운을 걸었던 모양이다.

그래서 당장 내일부터라도 광고출고를 서두르라며 그러기 위해 콘티결재도 생략할 테니 최대한 날짜만 당겨달라는 사장님의 특명이 떨어졌다.

사장실을 나와 곧바로 이 과장과 업무를 분담하여 뛰기로 했다. 나는 지금부터 충무로에 나가서 CF제작을 서두르고 이 과장은 사무실에서 광고계획을 세우고 패키지 디자인을 독려하기로 했다.

신속하게 머리 속으로 아이디어를 짜깁기하면서 어제 알아두었던 여자생각이 떠올라 연락해 보았다. 마침 집에 있다가 전화를 받는다. 전화로 지금 당장 충무로로 나오라고 했더니 몹시 당황하는 기색이다. 어제 우연히 길에서 모델제의를 받기는 했으나 반신반의하고 있었는데 단 하루 만에 충무로로 나오라고 하자 놀라 겁을 내는 모양이나 그래도 싫다는 말은 안 한다. 남자역은 신필림 연기실에 연락하여 김기주를 불렀다. 그리고 작곡자에게도 CM 송을 의뢰했다. 급히 떠오르는 대로 가사를 불러주며 작곡을 서둘러 시안작업 없이 바로 서너 개를 녹음 넣어 오늘중으로 가져오라고 했다.

"짜장면 짜장면/ 롯데 롯데 짜장면/ 새로나온 짜장면"

신제품 고지광고였으므로 간단하고 심플한 것을 택했다. 그리고 일차 타깃이 아이들과 주부였으므로 멜로디도 가벼운 동요풍에 반복되는 징글(*jingle*)로 경쾌하게 띄워달라고 했다.

그리고 촬영팀을 급히 연락하여 준비를 서둘렀다. 일이 되려고 그랬던지 모든 것이 하나도 어긋남이 없이 척척 잘 맞아나갔다. 연락하는 사람마다 모두 사전에 약속이나 한 듯 자리에 있었고 어느 것 하나 빗맞는 것이 없어 참으로 신기하다는 생각이 들기도 했다.

이렇게 해서 급히 촬영을 마치고 촬영기사와 함께 직접 필동에 있는 대동현상소에까지 쫓아가서 현상소에 사정해서 지금 물려 있는 작업까지 모두 뒤로 미루어놓고 방금 찍어온 우리 필름을 현상기에 집어넣었다. 그리고 발을 동동 구르며 기다리다가 현상이 나오는 필름을 물 속에서 건져내어 물이 뚝뚝 떨어지는 것을 마치 짜장면집에서 수타국수를 치듯 두 손으로 흔들어

바람에 말리며 시청앞 동양녹음실로 달려갔다.

때마침 녹음실로 가져온 CM송도 마음에 들었고 시간이 정확했다.

CM송 뒤에 멘트를 한마디 집어넣으니 15초가 정확히 맞아떨어졌다. 바쁠 때는 이처럼 녹음을 먼저하고 역으로 여기에 맞춰 편집하면 되는데 그것도 일사천리였다.

이렇게 해서 꼬박 밤을 새우고 아침이 되니 마침내 멋진 신제품 못네짜장면의 CF 한편이 완성된 것이다. 이제 사장님이 보고 OK만 하면 완전히 끝나는 것이다. 이쯤 되자 나는 슬며시 욕심이 생겼다. 새로운 기록을 하나 만들어 보고 싶은 것이다. 물론 세상 어디에도 존재하지 않는 기록이지만 나는 이 엄청난 기록을 하나 만들어보고 싶은 욕망이 불처럼 일어났다. 그래서 서둘러 완성된 필름을 가지고 회사로 뛰어갔다.

사장님은 아직 회사에 나오지 않았다. 나는 사장실에 시사준비를 완벽하게 해놓고 어서 속히 사장님이 나오기만 눈이 빠지게 기다렸다. 오늘따라 이렇게 늦어지는 사장님이 원망스럽다. 마침내 사장님이 들어선다. 나는 황급히 그의 뒤를 따라 사장실로 들어갔다.

"무슨 일이고, 아침부터…?"

"시사를 하시게요."

"시사라니, 무슨 시사?"

"어제 말씀하신 짜장면입니다."

"아니 그게 벌써 됐단 말이가…."

사장님은 벌어진 입을 다물지 못하는 것이다. 그런 표정을 바라보는 나는 그렇게 즐겁고 행복할 수가 없었다. 물론 시사는 즉석에서 OK였다.

나는 사장실을 나오면서 시계를 보았다. 정확하게 어제 사장님에게 지시

받은 시간으로부터 23시간이 지났다. 공식기록은 아니지만 아마도 필름으로 CF 한 편을 만드는 시간으로는 이것이 전무후무한 대기록일 것이라고 자부하면서 나는 회심의 미소를 지었다.

에피소드 2

디자인업무는 그동안 박정호 씨가 혼자서 하고 있었는데 이제 회사도 커지고 업무가 확대됨에 따라서 직원을 하나 더 뽑기로 했다. 그래서 인사과에 충원요청을 해 여직원 하나를 채용했는데 숙대 생미과를 나온 이선희라는 여직원이었다.

키가 크고 피부색이 하얀 데다 이목구비가 서구적으로 뚜렷하여 마치 미켈란젤로의 미끈한 대리석 조각을 보는 듯한 깨끗한 인상이었다. 아버지는 공군 의무감 출신으로 소아과 병원을 운영하고 계신다고 했다.

당시 광고계는 해태제과의 광고가 업계를 선도하고 있었다.

광고 물량도 물량이지만 순발력있는 기획과 뛰어난 표현전략으로 해태제과가 마케팅이나 광고 모두 전성기를 구가하고 있을 때였다. 그래서 해태제과의 광고업무를 총괄하는 김명하 차장은 당시 많은 젊은 광고인들의 우상이기도 했다.

김 차장은 매사에 도전적이고 적극적이면서도 항상 낙천적이며 대인관계가 원만하여 많은 광고인들의 신망이 컸다. 특히 우리회사 이 과장과는 고대 선후배 사이여서 더욱 가깝게 지내고 있었다.

그런 김 차장이 하루는 우리회사에 들렀다. 나로서는 이때 김 차장을 본 것이 처음이었는데 소문보다 훨씬 더 친근감이 가는 그런 멋진 사람이었다. 그런데 그런 김 차장이 동생들을 공부시키느라고 결혼이 늦어졌다는 말을 이 과장에게 들은 후부터는 이상하게 마음에 걸렸다. 그러면서 그런 김 차장에게 뭔가를 해주고 싶다는 생각이 불현듯 들었다.

참으로 이상한 일이었다.

김 차장이 이 과장을 만나러 와서 이 과장과 잠시 이야기하다 가버린 사람인데도, 그래서 나와는 처음 인사를 나눈 것 이외에는 단 한마디도 사담(私談)을 나눈 적이 없는 그런 사람인데도 나는 왜 그토록 처음 보는 사람에게 마음을 빼앗겼는지 모를 일이었다.

무엇보다도 이처럼 성실하고 멋진 사람이 아직까지 짝을 찾지 못하고 혼자 지낸다는 것이 이상하고도 안타까워 보였다.

잠시 내가 이런 생각에 빠져 있는데 디자이너 미스 리가 커피잔을 들고와 내 앞에 놓는다.

"김 대리님 커피드세요."

"웬 커피…?"

"방금 전에 한 잔 달라고 하셨잖아요?"

"내가 그랬던가?"

"아니세요? 그렇담 다시 가져가고요."

미스 리는 내 앞에 놓여 있는 커피잔을 다시 가져가려한다.

"아냐아냐. 내가 잠시 다른 생각을 하는 바람에 깜박 잊었나 봐요."

나는 서둘러 미스 리 손에서 커피잔을 받아들어 한모금을 마셔본다.

달콤한 맛이 향긋한 커피향과 함께 입안에 좍 퍼져나간다.

"김 대리님도 이제 몸을 생각하세요. 그렇게 커피를 입에 물고 살면 몸인들 견뎌내겠어요."

미스 리는 걱정이 되는지 커피잔을 기울이고 있는 나를 안타깝게 바라본다.

"고마워요. 미스 리가 그렇게 생각해주니…."

그러면서 무심코 바라보는 미스 리 얼굴에서 문득 조금 전의 김 차장 생각이 떠오른다.

그 순간 번개처럼 스쳐지나가는 생각이 있었다.

"혹시 미스 리 언니 있어요?"

"왜요? 있긴 한데…."

미스 리 같은 집안의 규수라면 김 차장과 너무나 잘 어울릴 것 같다는 생각이 들었다. 그래서 지나가는 말로 물었던 것인데 천만뜻밖에도 미스 리에게는 지금 혼기가 찬 언니가 아직 시집을 가지 않고 있다는 것이 아닌가. 아버지가 공군 의무감이었던 관계로 그동안 항공회사 스튜어디스로 있다가 지금은 집에서 쉬고 있다고 했다.

나는 미스 리에게 언니를 김 차장에게 소개해 보면 어떻겠느냐고 물었다. 미스 리도 곰곰히 생각해 보더니 좋겠다고 한다.

그래서 하루는 이 과장에게 이런 제안을 했다.

"과장님 일전에 들른 해태 김 차장을 우리가 한 번 중매 서볼까요?"

이 과장은 나의 이런 뜬금없는 제안에 어리둥절해 한다.

"어디 좋은 혼처라도 있어서…?"

"우리 선선과에 이선희 씨 있잖아요?"

"미스 리를 소개하자고?"

"아니 미스 리가 아니라 미스 리에게 언니가 있다네요. 나이도 적당하고 무엇보다도 좋은 가정에게 잘 교육받은 규수라고 하니까 한 번 소개해 보면 어떨까 하는데요. 미스 리 언니라면 인물도 좋을 것이고…."

이 말에 이 과장은 정신이 번쩍 드는지 정색을 하고 나를 똑바로 바라본다.

"미스 리에 대해서 어떻게 그렇게 잘 알아. 말대로 라면 아주 천생연분인 것 같구만. 한 번 추진해 보지. 김 대리가 미스 리 쪽을 맡아, 김 차장 쪽은 내가 맡을 테니."

"좋습니다. 그럼 한 번 해보지요. 아이디어란 꼭 광고에만 적용하라는 게 아니잖아요. '아름다운 커플, 행복한 가정'을 만들 수 있는 아이디어도 좋은 아이디어 아닙니까."

그래서 시작된 혼담이 마침 김 차장 쪽에서도 좋게 받아들여지고 또 신부 쪽에도 좋다는 반응이 와서 결국 두 사람은 얼마 동안의 교제기간을 거쳐 마침내 명동성당에서 성대하게 결혼식을 올렸다.

결혼식장에는 많은 광고인들이 구름처럼 모여들었다. 호남형인 김 차장이 시종 싱글벙글하는 모습이 보기에도 좋았다. 미스 리의 언니는 내가 결혼식장에서 처음 보았는데 미스 리만큼 키는 크지 않았고 목소리는 약간 허스키였다.

나는 그날 신랑 친구들 중의 한 사람으로 한귀퉁이에 서서 사진을 찍으면서 또하나의 아이디어가 이렇게 멋진 결실을 맺는구나 하고 속으로 두 분에게 축하를 보냈다.

제 3 장

높이 나는 새가 멀리 본다

아파트 한 채의 결혼축의금

다음 해인 1974년 이른봄에 나는 결혼을 했다. 지난 5년 동안 교제를 했는데 그동안 내가 영화를 한다고 현장으로만 뛰어다니다 보니 처갓집에서 나를 믿지 못하여 이제껏 결혼을 미뤄왔는데 이제 번듯한 회사에서 직장생활을 잘하고 있으니 결혼허락이 떨어진 것이다.

집은 녹번동에서 여의도로 옮기기로 했다. 결혼 전날 나는 사장실에 들어가 내일 결혼한다는 사실을 말씀드렸다.

"니 아직 장가 안 갔더나?"

사장님이 깜짝 놀라 묻는다. 사장님은 그렇게나 가까이에서 나를 쓰고 있으면서도 그동안 내가 미혼인지 기혼인지도 모르고 있었다는 것이 약간은 실망스럽기도 하고 섭섭하기도 했다.

"그래 잘 됐다. 이제 결혼이라니 좀 늦기는 했다만 그래도 다행이다. 모름지기 사내란 결혼이 제일 중요한 기다. 결혼해야 사내가 사내구실도 하는 것이고 가정이 있어야 책임감도 생기고 마음의 안정도 찾는 법이란다. 아무튼 잘 됐고 축하한다."

사장님은 이렇게 덕담으로 축하를 해주었다. 그러면서 경리이사를 불러 잠시 뭔가를 귓속말을 하자 경리이사가 밖으로 나갔다가 하얀 봉투 하나를 갖고 다시 들어와 사장님에게 전하고 나간다. 사장님이 그 봉투를 받아 겉표지에 '祝 華婚'이라고 손수 쓰더니 나에게 내민다.

"축하한다. 앞으로 아들딸 많이 낳고 잘 살아라."

"감사합니다. 주시는 것이니 감사히 잘 받겠습니다."

나는 정중히 봉투를 받아들었다.

"신혼여행은 어디로 갈기고?"

"부산 해운대로 정했습니다."

"해운대라꼬? 좋지. 참 잘 정했구마."

사장님은 평소에도 부산 해운대를 좋아하고 있었는데 내가 신혼여행지로 이곳을 택했다고 하자 더 기분이 좋은 것 같았다.

사장실을 나와 내 자리로 돌아와 무심코 봉투 안을 들여다보고 깜짝 놀랐다. 아니 이게 웬일인가? 안에는 전혀 상상도 못했던 액수의 수표가 한 장 들어있었다. 나는 너무나 놀라서 벌어진 입을 다물 수가 없었다. 이건 분명 뭔가 잘못된 것 같았다. 아무리 큰 회사 사장이라고 해도 그렇지 직원 결혼에 이런 거금을 내놓다니.

혹시 사장님이 뭔가 착각을 했나 해서 되돌아가 물어보고 싶었으나 차마 그럴 수는 없었고 그렇다고 궁금한 것을 그냥 참고 넘어갈 수도 없었다. 그래서 슬며시 자리에서 일어나 아까 사장실에 들어와 봉투를 전하고 간 경리이사를 찾아가 넌지시 물어보았다. 그러나 경리이사는 고개를 설레설레 흔들며 자기는 모르는 일이고 단지 사장님 지시대로 수표를 만들어서 드린 것뿐이라고 한다.

돌아와 자리에 앉는 순간 울컥 눈물이 쏟아져 나왔다. 당시 이 정도 돈이면 여의도에서 작은 아파트 한 채의 전세금이었고 변두리로 나가면 괜찮은 집 한 채를 살 수 있는 큰돈이었다. 이런 거금으로 나의 결혼을 축하해 주시다니….

사장님 감사합니다. 꼭 이 은혜에 보답하겠습니다.

첫 일본 견문기

그해 가을에 일본을 처음으로 갈 기회가 있었다. 광고계의 인사들이 선진 일본의 광고업계를 시찰하는 시찰단에 내가 낀 것이다. 나는 이 과장도 있고 해서 사양했으나 사장님과 이 과장이 한번 가보면 얻는 것이 많을 것이라고 권해서 나갔던 것이다.

이제까지 한국 이외에는 어디에도 가본 바가 없는 내가 처음으로 일본에 도착하여 하네다 공항 밖을 나오니 참 당황하였다. 이 지구상에 한국 사람이 아닌 전혀 다른 사람들의 집단이 이렇게 활개치며 땅을 밟고 살고 있다는 것이 실감이 나지 않고 어리둥절하기만 했다. 사람과 사람끼리 말이 통하지 않아서 답답해하는 것도 이상하게 보였다. 다만 그동안 일본어 공부를 해두었던 덕으로 여행중 별 큰 불편을 모르고 지냈고 더러는 일행의 간단한 통역까지도 맡아 할 때도 있었다.

일본이 싫고 밉기는 했으나 그러나 면밀히 그네들의 속내를 들여다보니 깜짝 놀랄 정도로 우리들이 배우고 따라야 할 것이 많았다. 명치유신으로 우리보다 좀 일찍 문을 열어 서구문명을 받아들여 오늘날 이처럼 크게 격차를 벌려 놓은 것이 여기저기에서 눈에 띄었다.

나는 일본의 왕궁 앞 광장에 서서 깊은 감회에 젖었다. 내가 어렸을 때, 추석이나 명절날 외갓집에 가면 마루 한쪽 벽에 이 왕궁 앞을 나오는 일본왕의 길다란 마차행렬 사진이 걸려 있었다. 내가 지금 그때 그 사진의 현장에 직접 서고 보니 참으로 감개가 무량해진다. 이상하게도 지금의 이 왕궁 광장의 모습은 그때 사진에서 보았던 모습과 달라진 게 별로 없어 보였다.

덴츠며 몇몇 일본의 대표적 광고대행사도 방문했고 또 일본 광고인들과도 만나 이야기를 나눌 기회도 많았다. 만나 이야기할 때마다 속으로 놀라움을 감출 수가 없었다. 그들의 업무에 대한 식견은 말할 것도 없거니와 자기가 맡은 일에 대해 노력하고 추진하는 열의나 책임감은 우리와는 비교도 되지 않을 정도로 대단하였다. 나는 앞으로 어떤 일이 있더라도 이들을 이용해 우리의 업무능력이나 광고수준을 최소한 이네들 수준에는 맞춰 올려놓아야겠다고 다짐했다. 스스로 길을 개척하기는 어려워도 이미 열어놓은 길을 따라 쫓아가는 것은 쉬운 법이 아닌가.

그리고 일본롯데 본사에도 들렀다. 한국에서 일본 신 회장을 뵐 때는 그저 좀 어려운 분으로만 생각했을 뿐이었는데 내가 이곳에 와서보고는 깜짝 놀랐다. 그 모든 어려움을 이겨내고 이런 엄청난 기업을 일구어 많은 일본인들의 존경과 사랑을 받는 모습이 너무나도 자랑스럽고 가슴 뿌듯했기 때문이다.

귀국하여 회사에 돌아오자 사장님은 나의 일본 견문담을 아침조회 때 전 직원들에게 전해 주라고 했다. 조회가 있는 날 아침 나는 출근하면서 몹시 긴장했다. 이처럼 많은 사람들 앞에서 스피치를 해본 경험이 전혀 없었기 때문이다. 아무래도 너무 긴장한 나머지 실수를 할 것 같아서 나는 출근길에 일부러 약국에 들려서 진정제를 사서 먹고 강단에 올라갔다.

약효는 전혀 없었던 것 같았고, 긴장한 중에도 그런 대로 내가 일본여행 중에 동료직원들에게 꼭 전해주고 싶었던 이야기는 대충 하고 내려온 것 같았다.

견해 차이

이 무렵에 롯데그룹에서는 을지로입구의 반도호텔 일대를 재개발하여 그곳에 동양최대의 호텔을 지을 계획을 세우고 있었다. 물론 그 주체는 일본롯데였지만 세부진행은 서울의 우리가 맡아서 했다.

일단 반도호텔 주변의 항공사진을 찍어서 일본롯데의 기획실로 보내달라는 연락이 왔다. 범위는 조선호텔에서부터 시작하여 시청앞 일대와 반도호텔, 국립도서관, 산업은행 본점, 한일은행 본점 등 광범위한 지역이었다.

나는 어리둥절했다. 당시 나는 일반인이나 일반기업이 정부기관이나 정부재산을 매입하거나 인수한다는 것은 상상도 못할 때였다. 비록 일본롯데가 좀 성공한 기업이라고는 하나 어떻게 반도호텔이며 국립도서관, 그리고 산업은행과 한일은행 등 국영기업체나 아니면 어마어마한 은행본점이 자리잡고 있는 땅을 사들이겠다고 계획을 세운단 말인가.

난 이 계획이 성사될 수 없는 아주 터무니없는 것으로 간주하면서도 그래도 일단은 지시가 떨어진 것이어서 이 일대의 항공사진을 찍기 위해서 백방으로 뛰어다녔다. 당시에는 한강 이북의 서울상공에는 보안상 이유로 비행기가 뜰 수 없는 비행금지구역이었으므로 이곳의 항공사진을 찍는다는 것은 전혀 불가능한 일이었다. 그래서 정부기관지인 서울신문사에 쫓아가서 신문사 취재 비행기를 띄워 보자고도 했으나 그것 역시도 불가능했다. 그래서 할 수 없이 이 일대의 모든 고층건물 위에 올라가서 부감(俯瞰)사진을 찍은 다음 이 사진들을 모자이크하여 항공사진의 효과를 내는 방법으로 정성을 들여 사진을 완성하여 일본 기획실로 보냈다.

곧 사진 위에 빨갛게 줄을 그어 그 안에 들어있는 땅을 모두 매입하라는 지시가 떨어졌다. 그리고 그 위에는 새로운 호텔설계도가 그려져 있었다. 시간이 지남에 따라 처음 불가능하다고 생각했던 것은 완전히 잘못되었음을 알았다. 내 생각에는 절대 불가능하다고 생각했던 것들이 하나둘씩 롯데의 뜻대로 되는 것을 보고 새삼 롯데의 저력에 놀라움을 금할 수가 없었다.

이 지역 안에 있는 반도호텔을 비롯해서 국립도서관 같은 엄청난 국가기관들이 헐리고 자취를 감추기 시작하더니 그곳에 처음 롯데에서 그렸던 동양최대라는 롯데호텔의 새로운 건물이 들어서기 시작하는 것이다. 그리고 새로 탄생하는 이 롯데호텔의 대표이사에는 우리 사장님이 겸직을 한다고 했다. 그러나 오래지 않아 문제가 생겼다.

당시 한국롯데의 총수는 우리 사장님이었다. 그러나 부총리 출신의 유창순 씨가 롯데제과의 회장으로 대외적 업무를 담당하고 있었는데 이분이 롯데그룹에서 신규사업으로 호텔사업에 투자하면서 그룹의 모든 역량을 이 호텔사업에 집약하기 위해서는 우리 사장님이 전적으로 발벗고 나서야 한다고 했다. 그리고 기존의 롯데제과와 롯데공업은 한 회사로 합병하는 것이 바람직하다고 일본 신 회장에게 건의하여 신 회장이 이를 승낙한 것이다.

그 계획대로라면 우리 사장님은 자신의 지분을 상당부분 보유하고 있는 현재의 롯데공업을 내놓아 롯데제과와 통합시키고 자신은 지분이 없는 명목상의 대표인 롯데호텔을 맡아야 하는 것이다.

일본 신 회장이나 유 회장 생각에는 그러한 개혁안이 새로 탄생하는 호텔사업 쪽에도 효과적이고 기존의 제과와 식품사업 쪽에도 유리하다고 생각했던 모양이었다. 사실 제과나 식품은 모두 같은 유통조직을 이용하고 있었으므로 이 두 회사를 합병하면 기구축소와 경비절감 등 여러 가지 시너지효과를 기대할 수 있어서, 앞서가는 해태제과나 삼양식품을 제압하는 데 도움이 될 수 있다고 생각해서 그런 안이 나왔던 모양인데 우리 사장님은 그와는 정반대의 생각을 하고 있던 것이 문제였다.

기업군을 한데 묶어 대형화하는 것보다는 오히려 쪼개어 전문화하는 것이 근대경영의 새로운 추세이며 이것이 시장에서도 더 승산이 크다는 것이 확고한 우리 사장님의 신념이었다.

이런 견해차로 일본 신 회장과 사이가 벌어지기 시작하여 결국엔 신 회장과 사장님 사이에 서로 소유하고 있는 주식을 정리하는 선에서 각자 독립경영을 하기로 합의를 보기에까지 이르렀다. 그래서 우리 사장님은 롯데호텔의 대표이사직도 내놓고 오로지 롯데공업에만 전념하기로 했는데 그러다보니 직원들 사기에도 문제가 생겼다.

이것을 세간에서는 '형제간의 불화'로 비화하여 비판을 많이 했으나 내가 가까이서 보기에는 불화라는 표현보다는 경영상의 견해차로 보고 싶었다. 그러나 이러한 일들로 우리가 마치 롯데그룹에서 밀려난 듯한 여론몰이로 인해 우리 직원들의 사기는 많이 떨어졌고, 그만큼 우리 대리점주들의 마음도 흔들리고 있어 시장에도 작지 않은 문제들이 발생하고 있었다.

내자신도 롯데그룹이라고 하는 소속감에서 떨어져나가는 것이 뭔가 심리적으로 허전하여 이러한 사내여론을 사장님에게 전달하며 너무 조급하게 그룹과 선을 긋기보다는 조금 시간여유를 갖고 서서히 대처하자고 말씀드렸다. 그러나 우리 사장님의 생각은 단호했다.

"그처럼 큰 언덕에 기대려는 안이한 생각에서 벗어나라. 비록 작고 어려워도 스스로 일어나고 개척해 나가려는 의지가 중요한 것 아이가."

활짝 핀 CM 송 시대

하나의 CM을 성공시키기 위해서는 차별화된 아이디어에 훌륭한 카피도 중요하지만 이를 멜로디화하는 이른바 CM 송을 만드는 작업도 중요한 일이었다.

당시에는 CM 송 전문작가가 없어서 CM 송을 만들 때마다 적당한 작곡가를 골라 그들에게 의뢰하여 만들었다. 대부분의 작곡가들이 광고음악에 대한 식견이 전혀 없어서 짧은 시간에 이들에게 광고음악에 대해 설명해주고 작곡을 의뢰했는데 CM 송도 초기에는 CF와 마찬가지로 일반 음악계에서 천시하는 경향이어서 좀 유명한 작곡가들은 CM 송은 거들떠보지도 않았다. 그래서 어쩔 수 없이 유명도가 떨어지는 좀 한가하고 형편이 어려운 작곡가를 골라 부탁하곤 했다.

이분들에게 사전에 광고음악에 대해서 충분하게 이해는 시켰다고 하나 만들어 온 노래는 대부분 대중가요 비슷하게 만들어졌고 길이도 1분이 넘는 것이 대부분이었다. CM 송은 가사(카피) 전달이 무엇보다도 중요한데 대중가요를 만들다 보니 가수들도 제대로 소화를 못시키는 것이다. 심지어 오케스트라의 악기편성도 CM 송인 경우는 가급적 간단한 편성으로 가사전달에 포인트를 맞춰주어야 하는데 공연히 불필요한 악기를 많이 넣거나 전자기타나 무그 등 저음 부분에서 음이 퍼져 가사를 더 뭉그러트리는 편성을 해 시행착오가 이만저만이 아니었다.

작곡자들이 이처럼 광고음악에 대한 인식이 부족한 데다가 아이디어마저 없다 보니 CM 송으로 성공시킨다는 게 보통 어려운 일이 아니었다.

그러던 어느 날 의뢰한 CM 송이 마음에 들지 않아 고민하는데 이 과장이 아주 특이한 제안을 하는 것이다. 작곡가에게 새 곡을 의뢰하여 만들 게 아니라 아예 이미 히트했던 유명노래 중에서 적당한 노래곡을 골라 가사만 우리 광고문안으로 바꾸어 만들면 어떻겠느냐는 것이다. 참으로 좋은 아이디어였다.

이미 성공했던 노래라면 이것을 가사만 바꾸어 다시 만든다면 그만큼 성공확률은 높았기 때문이다. 그래서 과거 히트했던 노래만을 따로 골라 여기에 우리 광고문안을 넣어 다시 녹음하여 CM 송으로 만들었는데 역시 예상했던 대로 대성공이었다. 제작비도 오히려 새로 작곡하는 것보다 많이 들지 않았고 시간도 많이 절약되었다.

기존선율의 작곡가들이 대부분 이미 작고했거나 아니면 생존해 있는 분도 연세가 많아 이미 은퇴한 분들이 대부분이어서 작고한 분의 유가족이나 은퇴한 분들 대부분은 우리가 제시하는 멜로디 사용료에 대해서 시비하는 분이 없었다. 그래서 이들 멜로디에 가사만 광고카피로 바꾸어서 재녹음을 하면 되는 것이었으므로 시간과 경비 모두 절약되었으며 거기에 반해서 반응은 좋았고 유행도 빨랐다.

우리가 이처럼 기존에 히트했던 노래만을 이용하여 CM 송으로 크게 성공하자 다른 업체에서도 이런 류의 CM 송을 경쟁적으로 만들어 한때 광고계에 유행처럼 번져 과거 유명가요로서 CM 송으로 탈바꿈하지 않은 노래가 거의 없을 정도였다.

무분별하게 유명가요가 몽땅 광고노래로 바뀌어 불리어지자 여론이 나빠지기 시작했다. 좋은 노래는 좋은 노래로 보존돼야 하는데 이런 식으로 무분별하게 광고노래로 뒤바뀌어 그 노래 자체가 없어지게 되니 정부에서 나섰다. 그래서 여러 가지 제한법을 만들어 규제를 하자 이후에는 종전처럼 무질서한 것은 막을 수가 있었다. 그러나 우리처럼 CM송을 많이 만드는 회사로서는 또다시 전처럼 작곡가들과 씨름하려니 그 어려움이 이만저만이 아니었다.

이 무렵에 이른바 '대마초 사건'이란 엄청난 회오리바람이 방송연예계에 몰아닥쳤다. 그래서 쟁쟁하던 가수나 연예인들이 하루아침에 방송출연이 금지되어 실업자 아닌 실업자로 전락하고 말았다.

나의 학교후배인 김도향과 윤형주도 예외는 아니어서 오랫동안 방송출연을 못하고 전전긍긍하다가 어느 날 과거 동양방송국의 PD였던 같은 처지의 이백천과 함께 CM송 전문제작회사를 차렸다고 나를 찾아왔다.

"이제 점방문을 열었으니 앞으로 형님이 전적으로 밀어 주셔야겠습니다."

"인기스타께서 이제 명함도 돌리고 인사도 할 줄 아는 걸 보니 사업가가 다 됐네…."

그동안 CM송 전문제작자가 없어서 애를 먹던 터에 이처럼 재능있고 아이디어가 풍부한 젊은 후배들이 이 분야에 뛰어드는 것을 크게 환영했다. 과거 내가 앞으로 닥쳐올 광고시대를 예상하고 CF전문회사를 차렸던 것과 같은 방법으로 이들 또한 큰 뜻과 기대를 갖고 CM송 전문화시대를 열겠다는 것이었다.

그후 일부러 시간을 내어 이들이 차린 '서울오디오'를 찾아가 보았다. 예상대로 역시 프로들이 만든 회사여서 그 시스템부터 달라 보였다. 넓은 사무실 안에는 CM송 제작에 필요한 모든 것이 다 갖춰져 있었다. 작곡자가 편안하게 악상을 떠올려 작곡을 할 수 있는 작곡실에서부터 간단히 시제품을 연주하고 녹음할 수 있는 녹음실까지 고루 갖추고, 전문싱어도 여러 명 사무실 안에서 대기하고 있어서 아무 때라도 주문만 받으면 즉석에서 멜로디화하여 서너 개의 시제품을 완성할 수 있었다. 우리같이 신제품이 쏟아지고 일이 많은 광고주입장에서는 오히려 그들이 너무나 고맙고도 요긴한 사람들이었다. 뿐만 아니라 김도향, 윤형주 자신들이 능력있는 작사, 작곡에 노래까지 동시에 소화할 수 있는 만능 엔터테이니다 보니 더더욱 금상첨화(錦上添花)였다.

결국 대마초 사건으로 혜성처럼 나타난 '서울오디오'로 광고계에는 때늦은 CM송 전문화시대를 열게되었고, 그 중심에 김도향, 윤형주, 그리고 이백천이 있었다.

이때 이 회사에는 아직 가수로 데뷔하지 못하고 이들 사무실에서 CM송만을 전문으로 부르는 신인싱어들이 있었다. 그들 중 윤석화와 정수라가 특히 가창력이 뛰어났는데 나는 윤석화의 목소리가 특히 고음부분에서 전파력과 호소력이 강해서 윤석화와 김도향의 노래를 주로 많이 활용하였다.

이 과장 퇴사

그러던 어느 날 이 과장이 회사를 퇴직하겠다는 의사를 밝혔다. 나는 깜짝 놀랐다. 지금 이렇게 둘이 잘하고 있는데 갑자기 이 과장이 그만두겠다니…. 이 과장은 평소에도 직장생활을 오래할 생각은 없었고 항상 때가 되면 독립하여 따로 회사를 경영하고 싶다는 생각을 갖고 있었다는데 마침 얼마 전에 그런 기회가 와서 결심을 굳혔다는 것이다.

"그게 무슨 일인데요?"

"제주 MBC 서울지사장 자리야."

"지금 임 지사장이 있잖아요?"

"응. 얼마 전에 그만두었어, 그래서 서두르는 거야."

당시 MBC는 지방에 21개사의 지방방송국을 가지고 있었으나 이 21곳의 지방방송국의 사주들이 제각각인 데다가 자체영업이 해당 지방으로 국한되어있어서 재정적으로 어려움이 많았다. 서울 본사에서 제작하여 보내오는 프로그램을 편성표 그대로 방송하는 것이 전부였는데, 그 프로그램의 방송에 따른 지분율만큼 서울 본사에서 광고수입의 일부를 할당을 받아 운영했다. 그러나 그 금액이 극히 미미하였고 자체 영업이라고 해야 제한된 자사 지역 내에 뚜렷한 기업체가 없다 보니 영업실적 또한 기대할 수가 없어 회사경영은 항상 어렵고 힘들었다.

그래서 일부 지방사는 서울에 지사를 두고 그곳에서 서울에 있는 여러 기업체의 광고를 유치하도록 하였다. 그래서 그 유치된 광고수주금액 중 상당부분을 서울지사 운영비 명목으로 지사장에게 떼 주고 나머지를 회사수입으로 잡았는데 그마저도 광고수주가 시원치 않을 뿐만 아니라 또 서울본사의 눈치마저 봐야하기 때문에 어려움이 이만저만이 아니었다.

제주MBC같은 경우는 전체 도민수가 50만이 채 넘지 않는 작은 지역에 방송국 직원은 백 명이 넘고 있어서 특히 그 어려움이 컸다. 그래서 서울지사에 더 많은 인센티브를 주고 있는데도 서울지사의 영업실적이 이처럼 지지부진하다 보니 그동안 지사장이 자주 바뀌고 있었다.

이 과장은 이것을 보고 계산한 모양이다. 지금의 제주MBC 영업을 자기가 맡아서 한다면 최소한 얼마정도는 매출을 더 올릴 수 있겠다는 자신이 섰던 것이고 그 매출에 대한 인센티브를 계산해보면 매우 좋은 조건이라는 것이다. 더구나 이 과장으로서는 오랫동안 광고책임자를 맡아 서울 MBC본사와도 좋은 관계를 맺고 있으니 제주MBC의 서울영업에 대해서 큰 문제가 없을 것 같아 이래저래 결심했던 모양이다.

사실 당시 지방언론사의 서울지사라는 것이 몇몇 직영사를 제외하면 거의 대부분 이런 형태로 운영되고 있어서 어찌보면 지사장 개인사업체나 마찬가지였다.

"그래도 과장님은 이제껏 영업에 대한 경험이 없었잖아요?"

내가 염려가 되어서 걱정했다.

"처음부터 장사꾼으로 태어난 사람이 어디 있어. 더 나을 것이라는 확신만 있다면 배우면서 시작하는 것이지."

"그래도 이 마당에 과장님이 굳이 그런 모험을 해야할 이유가 있을까요?"

"모험이 아니라 이건 기회일 뿐이야."

"아무리 그것이 기회라고는 해도 안전장치가 없잖아요? 만약 그것이 뜻대로 안되었을 때를 대비한 안전장치 말입니다."

"안전장치가 없다는 것이 나로서는 그만큼 승률이 높다고도 볼 수가 있겠지. 위험하면 위험할수록 나는 더 전력투구를 해야할 테니까…. 그러나 그런 걱정은 말아. 꼭 그렇게 안전장치가 없는 것만은 아니니까. 똑같은 방법으로 여수MBC와 이리기독교방송국을 함께 맡기로 했으니 이만하면 안전장치로서는 충분한 것 아냐?"

이 과장은 역시 주도면밀하고 정확한 사람이었다. 그동안 광고계에 쌓아놓은 교분으로 본다면 지방방송국 3개 정도는 겸직해도 충분한 승산이 있다고 생각했던 것이고 또 각 지방방송국에서는 서울에 이 과장만큼 영향력 있는 사람을 영입한다면 더없이 좋은 기회라고 생각했기 때문일 것이다.

이 과장의 사업계획서를 면밀하게 검토해보니 거의 빈틈이 없어서 이 과장으로서는 충분히 그런 결심을 할만도 하다는 생각이 들었다. 그러면서 이 과장은 나에 대한 언급도 잊지 않았다.

"그리고 김 대리에게도 기회를 열어주고 싶었고…."

그 말에 나는 펄쩍 뛰었다.

"과장님, 그런 말씀은 마십시오. 이제껏 과장님이 제 뒤에서 든든하게 버티고 있었으니 제가 마음껏 뛰어다닐 수가 있었던 것인데 그런 버팀목이 없어진다면 제가 어떻게 이 자리를 지탱하겠습니까."

"아냐. 김 대리는 더 잘할 수 있을 거야. 걱정하지마."

"과장님의 결심이 꼭 나 때문이라면 절대 받아들일 수 없습니다."

"글쎄 그게 아니라고 했잖아? 그 대신 앞으로 내가 하는 일에 김 대리가 전적으로 도와주어야겠어."

결국 이 과장은 회사를 퇴사하고 계획한 대로 3개 방송국의 서울지사장을 맡았는데 오래지 않아 실적이 처음 이 과장이 생각했던 것 이상으로 올라서 이 과장으로서는 크게 성공하는 계기가 되었다. 그후 제주MBC의 사주인 박 상무를 만났을 때 박 상무는 이런 이야기를 나에게 해주었다.

"전에는 직원들 월급날만 되면 그 돈 빌려대느라고 여기저기 은행에 뛰어다니는 것이 매달 겪는 큰 고통중의 하나였는데 이제는 그런 걱정거리가 없어져서 이 지사장에게 얼마나 감사한지 모른답니다."

농심라면 탄생

당시 박정희 대통령이 주도하는 새마을운동이 전국적으로 확대되어 관공서나 국영기업체는 물론 일반 기업체까지 총수는 총수대로, 그리고 간부들은 또 간부들대로 여기저기에서 새마을 연수와 실습이 벌어지고 있었다.

1975년 롯데도 예외는 아니어서 어느 날 사장님에게 수원 새마을연수원에 입소하여 소정의 교육을 받으라는 통지가 날아왔다. 당시는 정부에서 하는 일에 어느 누구도 NO를 할 수 있는 입장이 아니어서 교육받는 것을 끔찍이 싫어하는 사장님도 할 수 없이 행장을 챙겨 수원 새마을연수원으로 들어가지 않을 수가 없었다.

떠나는 날 나는 사장실에서 2주일 동안 편안히 잘 다녀오시라고 인사를 드렸다.

"내가 뭐 교육받으러 가는 기가. 낮잠이나 자다 오는 기지."

그렇게 떠난 사장님이 2주일 후 회사에 돌아오자마자 나를 불렀다. 사장실 안으로 들어가자 사장님은 싱글벙글하며 탁자 위 흰 종이에 뭔가를 썼다 지웠다를 반복하셨다. 내가 맞은편 소파에 앉았으나 나는 돌아보지도 않은 채 여전히 글쓰기를 계속하시는데 한자로 '農心'이라는 글자였다.

"니 이게 뭔지 아나?"

"농심이란 글자 아닙니까?"

"아니, 뜻을 말해보란 말이다. 농심이 뭐꼬."

"글쎄요…."

사장님이 하도 엉뚱한 질문을 잘하고 나 또한 거기에 많이 익숙해졌는데도 이 뜻밖의 질문에는 금방 답이 나오지를 않는다.

"모르겠나?"

"……"

"콩 심은 데 콩 나고 팥 심은 데 팥 나는 기다."

"네?"

"몬 알아 묵겠나? 콩 심은 데서 콩이 나오고 팥 심은 데서 팥이 나오는 게 농심이란 말이다."

나는 그때 농심이라는 단어를 처음 접하는 것이어서 다소 생소하기는 했지만 사장님의 해석을 듣고 보니 무슨 말인지 금방 알아들을 수가 있었다.

"콩 심은 데서 콩이 나고 팥 심은 데서 팥이 나는 것은 세상 만고의 진리 아닙니까."

"그래! 그게 바로 농심이라는 기다."

내가 말귀를 알아듣자 사장님은 더욱 신이 나는지 지난 2주 동안의 새마을 연수원에서 있었던 이야기를 장황하게 나에게 들려준다.

"2주 동안 교육받는다고 다른 사람들은 모두 노트에 뭘 쓰기도 하고 강의도 듣고 질문도 하더라만 난 그 시간에 팽팽 낮잠만 잤다 아이가? 그러나 졸업하고 나오는 날에는 잠만 자던 내가 연수원장 김준 회장의 하나뿐인 골을 통째로 빼온 게 아니겠나. 새마을 정신을 한마디로 말하믄 그게 바로 농심이거든."

사장님은 너무나 통쾌하고 신이 나는지 목소리까지 들떠 있었다.

시장에서는 그동안 롯데가 시장점유율을 많이 끌어올렸다고는 하나 여전히 상대 삼양에 비해서는 절대 열세였다. 그래서 어떻게든 사장님의 꿈인

1위로 역전시키기 위해서 사내 모든 부서가 올인하고 있는 중이었다.

그러기 위해서는 우선 라면의 맛을 획기적으로 차별화할 필요가 있어서 그동안 주원료로 사용하는 소맥분과 우지의 품질을 높이고 스프의 배합을 조정하는 등 제품개발실에서는 연일 밤을 세워가며 품질개선에 몰두하고 있었다.

소비자의 구매심리란 참으로 이해할 수 없는 부분이 많았다. 우리는 시장역전을 위해 경쟁제품보다 월등히 원가도 많이 들었고 그래서 맛이나 품질도 경쟁제품과는 비교가 안될 정도로 탁월하다고 판단하여 자신있게 시장에 내놓아도 이상하게도 시장반응은 싸늘한 것이 그동안 우리가 수도 없이 겪고 있는 애로였다. 우리는 이것을 2위 제품의 아픔이라고 했는데 분명 객관적 비교판단에 의하면 우리 제품이 우위이고 광고판촉도 더 강한데도 이처럼 소비자 반응이 요지부동일 때는 맥이 빠지는 것이다.

그래서 사장님은 그 타개책으로 제품 차별화의 타깃을 "한국인의 입맛에 맞는 라면"으로 정하고 그 맛을 찾기에 혈안이 되어 있었다.

마침내 만들어낸 것이 이번 최종 시식결과 결정한 'X라면'이었는데 회사 간부들도 이 정도 제품이라면 틀림없이 시장을 바꾸어 놓을 수 있을 것이라고 모두들 흥분하고 있었고 나 또한 같은 생각이었다. 그래서 나는 나름대로 대대적인 광고계획을 준비하고 있었고 브랜드와 패키지 디자인도 다각도로 검토하여 준비하고 있었다.

우선 브랜드네임부터 종전의 '롯데라면'에서 획기적인 이미지전환을 시도해야 했다. 그래서 후보군으로 '모던라면', '뉴라면', '헬스면', '힘라면' 등 서구풍의 새로운 이미지의 브랜드를 만들어 나름대로 소비자 호감도까지 마친 상태로 사장님이 새마을연수를 마치고 돌아오는 대로 최종결심을 기다리던 중이었다. 그런데 엉뚱하게도 사장님은 이 중요한 프로젝트에 제품명을 '농심'으로 하자는 말에 나는 벌어진 입을 다물 수가 없었다.

"와 어떻노?"

"사장님 우리가 라면 역사를 다시 쓰겠다고 의욕을 불태우며 개발한 제품명에 '농심'이라는 이름표를 붙이기는 좀 너무 진부하지 않을까 하는 생각이 드네요. 촌스럽기도 하고 어감이나 느낌도 그렇고…."

난 부드럽게 사장님 의견에 제동을 걸어보았다. 그러나 사장님은 전혀 물러설 기미가 아니다.

"무슨 소리, 뜻이 좋지 않나 뜻이. 박 대통령이나 김준 회장의 철학이 이 한마디에 압축된 것인데 촌스럽고 느낌이 문제가. 긴말 필요 없데이, 이걸로 당장 해라."

사장님은 아주 단호하게 결론을 내려버린다. 이제껏 사장님이 하나의 안건에 대해서 이토록 단호하게 결론을 내려 나에게 명령한 적은 성격상 거의 없었다. 그럼에도 불구하고 이처럼 한마디로 끊어버리는 것으로 봐서 이번 '농심'에 대한 사장님의 집념이 얼마나 확고부동한가를 절실히 깨달을 수 있었고 나는 여기에 어떤 반론이나 이견을 제기할 수가 없었다.

그러나 사내에서는 말이 많았고 시끄러웠다. 사내 반대여론이 너무 비등해지자 사장실에서 다시 나를 불렀다. 우선 나 한 사람만이라도 확실하게 '농심'에 대해 확신을 갖고 밀어붙이라는 것이다. 뿐만 아니라 앞으로 '농심라면'의 성공여부에 따라 회사이름까지도 롯데에서 '농심'으로 바꿀 생각이라고 자신의 심중까지 은밀하게 귀띔해주는 것이 아닌가.

그런 의미에서 이번 신제품 '농심라면'의 광고계획을 철저하게 잘 세워 회사의 백년지계(百年之計)를 세워보라는 특명을 내리는 것이다.

나는 눈앞이 캄캄했다. 제품명까지는 또 모르겠으나 회사명까지 농심으로 바꾸겠다니 너무나 어이가 없고 암담하기만 했다.

"사장님, 제품명까지는 또 몰라도 회사명까지 농심으로 바꾸겠다는 것은 너무나 우리가 뒤로 가는 정책이 아닐까요…? 경영이나 제품개발 면에서는 서구선진화를 추구하면서 기업의 가장 중요한 회사간판은 복고로 시계바늘을 돌려놓는다면…."

"복고가 왜 선진화의 걸림돌이 된단 말이가? 그건 니가 모르는 소리데이. 선진화를 추구할수록 우리의 정통성을 지키는 것이 오히려 성공의 비결이라는 것을 니는 모르고 있었나?"

"……."

"내가 한 가지만 더 말해줄까? 우리는 어차피 라면회사다. 라면회사가 라면으로 성공하려면 우선 대표브랜드가 성공해야 한단 말이다. 그런 의미에서 롯데라는 이름으로는 세상이 두 쪽이 나도 삼양을 이길 수 없는 기라. 롯데로는 껌이나 초콜릿 등 제과로는 1위가 될 수 있으나 라면으로는 영원한 2위일 수밖에…. 이것을 깨려면 회사명 '농심'으로 '농심라면'에 힘을 실어주어야만 가능하단 말이다. 이 길이 아니고는 삼양식품의 삼양라면을 깰 수가 없는 기라. 알아묵겠나."

그런 의미에서 이번 '농심라면'은 어떤 일이 있어도 꼭 성공을 시켜야 한다고 못을 박았다.

형님 먼저, 아우 먼저

신제품 '농심라면' 출하를 앞두고 회사의 조직을 대대적으로 개편했다. 한마디로 '농심'을 앞세운 이번 라면전쟁에서 기필코 승리하겠다는 전투체제로 승부수를 던진 것이다. 전국 각 도에 1개 지점씩을 누었고 부상급 시점장을 새로 임명하여 해당지역 안에서 철저하게 상대를 제압할 수 있는 모든 권한을 주되 그 결과에 대한 책임도 엄격하게 묻겠다고 했다.

더불어 우리 '선전과'도 '선전실'로 확대개편해서 영업을 최대한 지원할 수 있는 체제로 돌입했다. 이 과장이 퇴임하고 불과 얼마 되지 않아 이런 중대한 상황을 맡게 되어 나로서는 어깨가 더욱 무거워지는 것 같았고, 조금은 두려운 마음도 들었다. 그러나 이번만큼은 기필코 사장님의 꿈을 꼭 이루어 놓고야 말겠다는 비장한 각오도 서는 것이다.

'이번 농심라면의 성공여부에 따라 장차 회사명까지 농심으로 바꾼다'라는 것은 아직까지는 사장님과 나만 알고 있는 극비사항이었다. 사장님이 이런 중요한 계획을 나에게 미리 귀띔한 것은 지금부터 선전의 기본방향을 그러한 계획을 바탕으로 해서 단계적으로 전개하라는 의미가 아니었던가.

그렇다면 신제품 농심라면의 1차 캠페인의 주제를 무엇으로 할 것인가가 가장 중요한 관건이었다. 신제품 광고인 경우 대부분 고지(告知)광고에 역점을 두어 펀치력을 강화하는 것이 일반적 광고전략이었다. 그러나 이번 농심의 경우는 단순히 그런 신제품 이상의 의미를 전달해야 하므로 그 주제를 정하는 데 많은 고민을 했다.

우선 기업이미지를 조사해 보니 지난번 롯데호텔 사건으로 해서 롯데는 이윤추구에만 집착하는 회사라는 부정적 이미지가 거의 절대적이었다. 나는 우선적으로 이런 기업 이미지를 제거하지 않고는 무엇을 해도 될 수가 없다는 생각이 들었다.

농심 뜻이 좋으면 뭘 하며 농심 철학이 정직하면 뭘 하겠는가.

콩 심은 데 콩 나고 팥 심은 데 팥 나는 농부의 마음, 농부의 자세를 우리가 아무리 소리 높여 외친다 한들 그것이 소비자들에게 믿어지지 않는다면 무슨 의미가 있단 말인가.

나는 고심 끝에 농심의 1차 캠페인 주제로 '형제간의 우애'를 택하기로 했다. 한국인은 '정'(情)으로 사는 사람들이다. '정'이 있다면 무조건 좋은 사람, '정'이 없다면 무조건 나쁜 사람으로 취급하는 것이 한국인이다. 이러한 한국사회에서 농심이 농심답게 성공하려면 우선 '정'이 없는 기업에서 '정'이 있는 기업으로 바꾸어주는 것이 최우선임을 깨달았다.

사실 난 롯데호텔사건이 매스컴에 오르내릴 때마다 나는 한 가지 결심한 것이 있었다. 어떻게 하든 이분 형제들을 다시 화해시켜 회사의 이미지를 바로 세워 놓겠다는 것이었다. 나는 나의 이 마음을 그대로 농심 캠페인으로 만들고 싶었다.

그래서 형제간의 우애를 주 테마로 하고, 초등학교 교과서에도 나와 있는 우리나라 형제우애의 대표적 미담, 즉 형님과 아우가 서로 볏단을 달밤에 몰래 갖다주는 이야기를 광고로 활용하기로 했다. 그리고 당시 연예인 중에서 친형제 이상으로 사이가 좋은 것으로 소문나 있는 곽규석 씨와 구봉서 씨를 우애가 좋은 형제 캐릭터로 기용하기로 했다.

두 사람 모두 과거 영화일을 할 때부터 나와는 친분이 있던 분이어서 전속계약도 아주 특이하게 했다. 즉, 일반적 전속계약처럼 전속료 얼마에 얼마동안 한정된 계약을 한 것이 아니라 아예 비상근 직원으로 농심의 한 식구를 만들어 놓은 것이다. 이렇게 되고 보니 곽규석, 구봉서 씨도 농심인으로 자부심이 대단해졌고 그래서 회사의 대소사에 참석하는 것은 물론 이분들이 연예인이다 보니 공연이나 방송 등에 출연할 때마다 자연스럽게 농심 PR을 해서 그후 오랜 세월 회사 이미지 쇄신에 크게 기여하게 되었다.

아울러 세품의 포장지에도 이 이야기를 로고화하여 넣었다. 그리고 광고 카피를 썼는데 카피도 쉽게 나왔다.

형님 먼저 드세요, 농심라면
아우 먼저 들게나, 농심라면
형님 먼저 아우 먼저
형님 먼저 아우 먼저
농심라면

이 카피를 그대로 서울오디오에 보냈더니 곧바로 노래가 나왔다. 단순한 동요조의 멜로디가 노랫말과 잘 매치가 되는 것 같아서 마음에 들었다.

다음은 방송국을 직접 뛰는 일이었다. 식품광고의 특성상 인쇄보다는 전파매체 중심의 매체전략을 세웠다. 당시에는 국내에 조사회사가 전무한 상황이어서 내가 직접 소규모로 조사해서 그 자료를 활용하거나 아니면 각 매체사에서 갖고 있는 다소는 왜곡된 자료를 참고해서 전략을 세웠다.

일단 사장님에게서 광고비에 대해서는 제한 없이 쓸 수 있는 권한을 위임받아 놓은 상태여서 직접 방송국에 가서 업무국장과 머리를 맞대고 프로그램 및 스폿 타임을 확보해나갔다.

TV는 전국 방송망을 갖고 있는 MBC(문화방송)보다는 드라마와 오락프로에서 절대적으로 우위를 점하고 있는 TBC(동양방송)를 많이 활용하기로 했으며 주중의 골든타임과 주말 위주에 집중하는 배정을 했다.

또한 당시는 트랜지스터라는 작은 라디오를 손에 들고 다니는 것이 유행하던 때여서 라디오광고의 위력이 대단했다. 그래서 청취율이 높은 순서대로 TBC, DBS(동아방송), MBC, CBS(기독교 방송)에 많은 물량을 쏟아 붓기로 했는데 특히 주말의 모든 스폿 타임에는 거의 100% 농심라면 광고를 넣었다. 그러다 보니 시내는 물론 야외나 물놀이 산놀이 어딜 가나 라디오에서 흘러나오는 농심라면 CM 송으로 온 세상을 도배한 것 같아 가히 '농심라면 천국' 같아 보였다.

이렇게 시작된 농심라면 캠페인 광고가 공전의 대히트를 쳤고 우리나라 광고사에도 기록될 만큼 큰 화제를 불러일으켰다. 뿐만 아니라 이처럼 많은 물량의 광고를 집행하다 보니 광고비도 엄청나게 늘어서 한때는 TBC 매출 랭킹 1, 2위에 오를 정도로 초대형광고주로 성장해 농심의 위상도 그만큼 커졌다. 이처럼 영업과 선전이 합심해서 농심을 밀어붙이자 이제껏 요지부동이던 라면시장이 서서히 꿈틀거리기 시작했고 우리가 '라면역사를 다시 쓰겠다'는 당초의 계획이 착착 맞아떨어지고 있었다.

주식회사 농심

농심라면 광고가 빅히트를 하고 시장에서 마켓쉐어가 눈에 띄게 늘어가자 마침내 사장님이 회사상호를 〈주식회사 농심〉으로 바꾸겠다는 것을 전 직원들에게 선포했다.

그동안 롯데그룹과 우리와의 관계를 알고 있는 직원들은 언젠가는 우리가 독자적인 상호로 롯데그룹과 결별하리라는 것은 모두 알고 있었다. 그런데 농심라면이 이와 같이 크게 히트하고 또 '형님먼저 아우먼저'가 장안에 화제가 되어 유행어가 되자 '농심'에 대한 이미지도 덩달아 좋아졌다.

사장님의 처음 예측이 정확히 맞아떨어진 셈이다.

"사장님께서 새마을연수원에서 돌아와 처음 농심을 말씀하셨을 때 우리 모두는 극렬 반대를 했고 그래서 사장님 혼자만이 고집스럽게 밀어붙였던 것인데 이제야 그때 사장님의 판단이 틀리지 않았음을 알 수가 있겠습니다. 저의 짧았던 소견을 용서해 주십시오."

이것은 나의 솔직한 심정이었다.

사장님의 생각이 때로 논리적으로 정리가 안되고 표현이 미흡하여 듣는 사람이 제대로 이해를 못해서 그렇지 사실 사장님 생각의 본질을 파고들어가 보면 깜짝깜짝 놀랄 일들이 많았다. 나의 식견으로는 도저히 따라갈 수 없는 경우를 경험할 때도 있었고 그럴 때마다 나는 솔직히 내 생각의 부족함을 고백했다. 그러면 그럴 때마다 사장님은 허허하고 한없이 너그러워지는 것이다.

이번의 경우도 마찬가지였다. 나의 잘못된 판단을 인정하고 사과하자 사장님은 그 공을 오히려 나에게 돌리는 것이다.

"그게 어디 나 때문이가, 모두가 니가 광고를 잘해서 가능했던 기지." 하면서 내 어깨를 두드려 주었다.

이렇게 하여 종래의 롯데공업주식회사가 '주식회사 농심'으로 새롭게 태어나게 되었다.

그러나 이렇게 회사명까지 농심으로 바꾸어놓은 것은 삼양과 우리와의 라면전쟁이 아직도 계속되고 있다는 강한 의지표시이기도 했다. 사장님이 일찍부터 이야기했던 대표브랜드와 회사명을 통합시켜 대표브랜드의 파워를 더욱 배가시켜 결국 업계 1위 고지를 점령하고야 말겠다는 사장님의 전략이 추호도 흔들림 없이 이어지고 있음을 말해주고 있었던 것이다.

새로 태어난 회사의 모든 것이 다 새롭고 강해져야겠지만 이런 모든 의미를 압축한 회사로고를 만드는 작업이 우선 급하고도 중요했다. 그래서 나는 '주식회사 농심'의 로고를 만드는 데 각별히 유념하기로 했다.

우선 사장님의 '농심철학'에도 부합되고 앞으로 우리회사 경영이념에도 맞는 로고라면 단순하게 우리 디자이너들이 만들어서는 안 된다고 생각했다. 그래서 당시 우리나라 재야지식인의 대부격인 청강 장일순(靑江 張壹淳) 선생의 글을 받고 싶었다. 당시 유행하는 말이 있었다.

"원주땅에는 백부(흰머리의 사부) 지학순 주교와 흑부(검은머리의 사부) 장일순 선생이 있다."

선생은 성격이 꼿꼿한 만큼 당시 집권층에 듣기 싫은 말도 거침없이 쏟아놓곤 하여 그때는 원주시내로 주거제한을 받고 그곳에만 칩거하고 있었다.

그러나 아무리 생각해 봐도 학처럼 곧은 선생이 나의 이런 무례한 부탁을 받아줄 리가 없다고 생각했다. 그러나 예나 지금이나 나는 세상에 불가능이란 없다고 생각하는 사람이다.

그래서 우선 이분을 직접 찾아가기에 앞서 먼저 이분의 가족관계부터 알아보기로 했다. 아, 그런데 이게 웬일인가. 천만뜻밖에도 선생의 바로 아래 동생이 지금 원주 MBC의 업무부장으로 있는 장예순 씨가 아닌가.

장 부장은 평소에도 방송업무상 나와 가깝게 지내고 있는 사람이었다. 그래서 나는 당장 장 부장을 원주로 찾아가 자초지종을 설명하고 선생의 휘호를 받기를 간청했다. 나에 관한 일이라면 만사를 제치고 일을 도와주던 장 부장도 가형만큼은 몹시 어렵게 생각하고 있어서 선뜻 대답을 못하는 것이다. 그러나 나의 집요한 간청에 장 부장은 마지못해 나를 선생댁으로 안내해 주었다.

장 부장은 체격도 크고 후덕한 인상이어서 선생도 그런 분으로 생각하고 문을 열고 집안으로 들어섰는데 처음 보는 선생은 장 부장과는 전혀 다른 분이었다. 호리호리한 체격에 말씨나 품격이 몹시 깐깐하고 위엄이 있어서 그 앞에서는 말 한마디도 변변하게 나올 것 같지가 않았다. 이런 분에게 어떻게 회사상호를 써달라고 부탁을 한단 말인가.

더구나 이분이 집권자의 핍박을 받고 있는 분이라니 선불리 농심이 새마을운동에서 연유된 것이라는 말은 꺼낼 수도 없었다. 그래서 선불리 처음부터 농심이야기를 꺼냈다가는 일이 제대로 풀릴 것 같지 않아서 다른 방향으로 접근할 필요성을 느꼈다.

조사에 의하면 선생은 고향 원주를 지키고 아끼는 대단한 애향가라고 되어 있었다. 그래서 원주와 주위의 치악산에 대해서 내가 오기 전에 알아두었던 역사와 인물 그리고 풍수지리까지를 줄줄이 펼쳐가며 이야기를 풀어

나갔다. 그러자 선생은 내가 원주에 대해서 매우 관심이 많은 사람으로 알고 차츰 이야기에 귀를 기울이기 시작하더니 종내엔 여러 가지 선생 주변의 일상적인 일들까지 풀어놓는 것이다. 선생의 이야기를 듣다 보니 선생께서는 의외로 농사에 관심과 애착이 많음을 알 수가 있었다. 그래서 나는 자연스럽게 선생의 생각을 농심으로 연결하여 그런 정직한 경영을 해보겠다는 생각에서 이번에 회사이름을 농심으로 바꾸었다는 것을 이야기했다. 그러자 선생은 고개를 끄덕이며 매우 흡족한 모습을 보인다.

나는 이 기회를 놓치지 않았다.

"그런 의미에서 다른 어느 분보다도 선생님의 뜻과 혼이 담긴 휘호를 한 점 받기를 원합니다."

"글을 써달라고…?"

내가 본색을 드러내자 선생은 잠시 말을 멈추고 한참 동안을 내 얼굴을 바라보더니 조용히 창밖으로 시선을 돌리며 뭔가 깊은 상념에 잠기는 것 같다. 침묵이 길어지자 나는 초조해졌다. 혹시 이러다 거절이라도 당하는 것은 아닐까 하는 생각이 들었다. 그래서 다시 말을 꺼내려고 하는데 옆에 있던 장 부장이 그런 내 옆구리를 찌르며 눈짓으로 가만히 있으라고 한다.

"형님, 그럼 저희는 이만 물러가겠습니다."

장 부장이 나서서 엉뚱하게도 작별인사를 하더니 주섬주섬 자리에서 일어나는 것이다. 나는 얼결에 장 부장을 따라 일어나면서 어리둥절한 눈으로 그의 얼굴을 바라보았으나 장 부장은 그런 나의 시선은 무시한 채 내 소매를 잡고 방을 나왔다.

"장 부장, 아직 선생의 확답도 듣지 않았는데 이렇게 서둘러 나오면 어떻게 합니까?"

내가 불평을 내놓자 장 부장을 웃으면서 선생이 역정을 내지 않은 것만으로도 성공이라는 것이다. 일단은 선생이 나를 좋게 생각하고 있으니 자기가 따로 들러서 글을 받아 서울로 올라오겠다고 한다. 나로서는 달리 방법이 없어서 일단은 그런 장 부장의 말을 믿어보기로 하고 빈손으로 서울로 되돌아오고 말았다.

그리고 며칠이 지났다. 약속한 대로 장 부장이 정상 선생의 휘호를 받아 한지에 곱게 싸들고 나를 찾아왔다. 조심스럽게 펴보니 한두 장이 아니었다. 고맙게도 선생께서는 휘호의 여러 쓰임새까지 배려하여 다양하게 여러 장을 써서 보내주신 것이다.

나는 급히 인사동으로 그 휘호를 보내 모두를 곱게 표구하여 사장실과 여러 중요 임원실 벽에 걸어놓았다.

그리고 그 중 하나를 골라 회사의 정식 로고로 정했다.

고향까지도 쫓아간다

농심라면이 히트하고 회사명까지 '주식회사 농심'으로 바꾼 다음부터 사장님의 생각대로 시장은 날로 커가고 회사는 신장을 거듭하면서, 신제품도 끝없이 쏟아져 나오고 있었다.

이처럼 신제품이 쏟아지다 보니 이들 상품에 상품명을 정하는 것도 보통 문제가 아니었다. 상품명을 정하는 것도 사장님과 내 몫이었다. 하지만 여기서도 또한 평범하거나 안이한 것은 절대 용납하지 않는 것이 사장님의 외고집이었다.

대개는 '새우깡', '라면땅', '자야', '시락면' 등 특이한 상품명이 많이 나왔는데 이런 작명에 대한 아이디어도 나는 평소 많이 확보하고 있어야 했다.

우리처럼 광고물량이 많은 회사에서는 조금만 이상한 광고카피나 상품명을 썼다가는 금방 아이들 세계에서 유행을 하기 때문에 이것 또한 보통 신경이 쓰이는 게 아니었다. 농심의 광고 중에는 튀거나 특이한 게 많았는데 우리가 만드는 광고카피는 금방 시중에 유행이 되었다. 당시 우리를 가리켜서 시중 유행어를 만들어내는 유행어 원조라는 말까지 있었는데 이것은 꼭 좋은 의미로만 하는 말은 아니었다.

광고주 입장에서는 유행이 되어야만 성공하는 광고로 생각하기 때문에 가급적 유행성이 있는 쪽으로 컨셉을 몰아가게 된다. 그러다 보니 이런 소리까지 듣게 되었는데 그렇다고 해서 무턱대고 유행만을 쫓아갈 수도 없었다. 자칫 잘못했다가는 공연히 사회정서에 역행하는 광고나 상품명이라 해서 여론의 뭇매를 맞기가 일쑤였기 때문이다.

이렇듯 광고 이외에 상품명 이름 정하는 데까지도 매일 시달리다 보니 자료 고갈이나 아이디어 빈곤에서 오는 압박감 또한 이만저만이 아니었다. 그래서 상품명 작명에 대한 별도의 아이디어 파일을 만들어 운영하기로 했다.

사장님과 오랫동안 일을 하다 보니 사장님은 주로 그 주위의 가족이나 가정생활, 아니면 그의 어린 시설의 삿가시 추억 속에서 많은 아이디어를 인용하고 있음을 알았다. '새우깡'이라는 제품명을 정할 때도 평소 귀여운 막내의 옹알이 중에서 발음이 제대로 되지 않는 된소리 '깡'을 그대로 인용하여 새우깡을 탄생시켰다고 하지 않았던가.

나는 사장님의 유년시절의 여러 가지 이야기가 모여 있는 사장님의 고향에서 아이디어의 맥을 집중적으로 발굴해 보기로 했다. 그래서 어느날, 일부러 시간을 내서 사장님의 고향인 울주군 삼남면을 찾아갔다. 물론 사장님에게는 알리지 않은 채.

이곳은 수년 전 일본 신 회장이 사업을 크게 성공시키고 금의환향하여 대대적인 마을 잔치를 벌인 적이 있었고, 이때 김희갑, 황정순, 남철, 남성남 씨 등 연예인을 데리고 그 잔치에 참석했던 일이 있어서 낯설지는 않은 곳이었다. 나는 이곳에 가서 촌로들을 만나 이 지방 일대의 옛 지명과 마을의 갖가지 설화나 구전되어 오는 이야기들을 모았다. 뿐만 아니라 그들이 구사하고 있는 용어나 이 지방 특유의 방언, 심지어는 방언 중에서도 토씨나 접속어와 같이 사소한 용어까지도 모든 것을 세밀하게 조사하였고, 그 중에서 광고적인 요소나 상품명으로 응용이 가능한 것들을 내 개인적인 파일에 정리해 두었다.

그 후부터는 사장실에서 광고에 관한 회의나 상품명 작명에 관한 회의가 있을 때마다 내가 평소에 생각했던 아이디어 중에서 몇 개를 고르고 또 이 파일을 뒤져서 적당한 것 한두 개를 첨부하여 이것을 가지고 사장님과 토의를 하면 일이 훨씬 쉬워지고 결과도 빨리 도출되었다.

선전실 운영

광고에는 수학적 정답이 있는 게 아니다. 단지 어느 만큼의 많은 최대의 공약수를 확보하느냐가 있을 뿐이다. 이것은 선거에서 100%의 결과가 없는 것과 똑같은 이치이다.

농심에서 농심광고를 성공시키려면 무엇보다도 사주인 사장님의 철학을 이해하고 사장님의 의도하는 바를 정확히 알고 있는 것이 중요한 일이었다. 그러기 위해서는 선전실 직원 모두를 사장님과 똑같은 '사고의 일치'를 만들어 놓는 것이 무엇보다도 중요한 일이라고 생각했다. 그래야 사장님 사고에 부합된 농심광고를 만들 수 있는 것이지 그렇지 않으면 직원들 제각각의 자기광고를 만들 뿐 그것이 결코 농심광고는 될 수 없기 때문이다. 즉, 선전실 직원 하나하나의 사이클을 모두 사장님 한사람에게 일치시켜 놓는 것이었는데 이것은 마치 항해를 하는 배가 선장의 지시에 일사불란해야 하는 것과 똑같은 원리였다.

나는 우리 직원들에게 설불리 몇 토막 아는 광고지식을 코에 걸고 회사정책에 반하는 행동을 하기보다는 철저하게 사장의 사고를 이해하고 그 사고를 광고화하는 데 총력을 기울일 수 있도록 방향을 바로 잡아주고 있었다. 그래서 내가 사장실에 들어갈 때는 가급적 많은 직원들을 데리고 들어가서 사장님의 이야기를 모두 함께 듣도록 했다. 비록 그 업무에 직접 관련이 없는 직원이라 하더라도 이렇게 늘상 사장님을 대함으로써 사장님을 보다 더 많이 이해하고 알 수 있도록 조치를 취한 것이다.

만약 직원들이 바빠서 그 자리에 참석하지 못할 때는 대신 사장님의 이야기를 작은 녹음기로 모두 녹음하여 직원들이 사무실 안에서 작업하면서 음악처럼 들을 수 있도록 배려했다. 다만 평소 조금은 내성적인 성격의 사장님이 이런 개방식 직원운영을 거북해 했고 특히 녹음기로 모든 대화를 녹음하는 것에 대해서 알레르기 반응까지 보였다.

하지만 나는 이 '사고의 일치'가 얼마나 중요한 것인가를 사장님에게 누누이 말씀드렸고, 결국 왕고집 사장님도 내 열정에 승복하고 사장실 녹음은 계속되었으며 그 녹음테이프로 우리 직원들의 생각을 '농심화'시키는 작업을 꾸준하게 이어나갔다.

편제상 선전실이 영업상무 소속으로 되어 있었으나 영업상무의 지시를 받거나 감독을 받지는 않았다. 오로지 내가 사장님과 독대에 의해서만 업무를 추진하고 있었으므로 선전실은 편제와는 무관하게 사장실 직속이나 마찬가지였다. 그것은 내가 이런 체제를 고집했기 때문이었는데 이유는 우리 농심광고에 좀더 강한 개성을 부여하기 위해서였다.

광고란 기본이 개성이었다. 이것을 광고용어로는 '차별화'라고 했지만 광고가 개성을 잃는다는 것은 마치 소금이 짠맛을 잃은 거나 마찬가지로 무용지물에 불과한 것이다. 그런 의미에서 광고에 관한 한 민주주의식 발상이나 운영은 최대의 적이라고 생각하고 있었다.

'모난 돌이 둥근 돌보다 낫다.'

이것이 나의 광고철학이었고 사장님도 나의 이런 주장에 전적으로 동감하고 협력해주었다.

초기에 몇 번 CF를 만들어와서 임원들과 함께 시사를 한 적이 있었다. 그런데 결과는 뜻밖이었다. 모든 임원들이 제각각 한마디씩을 다 했는데 모두가 광고적 논리에서 문제점을 지적했다기보다는 중구난방식으로 자기관점에서의 부정적 지적만 하는 바람에 대단히 혼란에 빠진 적이 있었다. 그래서 그들 하나 하나를 설명해서 이해를 시키려다 보니 시간만 낭비하고 전혀 생산적 토론이 될 수가 없어서 결국 중간에 포기한 적이 있었다.

그 일 이후 나는 사장님과 한 가지 약속을 했다. 앞으로 광고에 관한 한 사장님과 나 둘만 모든 결론을 내기로—.

설사 이런 결정으로 다소는 시행착오와 다듬어지지 못하는 결과를 초래할 수도 있다 하더라도 결국 광고에서는 모난 돌이 둥근 돌보다는 낫다는 원리를 믿고 있었기 때문이다. 그래서 농심광고는 이런 의견 저런 의견에 갈고 씻겨 결국 조약돌처럼 매끄럽고 깔끔해진 광고는 철저하게 사절하기로 했다.

회사가 커지고 업무가 확대되다 보니 나를 찾아오는 손님도 많아졌다. 그래서 어떤 때는 그 많은 손님 속에 묻혀서 귀중한 오전하루가 다 가는 날도 많았다. 그렇다고 나를 만나러 오는 손님들을 모두 박대하고 모른다 할 수도 없었다.

하루는 선전실에서 관리업무를 맡고 있는 조민승 씨에게 하루 내방객 수가 얼마나 되는지 알려달라고 했더니 무려 40여 명의 손님이 다녀간다고 했다. 이러고는 도저히 내가 내 본연의 일을 할 수가 없었다. 그래서 업무에 한계를 정해놓고 크게 중요하지 않은 손님은 해당 과장들이 만나서 처리하도록 했다. 그러나 그것이 그대로 지켜지지를 않았다. 우리 부서를 찾아온 손님 중에 나를 만나지 않고 아래 과장이나 만나고 돌아갈 사람은 별로 많지 않았기 때문이다.

나는 특단의 조치로 내 별도의 방을 하나 만들기로 했다. 당시 우리회사는 사장님의 특별지시로 모든 중역들의 방을 없애고 오픈하게 한 것이다. 그래서 중역들이 방안으로 숨지 말고 밖으로 나와서 직원들과 호흡을 함께 하면서 적극적으로 업무에 임하라는 특명을 내린 바가 있다. 그래서 사내에 개인방을 갖고 있는 곳은 사장실과 부사장실, 그리고 회의실이 전부였다.

이런 마당에 내가 개인방을 갖겠다고 한 것이 회사의 정책에도 크게 반하는 것이기는 했으나 그렇지 않고는 업무를 제대로 수행할 수가 없어 사장님에게 자초지종을 설명하여, 결국 나는 내 개인방을 갖고 일에 몰두할 수가 있었다.

내가 이처럼 전횡을 하자 회사 안팎에서 여러 가지 말들이 많았다. 대개는 좋은 말보다는 나쁜 말들이었다. 한마디로 안하무인(眼下無人)이라는 것이다. 그러나 나는 그런 말들에 크게 신경을 쓰지 않기로 했다. 그런 말들에 일일이 귀를 기울이기 시작하면 한도 끝도 없으며 내 소신대로 일을 할 수도 없었다. 그래서 남이야 뭐라고 말을 하든 내가 회사를 위해서 옳은 일이라면 굳이 주위를 의식하거나 뒤를 돌아보지 않고 오로지 목표를 향해서만 밀고 나가기로 했다.

다만 CF제작에 한해서만은 시간이 좀 걸리더라도 많은 신경을 썼고 주위를 살피며 배려하는 것을 게을리 하지 않았다. 그것은 내가 본래가 CF감독 출신이다 보니 더더구나 소리가 시끄러웠으며 동료나 후배 감독들이 우리회사를 경원하여 자칫 외톨이가 될 수도 있었기 때문이었다.

이때는 내가 전처럼 그렇게 충무로에 나가지도 않았고 또 그럴 수도 없었다. 왜냐하면 사내업무가 너무나도 벅차고 산적해서 전처럼 내가 직접 CF연출을 한다는 것은 꿈도 꿀 수가 없었다.

그래서 외부 감독들에게 사장님의 사고와 농심 광고물에 접근하는 방법을 어느 정도 이해시켜 이제는 충무로에서도 어렵지 않게 우리 광고물 제작을 소화해냈다. 게다가 선전실에서 CF제작을 담당하는 박상종 대리가 어느 누구보다도 사장님의 사고에 이해와 훈련이 잘 되어있고 그런 박 대리가 충무로의 감독들을 잘 리드하고 있어서 이 부분은 내가 한시름을 놓았다.

그 대신 제작비만큼은 여전히 내가 뒤에서 버티고 있어서 과다하게 청구하는 일은 없었다. 여전히 타사 견적의 2/3 정도를 결제했는데 그것은 우리 광고는 타사에 비해서 그만큼 제작비가 절감되는 부분이 많았기 때문이다.

전통적으로 농심광고는 아이디어로 승부를 거는 '아이디어 광고'로서, 제작의 차별화로 승부를 거는 현란하고 거창한 광고물은 아니었다. 그러므로 대개의 아이디어 광고는 단순하게 마련이어서 일반광고에 비해 제작비가 많이 들지 않았다.

또한 항상 충무로에 나가 업자들을 상대해야 하는 박 대리에게 업자 다루는 방법을 전수시켰다. 본래 박 대리는 성격이 여리고 동정심이 많은 사람이어서 나는 특별히 그런 박 대리를 더 강하게 훈련시켰다. 무엇보다 업자들의 향응을 거절하는 방법과 그들의 유혹을 물리치는 법을 가르쳤다.

우리처럼 광고제작을 많이 하는 회사의 제작담당자에게는 갖가지 방법으로 유혹하고 접근하는 사람들이 많았다. 박 대리같이 성격이 여린 사람은 이런 유혹에서 자신을 지킨다는 것이 그리 쉬운 일이 아니었다. 그래서 그 뇌물성 유혹을 구별하는 방법과 물리치는 방법에 역점을 두어 교육시켰다. 왜냐하면 이렇게 자기자신을 냉철하게 관리하지 않으면 업자들에게 쉽게 보여 결국은 자기 뜻대로 그들을 마음대로 부릴 수가 없게 되기 때문이다.

당시에는 CF한 편을 제작하면 적지 않은 돈을 사례로 담당자에게 쥐어주는 것이 업계의 일반적인 관례였다. 나는 이것을 최대한 차단시키는 대신 제작비를 깎아내리는 방법을 택했다. 그러다 보니 CF제작업계를 누구보다도 잘 아는 CF감독 출신이 이렇게 혹독하게 제작비를 깎는다는 불평도 있었으나 나는 전혀 그런 불평에 동의하지 않았다. 왜냐하면 나로서는 제작내용을 잘 아는 만큼 적정한 이익을 보장해주는 선에서 결제하고 있었기 때문이다. 아마도 폭리를 눈감아 주지 않는다는 불평은 있을 수 있겠지만 업계의 살을 도려내자는 것은 결코 아니었다고 자부하고 있었다.

때론 이처럼 너무 그들과 등을 돌리며 '나홀로 청렴'을 고집하는 것도 결코 바람직하지는 못하다는 생각에 업무를 원활하게 하기 위한 인사치레 정도의 극히 적은 사례는 묵인하는 방법을 택해 그들의 숨통을 열어주었다. 그러나 그 인사치레마저도 담당자인 박 대리가 단독으로 처리하도록 하는 것이 아니라 꼭 관리를 맡고 있는 조민승 씨에게 갖다가 맡기도록 했고 그러다 보니 매달 월말이 되면 이런 부스러기 돈이 제법 적지 않게 조민승 씨 서랍 안에 쌓이는 것이다. 이 돈은 월말에 한데 모아 선전실 전 직원별로 조민승 씨가 투명하게 균등분하여 전 직원들에게 나누어주어 업무비로 쓰도록 했다. 이것이 이른바 선전실에서 회사에 청구하지 않는 업무비였는데, 이것이 결과적으로는 직원들 사기진작과 업무능력제고에도 크게 기여를 하고 있었다.

뿐만 아니라 추석이나 명절 때는 많은 양의 상품권이나 선물이 들어왔다. 이것도 조민승 씨가 모두 정리하여 나에게 보고하면 나는 이것들을 우리 선전실 직원은 물론이고 명절에 상품권이 들어오지 않는 타부서의 직원이나 심지어는 청소부, 엘리베이터 걸까지 가급적 골고루 조금씩 다 나누어주어 함께 명절을 즐길 수 있도록 했다.

어느 회사의 경영주나 다 마찬가지겠으나 우리 사장님은 유독 부정에 대해서는 엄격하고 냉정했다. 언젠가 사장실 안에서 수금한 돈을 개인적으로 유용한 영업부 직원의 면상을 후려치며 그 자리에서 사표를 받는 것을 본 적이 있었다. 이러한 사풍(社風) 때문인지 농심은 비교적 그런 금전적인 잡음이 없는 회사로 유명했고 선전실도 마찬가지였다. 그럼에도 불구하고 내가 이렇게 특별한 용단을 내려 어찌보면 회사전통에 반하는 것 같은 업자관리를 감행한 것은 이런 방법이 회사에 더 유리하다고 생각했기 때문이었다.

이처럼 주위의 업자와 우리 직원들을 엄하게 다루려면 우선 나 스스로에게 더 엄격해야 했다. 그래서 오해의 소지가 있는 일에는 꼭 조민승 씨나 담당직원들을 시켜서 나와 격리시키거나 피했다.

다만, 단 한 가지 내가 거절하지 않는 것이 있었다. 각 방송국이나 신문사에서는 가끔씩 세계적인 유명 성악가나 오케스트라를 초청하여 음악회를 갖는 일이 있었는데 이때 보내오는 좋은 좌석의 초대권은 사양하지 않고 받아 아내와 모처럼 여유를 즐겨보는 시간을 가졌다.

이처럼 내 자신에 대해서 항상 무서운 회초리를 들고 지내다 보니 내 생활에는 크게 여유가 없었다. 다른 동료들에 비해서 부족하지 않은 월급을 받았고 또 나는 그 받은 돈을 전부 아내에게 주어서 아내가 알아서 살림을 꾸리게 했는데 이따금씩 가정불화가 터지는 것은 꼭 이 생활비 때문이었다.

나는 전쟁을 겪는 사이 몰락한 집안에서 공부하느라고 좀 어렵게 유년시절을 보냈지만 아내는 그런 어려움을 모르고 비교적 순탄하게 자란 사람이다. 신혼살림도 그런 아내의 뜻에 따라 친정언니가 있는 여의도에서 시작했는데 당시의 여의도생활이란 국내 최고의 신흥부자들의 서구화된 집단이라 해서 항상 각 언론의 주목을 받는 특별한 곳이었다.

이런 곳에서 생활하려니 생활비가 만만찮게 들어가고 있었고 그 일로 해서 아내와 말다툼을 하고 나면 하루종일 일이 손에 잡히지 않고 맥이 풀려 있게 마련이었다. 하루하루 해야할 일은 산 같은데 이렇게 가정불화로 손을 놓고 있으면 그 피해가 또 이만저만이 아니었다.

하루는 이 문제를 사장님과 상의를 해보았다. 사실 사장님과 나와의 관계는 비단 회사내의 사주와 직원과의 관계를 떠나 개인적으로도 이런 일 정도는 상의해도 괜찮을 그런 사이였다. 물론 또 어찌 보면 이 일이 내 업무에 직접 피해를 주고 있었으니 전혀 회사업무와 관련이 없다고도 볼 수도 없고.

사장님은 내 이야기를 들어보더니 그런 문제라면 고민하지 말고 그때그때 자기에게 말해달라는 것이다. 그럼 그때마다 조금씩 해결해주겠다고 했다. 결론이 이렇게 나자 나는 난감했다. 공연히 사장님에게 그런 결과를 기대하고 말을 꺼낸 것 같아서 마음이 께름직했다. 그렇지 않아도 전에 내가 결혼할 때 그토록 큰 결혼 축하금을 받아서 마음의 부담을 지금까지 지우지 못하고 있는데….

나를 슬프게 한 일들

하루는 일을 마치고 집에 들어서니 웬 커다란 갈비짝 하나가 마루 위에 놓여있어 깜짝 놀랐다. 아내가 가끔 슈퍼에서 갈비를 사오는 경우가 있었지만 그럴 경우 기껏 우리 둘이 먹을 수 있을 정도의 적은 양이었지 이렇게 짝으로 사와 냉장고에도 들어가지 못해 마룻바닥에 놓아둔 적은 없었기 때문이다. 더구나 나는 그동안 갈비짝이라는 말은 수도 없이 들어봤지만 이렇게 그 실물을 직접 보기는 이번이 처음이어서 더욱 어리둥절했다.

"여보, 여기 웬 갈비짝이지?"

아내가 부엌에서 나오며 그렇지 않아도 낮에 웬 낯선 젊은이가 와서 명함과 함께 이것을 놓고 갔다며 당황해서 말을 한다. 아내가 전해주는 명함을 받아보니 오늘 오전에 사무실로 찾아와 새로 〈테니스〉라는 잡지에 광고를 맡은 사람이라고 인사하고 간 사람이었다.

"이런 걸 받아놓으면 어떻게 해."

라고 눈치 없는 아내를 나무랐다. 그러나 아내도 이런 일은 처음 당하는 일이어서 얼결에 받아놓은 모양이다.

"막무가내로 밀어놓고 가는데 난들 어떻게 해요."

아내는 그 일로 얼마나 곤욕을 치렀던지 오히려 나에게 분풀이를 한다. 이 정도 무거운 갈비짝이라면 멀리서 사온 게 아닐 것이라는 생각이 들어 전화번호를 뒤져 아파트상가에 있는 정육점을 찾아 전화해 보았다. 내 예상대로 오늘 낮에 그곳에서 한 젊은이가 와서 갈비 한 짝을 사가 자기가 직접 배달까지 해주었다는 것이다. 나는 그 갈비값을 물어 확인하고 갈비를 몇 개의 조각으로 나누어 처형네 집이며 친가, 친정 등 여러 집에 나누어주라고 했다. 그리고 다음날 출근하여 조민승 씨에게 어제 다녀간 테니스잡지 광고 담당자가 오거든 내 방으로 들여보내라고 일러두었다.

그리고 점심시간에 임박해서 그 사람이 조민승 씨의 안내를 받아 내 방으로 들어온다. 들어오는 표정이 매우 밝고 당당한 모습이다. 나는 자리를 권해 앉게 하고 조민승 씨에게 차를 한 잔 가져오라고 했다. 아마도 어제 나에게 갈비를 보냈으니 오늘쯤 좋은 소식을 기대라도 하는 듯 얼굴을 들어 나를 바라보고 있다.

"전에는 무엇을 하셨습니까?"

"테니스 국가대표였습니다."

키가 자그마한 것이 몸매가 탄탄해 보였고 얼굴은 곱상했다.

"선생을 소개한 제주 MBC의 최인호 부장과는 어떤 관곈가요?"

"신림동의 같은 교회에 나가고 있습니다."

인상도 순박해 보이는 데다 교인이라는 말까지 나오니 내 마음은 자꾸 흔들리려고 한다. 그래서 이 정도에서 말을 끊고 정색을 하고 주머니에서 준비해온 봉투를 꺼내 테이블 위로 내밀었다.

"아마 광고를 처음 하시는 모양인데 이런 방법으로 하면 안됩니다. 어제 보내준 갈비를 산 곳에서 알아보니 이 금액이더군요. 되돌려드릴 테니 가져가시고 다음 좀더 시간을 갖고 연구해 보도록 합시다."

너무나도 예상외의 반응이었던지 한참 동안을 창백한 얼굴로 나를 바라보더니 조용히 일어나 밖으로 나갔다. 그런 뒷모습을 바라보는 내 마음도 몹시 아프고 괴로웠다. 그래서 바로 최 부장에게 전화하여 왜 그런 사람에게 나를 소개했느냐고 따졌다.

최 부장 이야기로는 사람이 너무 착하고 운동 이외에는 아무것도 모르는 사람이 마땅한 직업이 없이 놀고 있다기에 자기가 이런 일을 해보라며 나를 찾아가 상의해보면 좋은 안내를 해줄 것이라고 했다는데 그 사람이 너무 실수를 한 것 같다며 사과한다. 아무튼 그 사람은 그후 다시는 모습을 볼 수 없었는데 나중에 들은 소식으로는 그날의 쇼크로 바로 잡지광고를 그만두고 업계를 떠났다고 했다.

〈전남매일〉의 서울지사장으로 손질환 국장이란 분이 있었다. 나에게는 10년이나 연배인 업계선배였는데 말수가 거의 없이 조용한 사람이었다.

얼굴은 평소에도 가무잡잡해서 나는 본래 피부색이 그런가보다 생각했는데 어느 날 이분이 암으로 사경을 헤매고 있다는 소식을 들었다. 본래 우리는 신문광고를 거의 집행하지 않는 회사였기 때문에 지방지 국장들과는 만날 기회가 많지 않았는데 그래도 업계선배가 사경을 헤맨다고 하니 일부러 시간을 내어 퇴근 무렵에 태릉에 있는 그의 집을 찾아가 보았다.

안방 아랫목에 죽은 듯이 누워있는 손 국장은 얼굴색이 거의 흑색으로 변해있어서 나는 깜짝 놀랐다. 사람이란 임종 때가 되면 이렇게 되나 생각했다. 내가 옆에 앉아 손 국장의 손을 꼭 쥐었더니 손 국장은 무겁게 눈을 떠서 그런 나를 바라본다. 그러면서 엷게 웃어 미소를 보이며 내 손 안에서 쥐어진 손에 작으나마 힘을 준다.

"김 실장 고마워, 이렇게 찾아주어서…."

평소에도 목소리가 작은 분이 더욱 들릴까 말까 하는 작은 소리로 고마움을 표시한다.

"무슨 말씀을…. 어서 쾌차하여 일어나셔야죠."

내가 위로의 말을 전하자 손 국장은 또다시 엷게 웃는다.

"그런데 김 실장, 나를 좀 도와주어…."

"네? 무슨 말씀인가요."

"(광고)5단 하나만 넣어줘, 부탁이야…."

나는 내 귀를 의심했다. 아니 임종을 앞둔 분이 나에게 광고부탁을 하다니, 그것도 5단짜리를.

난 광고인의 마지막 길에서의 너무나도 쓸쓸한 모습을 보는 것 같아서 정말 그의 목을 껴안고 엉엉 울고싶었다. 아, 손 국장…. 손 선배….

내가 나온 다음날 손 국장은 결국 이 세상을 떠났다. 내가 드리겠다고 약속한 5단 광고는 끝내 보지도 못한 채….

우리회사 총무담당 임원으로 새로 부임해온 이 상무는 모처의 고위직에 있던 분이라고 했다. 사장님이 그런 이 상무에 대해서 나에게는 정확히 이야기를 해주지 않아서 잘은 모르겠으나 아마도 관계나 정계 쪽의 로비를 담당하는 새로 영입한 임원인 것 같았다. 회사가 이제 거의 재벌급으로 성장했으니 우리도 이런 쪽으로의 로비가 필요한 때가 된 것이다. 이런 분들은 대개 매스컴 쪽에도 이렇게 저렇게 아는 사람들이 많게 마련이다.

모 신문사 편집국에서 식품업계를 출입하는 황 기자는 그동안 우리회사를 오랫동안 출입하면서 기회가 있을 때마다 나에게 광고부탁을 하곤 했다. 그러나 본래 우리회사는 신문광고가 거의 없는 회사여서 그런 황 기자에게 도움을 주지 못하고 있었다. 그러던 차에 황 기자는 새로 부임해온 이 상무와 전부터 친분관계가 있었던지 광고부탁을 한 모양이고 이 상무는 우리회사는 광고를 많이 하는 회사라 쉽게 약속한 모양이다.

하루는 황 기자가 내 방으로 들어와서 광고원고를 내놓으라고 큰소리를 친다. 이 상무에게 부탁해서 약속을 받았다는 것이다. 이제껏 황 기자가 우리회사를 출입하면서 내 앞에서 이처럼 무례하게 나온 적은 단 한 번도 없었으므로 몹시 당황하고 기가 막혔다.

"이게 무슨 소리야. 무슨 광고원고?"

"새로 오신 이 상무에게 말씀드려서 승낙받은 거야, 원고 내놔요."

"황 기자, 나와 모르는 사이야? 왜 엉뚱한 분에게 광고부탁하고 이래?"

난 버럭 화를 내 호통을 쳤다. 그러나 전 같으면 내 호통에 고개도 들지 못했을 이 사람이 오늘은 눈을 똑바로 뜨고 바라보며 유들유들하게 나온다.

"알면 뭘 해. 광고 한 쪽 나오지 않는데, 그래서 잘 아는 신임 이 상무에게 부탁해서 허락받은 거니 어서 원고나 내놓으시오."

아니 사람이 이렇게 달리질 수가 있단 말인가. 나는 이제까지 어느 누구에게도 이런 봉변은 당해본 적이 없었으므로 화가 머리끝까지 치솟았다.

"당장 꺼져, 이 상무에게 허락받았으면 거기서 받아갈 것이지 왜 나한테 와서 행패야."

그의 어깨를 세차게 떠밀었다. 그랬더니 황 기자는 떠밀리지 않으려고 다리에 힘을 주어 버티면서 팔로는 내 손을 잡는다.

"김 실장, 이거 해도 너무 하는 거 아냐? 당신 이 회사 주인이야, 뭐야? 왜 이렇게 뻣뻣하게 굴어, 윗사람이 원고 주라면 주면 되는 거지 뭘 믿고 이러는 거야."

너무나 기가 막혀 더 이상 말이 나오지를 않았다. 그러자 방문이 열리고 밖에 있던 직원들이 뛰어들어와 황 기자를 뜯어말려 데리고 나간다.

이제까지 그토록 유순했던 황 기자가 이렇게 하루아침에 태도가 돌변한

걸 보면서, 그동안 겉으로는 내 앞에서 꼬리를 내리고 있으면서 속으로는 얼마나 벼르고 별렀으면 이렇게 험악하게 나올 수 있을까 생각하니 가슴이 저려온다. 조금 있자 이 상무가 황 기자를 데리고 내 방으로 왔다.

"김 실장에게 미리 양해를 받지 않은 것은 내 불찰이나 황 기자가 어렵게 부탁한 것이니 한 번만 봐줍시다."

생각했던 것보다는 매우 조용한 어조로 불쾌함을 드러낸다. 역시 높은 곳에 있던 분은 다르구나 하고 생각했다. 그러나 나는 물러설 수가 없었다.

"안됩니다. 지금은 원고도 없고…."

내가 단호하게 거절하자 어이가 없는지 이 상무는 나를 빤히 쳐다본다.

"김 실장, 이래도 되는 겁니까?"

"죄송합니다."

그러자 이 상무는 황 기자를 데리고 내 방에서 나가버린다. 사실 홍보업무를 담당하면서 일선기자 다루기가 가장 머리 아프고 힘든 일이었다.

불가근 불가원(不可近 不可遠)이라 했던가. 어려울 때에는 이들의 절대적인 협조를 받아야 하면서도 또 평소에는 그들에게 적당히 편의를 봐주어야 하는데 나는 절대 광고로 그들의 편의를 봐주는 일은 없었다. 왜냐하면 이런 식으로 어느 한 곳에 광고가 나가면 여타 다른 신문사를 막을 수가 없기 때문이다. 그래서 가급적 내 몸으로 막고 꼭 필요하다고 생각하면 광고 대신 차라리 거마비를 주어 처리하곤 했는데 그러다 보니 각 기자들에게는 내가 호락호락하지 않은 짠돌이로 인식되어 인기가 없었다.

그날 오후 이 상무를 자리로 찾아갔다. 나를 보자 여전히 불쾌감이 가시지 않았는지 고개를 돌린다.

"상무님, 아까는 죄송했습니다."

"……."

"그러나 제 나름대로 기자들을 다루는 원칙이 있으니 상무님께서 이것을 지켜주셨으면 좋겠습니다."

"그러게 내가 아까 사과하지 않았소."

"그 사과가 중요한 게 아니라 황 기자에게 광고를 줄 수 없었던 것을 상무님이 이해해 수십사 하는 것을 말씀드리는 것입니다."

사실 회사가 크고 여기저기 걸리는 일이 많다 보니 여러 경로로 광고압력이 들어오는 경우가 많았다. 그러나 나는 절대 이런 압력을 수용하는 법이 없어서 이제는 사내의 각 임원은 물론 심지어 사장실에서도 이것은 절대 불가능한 일로 인정된 하나의 전통으로 굳어 있었다. 그런데 이번에 이 상무가 새로 부임해와 이런 회사의 전통을 모르고 쉽게 황 기자의 부탁을 들어준 데서 일어난 일이었다.

자초지종을 자세하게 설명하여 이 상무를 충분하게 이해를 시켜 그 이후 다시는 그런 일이 반복되지는 않았으나 이 상무는 두고두고 그런 나를 섭섭하게 생각하고 있었을 것이다.

광고를 집행하면서 너무 회사입장에만 집착한 나머지 때로는 너무 냉정하고 몰인정하게 처신하는 것에 대해서 후회해본 적은 없었다. 그래서 업계에서는 그런 나를 가리켜 별명도 가지가지로 많이 지어주었다. '악당', '독일병정', '신(辛)태진' 등 갖가지 말로 나를 비아냥거리고 있었지만 나는 전혀 이런 말들에 신경을 쓰지 않았다. 아니 오히려 이런 수모들이 모두 내가 회사를 위하는 데 필연적으로 받아야 할 비난이라면 얼마든지 영광스럽게 받겠다는 마음까지도 갖고 있었다.

하지만 이런 일들을 당할 때마다 비록 겉으로는 표현하지 않았지만 속으로는 두고두고 마음 한구석이 아팠던 것도 사실이다.

에피소드 3

아내가 임신중이었다.

전에 내가 신필림 영화사에서 일할 때 사주 신상옥 감독의 부인인 배우 최 은희 씨는 나를 각별하게 대해 주었다. 그 많은 직원 중에서 특별히 나를 잘 대해준 것은 나로서는 일종의 행운이었으나 아무튼 내가 영화계를 떠나서 직장생활을 하면서도 최 여사는 나를 동생같이, 그리고 나는 최 여사를 누나같이 여기며 가깝게 지냈다.

당시 최 은희 씨는 신상옥 감독과 헤어지고 안양예술학교 교장으로 있으면서 1년에 한 번씩 그가 갖고 있는 연극단체인 '배우극장'을 무대에 올리고 있었다. 당시 연극이란 돈은 들어가기만 할 뿐 나오지는 않는, 재정적으로 몹시 어려운 예술활동이었다. 그래서 전문적인 흥행연극단체는 거의 없었고 대개는 대학의 연극동아리에서 올리는 다소 실험적인 연극이 있는가하면 일부 전문연극인들이 엄청난 어려움과 출혈을 감수해가면서 짬짬이 올리는 의욕적이며 작품성이 강한 무대, 그리고 지금의 최 여사처럼 과거 연극이나 악극단 출신으로 지금 영화계에서 연예생활을 계속하는 사람들이 모여 1년에 한 번 정도 올리는 추억의 무대가 우리나라 연극의 거의 전부였다. 이토록 일반대중의 호응이 없는 무대를 만들다 보니 대개 어느 연극단체든 재정이 어렵고 힘든 것은 거의 공통적이었다.

최 여사가 갖고 있는 연극단체 '배우극장'도 재정이 어렵기는 여느 단체나 마찬가지였다. 단지 최 여사의 입장이다 보니 각계로부터 협찬이 조금 수월할 뿐이었지만 그렇다고 매번 여기저기 협조를 부탁할 수도 없고 해서 항상 무대를 올릴 때는 예산이 부족하여 출연진 중 상당수는 무보수로 무대 위에 서는 사람이 많았다.

그래서 나는 최 여사의 '배우극장'에 한해서만은 무대준비를 할 때부터 광고계에 있는 친구들에게 부탁을 해서 여기에 조금씩 매년 협조를 해주었다. 그러다 보니 나는 이들 '배우극장' 사람들과 정식멤버는 아니면서도 정식멤버 이상으로 가까운 한식구처럼 지내고 있었다.

그해 가을 '배우극장'의 무대공연이 끝난 날이었다. 언제나처럼 연극이 끝난 날 저녁에는 '쫑(終)파티'라고 해서 전 스태프과 연기자가 모여서 식사와 술을 한다. 그날은 광화문

네거리 국제극장 옆골목에 있는 작은 식당에서 식사를 했다. 최 여사는 평소에도 주량이 대단해서 소주 한 병 정도 마시고는 얼굴색 하나 변하지 않고 평상시대로 조용하게 미소짓는 그런 분이었다. 식당에서 1차를 마친 뒤 대부분의 사람들은 헤어져 나가고 10여 명 정도의 사람들만 다시 2차를 가기로 했다. 장소는 당시 서울에서는 유일하게 올나잇을 한다는 명동에 있는 국제호텔 나이트클럽이었다.

나는 집사람이 임신중이라 2차까지 가는 것은 마음에 내키지 않았으나 이상하게도 최 여사가 내 팔을 잡아끄는 바람에 뿌리치지 못하고 엉거주춤 따라가고 말았다. 그리고 그곳에서 나는 그만 과음을 했다. 평소에도 주량이 많지 않은 나로서는 1차에서 이미 어느 정도 취한 데다가 2차의 시끄러운 음악소리에 신경이 마비된 상태에서 마신 술이 그만 내 정량을 넘고 말았던 것이다. 그런 취중에도 자정이 가까워오자 집에서 기다릴 아내가 걱정이 되어 나는 전화박스로 가서 집에 전화를 했다. 예상했던 대로 아내는 난리가 났다. 무조건 지금 당장 집으로 돌아오라는 것이다.

취중에도 아내가 너무나 강하게 나온다 생각하니 나는 슬그머니 오기가 났다. 그래서 나는 통금시간이 임박했다는 핑계를 댔다. 사실 그때 자정이 넘으면 일체의 통행이 불가능한 야간통행금지라는 것이 있을 때였지만 꼭 필요하다면 방송국이나 신문사의 협조를 받아서라도 돌아갈 수는 있었으나 나는 막무가내식으로 이 통금을 내세워 못 간다고 버텼다.

"남편이 그러면 그런가 보다 할 것이지 웬 여자가 이렇게 잔소리가 많어. 오늘은 못 들어가."

나는 제법 호기있게 객기를 부리고 수화기를 던져버렸다.

그리고 새벽 2시가 되었다. 나는 나이트클럽이 올나잇을 한다고 해서 밤을 꼬박 새워가며 노는 줄로 알았다. 그러나 새벽 2시가 되자 나이트클럽은 문을 닫는다는 것이다. 그래서 우리 일행은 호텔방 2개를 빌려서 남자들과 여자들이 둘로 나누어 들어갔다. 그러나 나는 취중에도 집안일이 걱정되어 잠이 오지 않았다. 뒤척거리다가 4시 통금해지 사이렌이 울리자 이유섭 감독과 그 외 다른 사람 몇몇을 더 깨워 호텔을 나왔다.

밖은 아직도 캄캄하였다. 우리가 명동 골목을 걸어나올 때 마침 순찰중이던 경찰과 야경꾼의 불심검문에 걸리고 말았다. 물론 이미 통금은 해제된 시간이었지만 새벽 일찍 몰려나오는 우리 일행이 수상하게 보였던 모양이다. 더구나 일행중에는 어제 연극에서 소도구로 썼던 물건들을 보따리에 싸서 어깨에 메고 있는 연출부 직원도 있었다.

이 감독이 나서서 우리의 신분을 밝히고 아무리 상황설명을 해도 일단 우리를 의심하기 시작한 그들의 곱지 않은 시선을 벗어날 수는 없었다. 그래서 할 수 없이 명동파출소까지 끌려가는 신세가 되고 말았다.

새벽의 명동파출소 안은 가관이었다. 술이 취해 횡설수설 욕지거리를 하는 사람, 패싸움하다 끌려와 여전히 으르렁거리는 사람, 우리처럼 야통위반으로 끌려온 사람 등으로 좁은 파출소 안은 시끌벅적했다. 그 안으로 경찰관과 야경꾼이 우리를 끌고 들어갔다. 파출소 안으로 들어서자마자 이제까지 우리를 끌고 온 경찰관의 태도가 갑자기 돌변하며 마치 우리를 죄인 취급하듯 반말로 윽박지르기 시작한다. 그러면서 아까부터 수상한 눈초리로 바라보던 소도구보따리를 가리키며 당장 열어보라고 한다. 그래서 연출부 직원이 머뭇거리며 그 보따리를 열어 책상 위에 쏟아놓는다.

아뿔싸, 그런데 이게 웬일인가. 책상 위에 쏟아지는 물건은 모두가 인민군 따발총에 인민군복장, 모자, 탄띠에 배낭 등이 와르르 쏟아져 나오는 것이 아닌가. 그러자 일순간 파출소 안이 조용해지며 모두들 숨을 죽이고 우리를 쳐다본다.

경찰관도 순간 얼굴이 하얗게 질리며 한 발 뒤로 물러서 잔뜩 경계자세를 취한다. 그러자 이 감독이 급히 나서서 이 모든 것이 연극에서 쓰는 소도구로 실물이 아닌 모조품이라고 설명을 하며 그 중 따발총을 들어 경찰관에게 내민다. 경찰관은 아주 조심스럽게 그것을 받아서 이리저리 만져보고는 비로소 안심을 하며 한숨을 내쉰다. 그런데도 경찰관은 우리를 쉽게 풀어줄 생각은 안하고 이것저것을 더 꼬치꼬치 캐물으며 오히려 우리를 본서로 이첩시킬 준비를 하고 있는 것이 아닌가. 그래서 이번에는 내가 이 감독 앞으로 나섰다. 그리고 우선 내 신분증과 명함을 내보이며 신분을 밝혔다. 그리고 이제까지 이 감독이 설명한 것을 확인하기 위해 국제호텔로 연락하여 그곳에서 아직까지 자고 있을 최 여사를 깨워 확인해 보라고 했다. 그러자 소장으로 보이는 사람이 내 말대로 국제호텔에 전화를 한다. 그리고 다시 최 여사 방으로 연결이 되고, 한참 만에 새벽잠에서 깬 듯한 최 여사가 전화를 받는 모양이다. 소장이 최 여사를 확인하고 몇 가지를 묻더니 곧 큰소리로 껄껄 웃으며 수화기를 내려놓는다. 그리고 우리보고도 나가라고 한다.

해장국집으로 가서 얼큰한 해장국으로 속을 진정시키고 나니 나는 비로소 앞일이 캄캄하다는 것을 느꼈다. 간밤에 집사람에게 그렇게 큰소리를 쳐 놓았으니 지금 당장 집으로 들어갈 수는 없었다. 그래서 나는 해장국집에서 좀더 시간을 끌다가 다시 일찍 문을 연 다방을 찾아가서 한참을 더 기다린 후에 회사로 곧장 출근했다.

오전 10시쯤이나 되었을까. 집에서 전화가 왔다고 여직원이 전화기를 돌려준다. 나는 잔뜩 긴장하여 수화기를 들었다. 그러나 예상과는 달리 의외로 침착하고 조용한 목소리로 아내는 지금 잠시 집에 다녀가라는 것이다. 나는 악이라도 쓸 줄 알았던 집사람에게서 의외로 조용하고 조금은 상냥한 목소리에 크게 안심이 되어 서둘러 집으로 갔다. 집안에 들어서자 응접실에는 장모님이 오셔서 조용히 혼자 기도를 하고 계셨고 집안 분위기는 너무나도 무겁고 음울해 보였다. 나는 내심 깜짝 놀랐다. 분명 조금전 집사람이 사무실로 전화했을 때는 비록 목소리는 작았지만 분위기는 이렇지 않았었는데….

나는 전혀 예상치 않았던 이런 무거운 집안 분위기에 잔뜩 주눅이 들어 장모님을 바라보았다. 그러자 장모님은 이제까지 하던 기도를 잠시 멈추고 굳게 닫혀 있는 안방문을 가리키며 안으로 들어가 보라는 것이다. 나는 방안으로 들어갔다. 아내는 침대 위에 죽은 듯 누워 있고 전화기는 코드를 길게 늘어뜨려 누워서도 손에 닿게 침대 위에 놓여 있었다.

그런 아내의 얼굴은 불과 하룻밤 사이에 너무나 몰라보게 변해 있었다. 안색이 창백해진 데다가 눈 주위가 퉁퉁 부어 있어서 자세히 보지 않으면 누군지 알아볼 수도 없을 정도로 전혀 다른 사람이 되어있었다.

세상에, 사람이 불과 하룻밤 사이에 이렇게 달라질 수도 있단 말인가.

나는 너무나도 놀라 숨을 죽이며 그런 아내의 모습을 바라만 보고 있었다. 아내는 눈을 감은 채 내가 들어온 것을 알고 있는 듯 겨우 입술을 들썩이며 모기소리를 낸다.

"……말해 보세요."

"……?"

아내가 뭘 말해보라는지 나는 금방 그 말뜻을 알아듣지 못하고…, 그리고 그것을 꼭 알려고 하지도 않은 채 여전히 아내의 얼굴만 바라보았다.

그러자 아내는 무겁게 실눈을 뜨고 그런 나를 바라본다.

"외박을 하고 왔으니 할 말이 있을 게 아녜요?"

나는 피치 못할 입장에서 집에 들어오지를 못했을 뿐인데 그것을 '외박'이라는 단어를 써서 부정한 것으로 몰아가는 아내에게 조금은 억울하고 화가 났으나 지금은 그런 나의 감정을 표현할 때가 아니어서 그저 묵묵히 바라만 보았다.

"어서 말해보세요."

아내의 말꼬리가 조금은 팽팽해지는 걸로 봐서 내가 침묵만 한다고 곱게 넘어갈 문제가 아닌 것 같다. 그렇다고 또 달리 할 말도 없었다.

"뭘 말하라는 거야, 할 말이 없는데…."

나도 조금은 심사가 뒤틀려서 깊은 한숨과 함께 얼굴을 돌렸다.

그 순간 아내는 침대에서 벌떡 일어나며 비명처럼 울부짖는다.

"외박을 하고 돌아와서 할 말이 없다니 그걸 말이라고 해."

그러면서 손끝에 있는 전화기를 집어던지는데 공교롭게도 그 전화기가 벽에 걸려 있는 커다란 거울에 맞아 요란한 소리와 함께 거울이 박살이 난다. 동시에 아내는 "악—" 하는 비명소리와 함께 방문을 박차고 밖으로 튀어나가는 것이다. 그러자 밖에 있던 장모님이 하얗게 질려 헐레벌떡 뛰어든다.

"자네, 왜 이러나, 왜 이러나…."

장모님은 내가 아내를 구타하고 거울을 박살낸 것으로 상황을 잘못 아셨는지 내 팔을 잡고 발을 동동 구르며 어찌할 바를 몰라한다. 그래서 나는 그런 장모님의 두 손을 꼭 쥐어 주어 일단 안심시켜 드리고 방 밖으로 뛰어나와 보았다. 그사이 아내는 욕실 안으로 들어가 그곳에서 통곡을 하고 있었다. 내가 안으로 들어가 그런 아내를 진정시켜 보려고 했으나 문은 안에서 굳게 잠겨있었다.

"여보, 문열어. 내가 잘못했어. 내가 사과할 테니 어서 문열어…."

그러나 아내의 통곡소리는 조금도 수그러들 기미를 보이지 않는다.

이날 이후 아내의 침묵은 계속되었다. 아침저녁으로 겨우 밥만 해서 식탁 위에 차려놓을 뿐 그 외의 말은 단 한마디도 하지 않는 침묵의 하루하루가 끝도 없이 이어지고 있었다. 나는 견딜 수 없는 고문을 당하는 것 같았다. 그런 지옥 같은 날이 일주일 계속되자 나는 지칠 대로 지쳤고 화도 났다. 충분히 이해할 만도 한 일로 이렇게 오랫동안 집안을 아수라장을 만들어놓는 것은 너무 지나치단 생각이 들었다.

"이제 그만 해. 당신 해도해도 너무 하는 거 아냐?"

나의 인내에도 한계가 있어 말에 각을 세워 언성을 높였다. 그러자 이제껏 침묵으로 일관하던 아내가 고개를 번쩍 들더니 나를 노려본다.

아내는 일주일이나 침묵시위를 했는데도 마음은 조금도 누그러지지 않았고 속으로는 오히려 나에 대한 증오의 불길이 더 활활 타고 있던 모양이다. 이런 상황에서 내가 사과는 커녕 오히려 화를 낸 것이 아내의 불길에 기름을 붓는 결과가 되어버리고 말았다.

"뭐 나보고 너무한다고요? 외박하고 돌아온 주제에 자기 잘못은 인정하지 않고 내가 너무한다고요?"

아내는 분해서 못 견디겠다는 듯 고여있던 눈물을 주루룩 쏟으며 홱 몸을 돌려 밖으로 나가버린다. 나는 아내가 집 밖으로 나가는 것을 제일 싫어하고 또 겁을 많이 낸다. 조금 기다리면 돌아오겠지, 하고 기다렸지만 한 번 나간 아내는 영영 돌아올 줄을 모르는 것이다.

그러자 시간이 가면 갈수록 마음은 더 초조해지고 별의별 생각이 다 들었다. 날씨도 쌀쌀한데 무거운 몸으로 지금 어디에 있는지 궁금하여 죽을 지경이다. 더구나 여의도 안에는 밤늦게 들어갈 커피숍이나 호텔 같은 것도 없지 않은가.

결국은 같은 아파트 18동에 살고 있는 아내의 언니집으로 전화를 걸어봤다. 아내가 이 시간에 갈 곳이란 언니네 집밖에는 없었기 때문이다. 그러나 자다가 전화를 받은 언니는 집사람이 오지 않았냐고 한다. 그 말에 나는 덜컹 가슴이 무너져 내리는 것 같았다. 그러니 언니는 의외로 태평한 어투로 이제 곧 돌아올 테니 걱정하지 마세요, 하며 전화를 놓는다.

아내가 마침내 일을 저질렀구나. 나는 너무나 확고부동한 절망감 속에서 더 이상 시간을 지체할 수가 없었다. 시간은 이미 12시를 넘지 않았는가. 그런데도 이제 곧 돌아올 것이라고 태평하게 생각하며 잠을 잘 수 있는 언니가 미웠다.

나는 부랴부랴 옷을 갈아입으며 오만가지 불길한 생각들로 미칠 것만 같았다. 나는 문밖으로 나와 우선 아래를 내려다보았다. 12층 아래가 까마득하게 내려다보인다. 12층이 이렇게 높다는 것을 처음으로 느꼈다. 아찔한 현기증에 나는 헐레벌떡 엘리베이터로 가서 아래로 내려갔다.

수위실 안에는 수위가 창문을 닫은 채 자고 있었다. 나는 이미 반은 이성을 잃은 채 자고있는 수위를 깨워서 집사람 나가는 것을 보았느냐고 물었다. 수위는 모른다고 했다. 그렇담 이제 일이 벌어진 것은 100% 틀림없는 사실이다. 나는 다시 집으로 돌아와 커다란 손전등을 들고 12층부터 복도 양끝까지 샅샅이 뒤지며 한층 한층 아래로 내려갔다.

그렇게 1층까지 찾아보아도 아내는 보이지 않았다. 나는 부들부들 떨리는 몸으로 현관을 나와 밖으로 나왔다. 싸늘한 밤공기가 나를 더욱 겁나게 하고 있었다. 성격이 급한 아내는 틀림없이 투신을 한 것이다.

나는 손전등을 비추며 앞 정원을 뒤지기 시작했다. 꼭 어딘가 나무 밑에 쓰러져 있는 아내의 허연 모습이 눈에 들어올 것만 같아서 한발짝 한발짝 뗄 때마다 등에서 진땀이 났다. 그러나 천만다행으로 앞 정원을 다 돌아볼 때까지도 염려했던 아내의 모습은 보이지 않았다. 그렇다면 이제는 뒷마당이었다. 나는 손전등을 비추며 뒷마당으로 가는데 그게 그렇게 두렵고도 겁이 나는 것이었다. 앞마당에는 없었으나 뒷마당에는 꼭 아내가 허옇게 쓰러진 모습으로 있을 것만 같았다. 그러나 이를 악물고 뒷마당으로 발을 옮겼다.

앞마당은 화단으로 되어있어서 화초와 잔목이 많은 반면 뒷마당은 아파트에서 멀리 떨어져서 큰 나무들이 빽빽이 들어차 있을 뿐 건물 가까이는 모두가 잔디밭뿐이어서 시야가 넓었다. 나는 우선 떨리는 손으로 휙 손전등을 들어 뒷마당 전체를 비춰보았다. 얼핏 본 것인데도 내 시야에는 아무것도 안 보이는 것 같다. 난 비로소 한숨을 크게 쉬며 천천히 한 바퀴를 돌아 구석구석을 살펴보았다. 앞뒤 정원에 아무런 이상이 없는 것이 확인되자 일단 한 고비는 넘긴 듯 안심이 되나 다음이 문제였다. 그럼 어딜 갔단 말인가. 다시 현관 앞으로 돌아와 아파트를 올려다보았다. 아파트 각층마다 천장등이 1층에서부터 12층까지 질서 정연하게 켜진 모습이 조금은 괴괴하게 느껴진다. 그 모습을 바라보는 순간 문득 그 흐린 불빛에 숨어 있는 아내라면 내가 쉽게 발견하지 못했을지도 모른다는 생각이 드는 것이다. 그래서 이번에는 다소 침착하게, 그리고 꼼꼼하게 구석구석을 빠트리지 않고 1층부터 훑어서 다시 위로 올라갔다.

그러나 이번에도 그렇게 12층까지 찾아 올라가 보았지만 역시 아내를 찾지는 못했다. 12층에서 이제 더 이상 올라갈 곳이 없는 데까지 오고 보니 막연하였다. 그러나 언뜻 보니 12층 위에도 또 한 층이 더 있는 것이 아닌가. 바로 옥상으로 올라가는 층계가 그곳에 있었다.

나는 혹시나 하고 그 층계를 올라가 보았다. 그 층계 끝에는 또 하나의 문이 있었는데 내 허리 높이에 있는 유리창이 하나는 깨어져 있었고 문은 열쇠로 잠겨 있었다. 유리창은 이미 오래 전부터 깨져 있었던 듯 찬바람이 불어오고 있었다. 나는 살며시 다리를 올려 그 깨진 유리창으로 빠져 넘어가 보았다. 신기하게도 높이가 딱 맞아 가볍게 창을 너머 옥상으로 나갈 수가 있었다.

처음 올라온 옥상에는 커다란 굴뚝같은 환풍기가 여기저기 서 있고 그 환풍기 머리가 바람 방향에 따라서 이리저리 움직이고 있었다. 그 중의 하나가 꼭 아내로 보였다. 나는 깜짝 놀랐다. 아니 그렇게 애타게 찾아 헤매던 아내가 이곳에 있었다니.

"여보…"

나는 미친 듯이 달려가며 소리쳤다. 그러나 가까이 가서 보니 그것은 아내가 아니었다. 그저 소리없이 이리저리 돌고 있는 환풍기일 뿐이었다.

'아니 내 정신이 지금 이상한 게 아닐까. 어떻게 환풍기를 아내로 착각한단 말인가. 침착하자. 정신을 바싹 차리자.'

나는 스스로 내 정신을 가다듬으면서 옥상 위의 왼쪽에서 오른쪽 끝까지 샅샅이, 그리고 침착하게 둘러보았다.

그때 오른쪽 맨 끝에 분명히 한 여자가 서 있는 모습이 보였다. 이번에는 절대 실수를 하지 말아야지 하며 신중하게 보고 또 보아도 틀림없는 여자였고 아내였다. 아내의 하얀 치마가 바람에 펄럭이는 것도 틀림없었다. 나는 그 모습이 아내라는 것이 확인되자 순간적으로 감정이 폭발하여 아내를 목놓아 부르며 달려갔다. 아내도 역시 마찬가지로 순간 나에게 달려온다. 우리는 그렇게 서로 부둥켜안고 펑펑 울었다. 눈물이 수도 없이 쏟아졌고 코끝으로 밀려 내린 안경이 그렇게 거추장스러울 수가 없었다.

"여보, 미안해요. 미안해요. 이렇게 착한 당신을 내가 너무 못되게 굴어서 미안해요."

아내는 아예 엉엉 소리내어 울고 있었다.

그동안 아내는 이곳에서 내가 손전등을 들고 미친 듯이 정원 안팎을 뒤지고 다닌 것을 내려다보고 있었다는 것이다.

이렇게 해서 우리는 일주일을 끌어오던 부부싸움을 극적으로 끝냈다.

이날 이후 최 은희 씨는 다시는 나를 밤늦게까지 붙잡는 일이 없었다. 9시만 넘으면 내 등을 밀어서 어서 빨리 집으로 들어가라고 성화를 하는 것이다.

제 4 장

불모지대의 해결사

약방의 감초

사장님은 좀 독특한 방법으로 사람을 쓰고 있었다. 일반적 조직관리는 관리대로 하면서 요소요소에 사장님이 직접 관리하는 사람을 박아놓는 방법이다. 그래서 이런 사람과는 수시로 사장실로 불러 독대해서 해당업무에 대한 상황파악도 하고 보고도 받으며 또 업무지시도 하는 것이다.

이들 사장측근들은 직위나 직책에 구애받지 않고 평직원부터 과장, 부장, 임원까지 다양하였다. 즉, 한마디로 말한다면 조직과 측근(側近)을 혼합하여 탄력있게 운영하는 방법이었는데 그렇다고 해서 이런 비선(秘線)을 측근이라는 표현을 쓰지도 않았고 그래서 이 회사에 측근조직이 있는지 없는지, 혹은 내가 측근인지 아닌지, 모든 것을 불분명하게 해놓고 활용하는 방법이다.

그러다 보니 측근끼리도 서로를 잘 모르기도 하고, 각 측근들이 비록 사장님과는 커뮤니케이션이 잘 이루어져도 측근끼리는 원활한 의사소통이 전혀 없는 것이 보통이었다.

이러한 방법은 사장님의 독특한 성격에서도 연유된다. 있는 듯 없는 듯 그런 아리송한 그림자 같은 성격이 바로 사장님이다. 그래서 사장님은 어디에 얼굴을 내미는 것을 싫어했고, 교우관계도 극히 제한적이어서 매일 어울리는 몇몇 사람과만 죽기살기로 어울릴 뿐 그 이상의 문은 열지 않았다. 그러다 보니 우리회사에는 다른 회사처럼 번듯한 비서실이 없었다. 그저 전화나 받아주고 차나 끓여 내오는 여직원 하나가 있을 뿐이었다.

언제부턴가는 내가 비서(실장)업무를 겸직하게 되었다. 그것도 정식으로 명령이나 발령을 받은 것이 아니고 일을 하다 보니 그렇게 된 것이다. 나는 사내에서 가장 사장실을 많이 들락거리는 사람이었다. 나중에는 편의상 선전실을 아예 사장실 앞에 붙여서 사무실을 옮길 때마다 이렇게 붙어 다녔고, 내가 비서실장 아닌 비서실장 업무까지 겸직하게 된 것이다.

그렇게 한참의 세월이 지난 다음 이따금씩 사장실을 찾아와 사장님 개인적인 일을 돕는 분이 생겼다. 서진희 씨라고 했는데 사장님이 정확히 나에게 소개를 해준 것도 아니어서 지내다 보니 차츰 얼굴이 익게 되었다. 그러던 어느 날 사장님이 그 사람에게 비서과장이라는 직함을 주고 정식으로 출근하게 했다. 들리는 말에 의하면 신임 서 과장이 사장님의 고향 친구라는 말도 있고 또 후배라는 말도 있던데 이왕 발령을 내려면 나이에 걸맞는 직위를 줄 것이지 왜 하필 과장일까 하고 이상하게 생각했다.

아무튼 나나 서 과장이나 입사 때 이상한 타이틀을 달고 사장님이 직접 데려온 것은 공통점이었다. 그러나 이 일로 해서 농심에는 비로소 정식으로 비서과가 생겼는데 서 과장이 금방 경리담당 이사로 승진하여 자리를 옮기는 바람에 또다시 비서업무는 내 몫으로 돌아와 버리고 말았다.

선전실이 사장실과 붙어있다 보니 사장님은 선전업무가 아닌 다른 일에도 나를 불러들이는 일이 잦았다. 일이 잘 풀려 기분이 좋을 때도 나를 불렀고, 골치 아프고 화가 날 때도 나를 불러 말을 시키거나 의견을 물었다.

따라서 사장님이 참석하는 회의에도 자주 내가 배석하게 되었고 나중에는 생산회의나 영업회의, 지점장회의 등 정례 주요회의에 아예 고정적으로 참석하게 되었다. 심지어 사장님이 일이 있어 참석하지 못할 때는 나 혼자만이라도 꼭 참석하도록 했다.

이처럼 회의에 자주 참석하면서 나는 중요한 것을 하나 발견했다. 생산회의에서는 생산은 다 잘하는데 영업이 잘못해서 문제가 있다는 것이고 또 영업회의에서는 영업은 다 잘하는데 제품이 나빠서 문제가 있다고 모든 것을 남의 탓으로만 돌리는 잘못된 회의관행이었다. 그래서 나는 사장님에게 건의하여 앞으로 회의 때는 절대 타부서 이야기는 못하게 하고 오로지 자기 부서 일로만 회의를 국한하도록 엄명을 내리게 해서 지금까지 엄격히 지켜지는 하나의 전통을 만들어 놓은 것이다.

이처럼 부서에 관계없이 여기저기를 뛰다 보니 가뜩이나 시간이 모자라는 나로서는 더욱 미칠 지경이었다. 그러나 사장님은 이런 나의 고충을 아는지 모르는지 어떤 때는 구매에서 문제가 생겨도 그것마저도 해결하고 오라는 것이다. 그럴 때면 나는 구매부장과는 달리 현장으로 직접 쫓아갔다. 그래서 감자를 급하게 구하기 위하여 강원도를 누비기도 했고 새우조달 때문에 영광 법성포에까지 쫓아가기도 했다.

그러다 보니 언제부턴가 사내의 해결사요, 각 부서의 소방수 노릇까지도 겸직하고 있었다.

선전실장은 죄인입니다.

사장님이 회사를 경영하는 데 가장 신경을 많이 쓰고 또 직접 챙기는 분야가 제품개발과 선전분야였다. 사장님은 스스로가 제품개발실장이나 선전실장이라고 불리는 것을 좋아했다.

사장님 가까이에서 지내면서 신제품 시식회에도 빠지지 않고 참석했는데 솔직히 나는 미각이나 후각에 대해서는 전혀 자신이 없어서 이 부분에 대해서는 사장님에게 도움이 되지 못했다.

다만 공장에서 방금 만들어 나온 제품을 시식해보면 그렇게 맛이 좋을 수가 없었다. 뿐만 아니라 제품제조 공정을 보면 놀랄 정도로 정선된 원료에 최고수준의 위생시설에서 만들어지기 때문에 일반가정에서 만들어지는 음식보다도 훨씬 더 좋은 제품이라는 것이 내 눈으로 직접 확인이 되었다. 그런데도 소비자들이 이를 믿지 못하고, 심지어 라면회사 사장 집에서는 라면을 절대 먹지 않는다는 억울한 소리까지 듣게 하는 것이 오로지 내가 무능하고 광고를 제대로 못해서 생긴 내 탓이라고 생각되었기 때문이다. 그래서 공장에 들를 때마다 나는 사장님이나 공장장에게 항상 미안한 마음이 들어서 얼굴을 들 수가 없었다.

세상에는 없는 것도 있는 듯이 믿게 하는 재주꾼 광고부장도 많다는데 나는 양심적이며 우수한 제품을 가지고도 그것을 제대로 알리지 못하는 것은 물론 엉뚱한 오해까지 제대로 해명치 못하고 있는 선전실장이다 보니 그 죄스러움이 공장에 들를 때마다 고개를 들 수 없게 만드는 것이다.

한남동 파티

사장님 큰따님이 이화여자대학을 졸업하는 날이다. 나는 사장님과 사모님을 모시고 학교로 갔다. 아직 날씨는 쌀쌀해서 학부형들이 운동장 여기저기에 옹기종기 몰려 서 있는데 쥐색 바바리코트를 입은 채 주머니에 손을 쑤셔넣고 서성거리는 사장님의 모습이 너무나 초라하고 추워만 보인다.

축하객이나 딸린 식구도 없이 달랑 우리 셋뿐이다 보니 더더욱 그렇게 느껴졌다. 이럴 줄 알았으면 회사에서 좀 성대하게 준비라도 해올 것을 아무것도 모르고 그저 사장님을 따라 나 혼자만 달랑 따라나온 것이 후회가 되었다. 물론 사장님 자신이 그런 요란한 것을 싫어하는 성품이어서 설사 내가 그런 제안을 했다한들 그것을 승낙하지는 않았겠지만 분위기가 너무 쓸쓸하고 적막하다 보니 마음이 아팠다.

어려워 보이는 가정집에서도 많은 식구들이 몰려와 왁자지껄한 축제 분위기였는데 명색이 재벌회사 사장댁에서 이렇게 달랑 셋이 오들오들 떨고 있으려니 공연히 내가 죄를 짓는 듯한 생각이 들어 괴로웠다.

우리는 꽃다발 하나도 준비한 것이 없었다. 그래서 나는 급히 교문 쪽으로 달려가 그곳에 있는 꽃가게에 들러 꽃다발을 하나 예쁘게 만들어 갖고와 사모님에게 드리며 이따 따님이 나오거든 드리라고 했다.

롯데그룹에서도 아무도 얼굴을 내민 사람이 없었다. 어떻게 이럴 수가 있을까….

지난번 롯데호텔 사건 이후 그룹과 우리 사이에는 이렇다 할 내왕은 없었지만 그래도 이런 가정사 정도는 서로 챙겨주는 것이 도리라고 생각했다.

이래서는 안된다는 생각이 들었다. 사장님 형제분들의 불화가 마치 나의 아픔처럼 느껴져서 어떻게든지 이것을 해결해야겠다는 결심을 했다.

졸업식을 마치고 회사로 돌아와 곧바로 롯데그룹의 회장비서실로 전화를 했다. 그리고 김인환 실장을 찾았다. 김 실장은 오늘이 사장님 따님의 졸업식이 있는 것도 모르고 있었고 관심도 없어보였다.

그래서 우선 그를 먼저 설득했다. 위에서야 서로 생각이 다를 수도 있겠지만 아래서 우리끼리만이라도 서로 가깝게 지내면서 윗분들을 잘 설득해 보자고 했다. 피는 물보다 진하다고 하지 않던가.

때마침 그해(1976년)에 정부에서는 전후 일본경제에 위대한 업적을 남긴 재일교포 실업인 두 분을 대한민국 국민훈장 무궁화대장 수상자로 발표했다. 롯데그룹의 신격호 회장과 바로 전해에 돌아가신 사카모토 방직의 서갑호 회장이었다.

이것을 우리 사장님 형제분들을 화해시키는 기회로 삼으면 좋겠다는 생각이 들었다. 우선 그룹 비서실의 김 실장을 만나 상의했으나 김 실장은 신 회장의 의중을 헤아리지 못하여 여전히 소극적이었다.

작전을 바꾸어서 사장님 형제 중 막내이며 롯데그룹의 부회장으로 있는 신준호 씨를 찾아가서 이런 나의 계획을 말씀드리고 협조를 부탁했다. 이번 국민훈장 수상은 신 회장 개인의 영광이 아니라 신씨 문중의 영광이니 차제에 온 집안이 다 함께 모여서 축하하는 자리를 마련하자는 것이었다. 신 부회장은 즉석에서 무릎을 치며 좋은 생각이라고 화답했다.

장소는 한남동 우리 사장님댁에서 하기로 하고 우리 사장님은 내가 설득할 테니 신 회장과 다른 형제분들은 신 부회장이 책임져 달라고 했다. 모든 것이 일사천리로 진행되어 갔다. 우리 사장님도 나의 이런 계획에 좋아했고, 신 회장도 크게 마음이 내키는 것은 아니었지만 신 부회장의 설득에 마지못해 승낙을 했다고 한다.

사장님 형제분은 모두 10남매였다. 그들 가족들만 모여도 엄청나게 많았으며 각자 수행비서와 측근참모까지를 합하니 실로 어마어마한 대부대였다. 이 많은 사람들이 좁은 한남농에 몰려들면 큰 혼삽이 있을 것 같아서 미리 경찰병력까지 동원하여 만반의 준비를 마쳤다. 그리고 참가범위도 제한하기로 했다. 우선 가족들로는 열 분 형제가 부부동반하는 것으로 하고 회사에서는 비서 한두 명으로 단출하게 압축하기로 했다.

그러나 막상 당일에 모인 인원은 처음 우리가 예상했던 숫자를 훨씬 상회했다. 가족들도 부부 이외에 몇몇씩 더 참석했고 무엇보다도 가까운 친척들이 대거 몰려들었다. 나는 사진촬영팀을 총동원하여 의도적으로 형제분들을 서로 어울리게 연출을 해서 사진을 많이 찍도록 했다.

이렇게 많은 배려를 했음에도 모처럼 만에 형제들이 다 모이다 보니 서로가 여간 어색한 게 아니었다. 그래서 신 회장은 못내 거북한 모습으로 천장만 쳐다보고 있었고 그런 분위기를 풀어보려고 주위의 입담 좋은 친척들이 더욱 야단법석을 떨었으나 신 회장은 그런 법석 때문에 오히려 더 불쾌한 표정을 짓기도 했다.

거기에 비해서 우리 사장님은 매우 기분이 좋아서 마치 고향 언양의 어린 시절로 돌아간 듯 두 분 형님과 누나 그리고 동생들을 부축하며 음식을 권하기도 하고 이런저런 이야기를 나누느라고 정신이 없었다. 우리 사장님이 이렇게 스스로 나서서 요란하게 웃기도 하고 적극적으로 이야기하는 모습을 나는 이날 처음 보았다.

처음 걱정했던 것과는 달리 이날 모임은 그런 대로 무난하게 잘 끝났다. 끝날 무렵에는 막내 신준호 부회장이 따로 나를 찾아와 고맙다며 내 손목을 잡아주기도 했다.

아무튼 그날 이후부터는 롯데그룹과 농심 사이에 막혔던 문이 조금씩 열리기 시작하여 활발하지는 않았지만 회사나 집안에 큰일이 있을 때는 서로 연락이 오고가고 했다. 비로소 농심라면의 '의좋은 형제' 광고의 '진짜효과'의 완성을 보는 순간이었다.

방송국은 나의 안방

여러 방송국 중 특히 TBC 동양방송국과 주로 거래를 했다. 그것은 식품광고 특성상 전파매체에 주력할 수밖에 없는 데다 동양방송의 대부분 프로그램들이 시청률이나 청취율이 높아 아무래도 이쪽 방송을 많이 활용하고 있었기 때문이다.

동양방송은 시스템이 영업 쪽으로 많이 개방되어 있어서 광고주의 의견이나 아이디어가 즉각 반영되기도 하고 또 협조도 잘 되어서 모든 면에서 편하고 큰 도움이 되는 것도 중요한 이유 중의 하나였다. 그래서 방송국에 한번 가면 곳곳에 할 일도 많았고 만나볼 사람도 많았다. 5층의 방송업무국은 말할 것도 없고 CM제작국도 내가 자주 들리는 곳이었다.

언제나처럼 나는 일인다역(一人多役)으로 바쁘고 정신이 없었다. 그래서 CM제작도 미리 전화로 담당PD에게 연락하고 쫓아가면 방송국에서는 이미 모든 준비를 다 마치고 있다가 내가 도착하면 즉시 작업에 들어갈 수 있게 되어 있었다. 심지어 해당 성우도 미리 대기시켜 놓고 있다가 만약 그 성우가 적당치 않다고 생각되면 즉시 교체할 수 있게 예비성우까지도 준비해 놓았다.

이것은 우리가 동양방송의 빅 클라이언트여서 특별대우 해주는 것이 아니라 동양방송의 시스템 자체가 그렇게 전향적으로 운영되고 있었기 때문이었다. 이것이 동양방송이 다른 문화방송이나 동아방송에 비해 가진 장점이었다. 즉 동양방송은 일하는 사람에게는 얼마든지 일에 몰두할 수 있게 여건을 만들어 주는 것이다. 그래서 나는 동양방송에서는 비단 업무국뿐만이 아니라 제작국이나 편성, 심지어 보도국에도 내가 필요하면 마음대로 쫓아다녔고 방송국 또한 그런 나에게 최대한 협조해 주는 것이다.

1970년대 중반부터 삼성그룹에서는 기존의 제일제당과 제일모직 중심의 경영에서 탈피하여 방송사업 쪽에 역점을 두기 시작할 때였다. 그래서 그룹의 총수인 이병철 회장의 집무실도 동양방송국의 매스컴센터에 두고 있었다.

이곳을 자주 출입하는 나는 현관에서 이 회장과 조우(遭遇)하는 경우가 종종 있었는데 그럴 때마다 항상 큰 불편을 겪어야만 했다.

이 회장이 도착하기 수분 전부터 현관 앞에는 마치 비상이라도 걸린 듯 경비들이 총동원되어 부동자세로 서 있었고, 엘리베이터 하나는 문을 열어놓고 어느 누구도 얼씬 못하게 하면서 이 회장을 기다리는 것이다.

그럴 때면 나같이 급하게 용무를 봐야할 사람에게는 이 시간이 그렇게 불편하고 불쾌할 수가 없는 것이다. 엘리베이터 한 대가 움직이지 않고 묶여 있다 보니 가뜩이나 많은 사람들로 붐비는 나머지 엘리베이터가 장사진을 이루게되고, 그렇다고 층계로 올라가자니 시간이 안 맞고, 그래서 어떤 때는 문을 열어놓고 이 회장을 기다리는 엘리베이터로 가서 타자고 우겨보기도 했지만 달려든 경비들에게 밀려나기 일쑤였다.

하루는 급한 일로 헐레벌떡 현관에 들어섰는데 때마침 이 회장을 기다리는지 엘리베이터 한 대가 문을 열고 서 있었고 나머지 엘리베이터에는 많은 사람들이 몰려 장사진을 이루고 있었다. 나는 그 장사진 끝에 서서 잠시 서성거리다가 도저히 시간이 맞지 않을 것 같아서 옆에 있는 빈 엘리베이터 안으로 뛰어들었다. 그리고 그곳에 부동자세로 서있는 엘리베이터 걸에게 독촉했다.

"급히 5층까지만 올라갔다가 옵시다."

그러자 엘리베이터 걸이 깜짝 놀라며 지금 회장님을 기다리고 있으니 빨리 내리라고 등을 떠미는 것이다. 그러자 가까이에 있던 경비까지 달려들어 나를 거의 끌어내다시피 한다.

"글쎄 급해서 그런다니까. 잠깐만 올라갔다 오면 되잖아…"

나도 끌려나가지 않으려고 발버둥을 치며 몸싸움을 했다. 이렇게 서로 밀고당기는 사이에 이 회장이 엘리베이터 앞에 도착한 모양이다. 갑자기 나를 끌어당기던 경비들이 동작을 멈추더니 엉거주춤 어쩔 줄을 몰라한다. 그러는 사이 이 회장은 엘리베이터 안으로 성큼 들어온다.

그래도 내가 엘리베이터 안에서 나가지 않고 버티고 서 있으려니 경비들이 밖에서 손짓으로 어서 나오라고 야단이다. 나는 모른 척하고 엘리베이터 걸에게 어서 올라가자고 독촉을 했다.

"용무가 급해서 그럽니다. 회장님…"

엘리베이터 걸이 어쩌지를 못하고 멈칫거리며 서 있자 마침내 이 회장이 올라가자고 눈짓을 한다. 비로소 엘리베이터 문이 조용하게 닫힌다. 자그마한 체구에 깐깐하게 보이는 이 회장이 꼼짝하지 않은 채 정면을 응시하고 있다가 나에게 한마디 한다.

"어느 부서에 있나?"

나를 아마 사내직원으로 생각했던 모양이다.

"외부사람입니다. 농심의 선전실장입니다."

"아, 그래요."

이 회장이 조금은 의외라는 듯 몸을 돌려 나를 보는 듯하더니 이내 다시 전처럼 앞만 응시한다.

"어디까지 갑니까?"

"5층 업무국입니다."

그러자 이 회장은 5층을 먼저 가자고 엘리베이터 걸에게 지시한다. 그리고 짧게 침묵이 흐르는 사이 내가 다시 입을 열었다.

"회장님께 한 가지 건의해도 괜찮겠습니까?"

등을 보이고 있던 이 회장이 나의 돌발적 제안에 멈칫한다.

"말해보시오."

"방송국이나 신문사는 본래 촌각을 다투는 시간과의 싸움터라고 생각합니다. 이런 곳에서 회장님을 위해서 엘리베이터 한 대가 장시간 멈춰 서 있어야 한다는 것은 문제라고 생각합니다."

이 회장은 몸을 돌려 나를 정면으로 응시한다.

"많은 사람들의 시선도 있고…, 무례했다면 용서해주십시오."

곧 엘리베이터가 5층에서 섰고 문이 열린다.

"고맙소."

나는 그런 이 회장에게 허리를 숙여 인사하고 엘리베이터를 나왔다. 밑져봤자 손해볼 게 없다는 생각으로 평소 마음속에 담아두었던 것을 쏟아놓고 엘리베이터를 나왔던 것인데 그후 이 회장이 내 건의를 받아들였는지 아니었는지는 모르겠으나 아무튼 그날 이후에는 이 회장을 기다린다고 엘리베이터 한 대가 멈춰 서 있는 일은 눈에 띄지 않았다.

프로 세일즈맨

동양방송 영업부의 우리담당 장고명 씨가 처음 보는 사람 하나를 데리고 나를 찾아왔다. 수인사하며 내미는 명함을 받아보니 영업부 차장 최주호로 되어있다. 이번에 새로 영업부로 임명받고 인사차 각 거래처를 방문하는 중이라고 했다. 비록 영업부라고는 해도 삼성의 이미지가 아닌 조금은 험악한 산적(山賊)이 연상되는 그런 인상이었다.

중앙일보 동양방송 공채 1기라는데 그동안 편성 쪽에서 일하다 '뜻한 바가 있어' 영업 쪽으로 왔다는 것이다. 생긴 것만큼이나 생각도 특이한 사람인 것 같다. 다들 영업이 싫어서 다른 부서로 옮겨가는 게 일반적 추세인데 이 사람은 반대로 영업을 자청해 들어오다니 무슨 '뜻한 바가 있어' 그런 것일까…?

첫인사를 나눈 다음부터는 수시로 내 방으로 찾아왔다. 심지어 어떤 때는 담당자 장고명 씨를 대동하지 않고도 왔고, 또 어떤 때는 방송국 안에 있는 타부서 사람들도 여럿 데리고 나를 찾아와 함께 점심을 하자는 것이다. 그리고 하는 이야기란 대개 이런저런 한가한 잡담 정도였지 꼭 업무에 관련된 화급한 일도 아니었다.

나는 업무에 관계되는 일이 아닌 것에는 칼처럼 잘라서 바쁜 시간을 쪼개어 일을 하고 있는 중이었는데도 이상하게 그런 최 차장이 찾아오는 것에 대해서는 거부감이 없었다. 그리고 최 차장이 찾아와 함께 가는 식당이란 항상 멀리 교외에 떨어져 있는 벽제의 보신탕집이었다. 구파발 연신내를 지나 문산으로 가는 길가에 있는 허름한 보신탕집이었는데 이 집이 보신탕을 잘한다는 것을 어떻게 알고 나를 그리고 데리고 간 것이다.

사실 나는 보신탕을 별로 좋아하는 편이 아니었다. 다만 광고영업계 초년생인 처지에, 더구나 나와는 아직 친숙하고 흉허물없는 사이가 아님에도 너무나 당당하게 거의 보신탕집으로 끌다시피 가자고 하는 것이 당돌하면서도 신선하게 느껴졌고, 그런 최 차장을 민망하게 하고 싶지 않아서 못이기는 척 순순히 따라나섰던 것이다.

벽제 보신탕집은 비록 외관은 허름해도 맛은 좋기로 소문난 가게였다. 시내의 많은 보신탕애호가들이 찾아와 조금이라도 늦게 가면 자리를 차지할 수가 없어서 집 앞 논두렁에 상을 놓고 먹었는데, 벼꽃이 필 무렵의 향긋한 벼 냄새가 너무나 좋아서 설사 집안에 자리가 있어도 기를 쓰고 논두렁에 앉아서 먹곤 했다.

최 차장과 자주 만나다 보니 처음 생각과는 달리 최 차장의 성격이 매우 소탈하고 그릇이 컸으며 업무에 대한 판단이 빨랐고 추진력이 강한 사람임을 알 수가 있었다. 최 차장의 여러 장점 중에서 다른 것들은 모두 관심 밖이었지만, 오로지 업무에 대한 판단이 빠르고 추진력이 강한 것만은 마음에 들었다.

그와 일을 함께 하면서 여러 가지 면에서 서로 의기투합되는 부분이 많아서 급속도로 가까워졌고 그래서 최 차장은 나를 모델케이스로 방송영업이란 영업사원의 하기 나름이라며 자신의 영업성공담으로 삼았다. 그런 최 차장에게서 나중에 의외의 고백을 듣고 나는 배꼽을 잡았다.

최 차장이 처음 영업부로 발령을 받고 나름대로 여러 가지를 생각해 보았다고 한다. 무엇보다도 이제까지의 오랜 PD생활을 통해서 몸에 밴 교만한 자세를 털어 버리는 것과 편집기자 못지 않게 까다로운 영업직원들을 어떻게 다룰 것인가가 당면한 문제점이었단다.

영업을 모르는 자기가 어느 날 갑자기 영업차장으로 내려오니 많은 기존의 관록파 영업직원들의 눈에 보이지 않는 반발이 있었던 모양이다. 그래서 이들에게 자기의 진면목을 보일 필요가 있다고 생각하여 하나의 묘안을 짜냈다는 것이다.

영업국의 가장 어려운 문제를 골라 손수 깨끗하게 처리하므로 전체 영업국에 충격을 주자는 전략을 세운 것이다. 그래서 부임 일성으로 전 거래처 중에서 가장 골치 아프고 다루기 힘든 거래처를 내놓으라고 했다는데 이때 이구동성으로 태평양화학의 주 이사와 농심의 김 실장을 이야기하더란다.

그래서 나름대로 두 사람에 대해서 자료를 수집하여 전략을 수립하였다는데 그때 나에 대한 조사에서 내가 보신탕을 좋아한다고 해서 최 차장 스스로가 자기는 보신탕을 전혀 먹어보지도 않았는데도 마치 보신탕광인 것처럼 기자들을 통해서 미리 알아둔 벽제집으로 나를 당당하게 데려갔던 것이었다. 그 말을 듣고 나는 한참을 웃었다. 실은 나도 보신탕을 제대로 먹어본 것은 이번 최 차장과 만나서가 처음이었기 때문이다.

가끔씩 여름철 복날에는 우리회사 영업부직원들이 판촉차원에서 대리점사장들을 계곡으로 초대하여 그곳에서 개를 직접 잡아 대리점사장들에게 대접하는 경우가 종종 있었다. 이런 자리에는 당연히 나도 같이 참석하여 대리점사장들과 어울려 격려를 하게 되는데, 이럴 때 내가 보신탕 못 먹는다고 뒤로 빠져 분위기를 깰 수가 없어서 내색하지 않고 먹는 척을 했던 정도가 나의 보신탕 경력의 전부였다.

그런 나를 보신탕 아니면 죽고 못사는 사람으로 최 차장에게 보고했다니

방송국 정보도 어지간히 엉터리였고, 그런 엉터리 보고에 의해서 나를 보신탕집으로 불러 함께 보신탕 광 행세를 한 것에 배꼽을 잡지 않을 수가 없었다. 하기야 담당자 장고명 씨와는 그동안 단 한번도 점심을 같이한 적이 없었으니 그런 이상한 보고를 할 수밖에….

방송영업에서 가장 힘든 것이 특집판매다. 인기가 좋은 드라마나 오락프로는 없어서 못 파는 상황이니 이런 프로에는 오히려 안 팔리는 변두리 프로 몇 개씩을 끼워 파는 것이 관행으로 되어있다. 하지만 갑자기 튀어나오는 특집은 그렇게 용이한 게 아니었다. 그래서 유능한 영업사원의 평가는 이 특집판매에 달렸다해도 과언이 아니었다.

그런데 이 분야에서 가장 두각을 나타내는 사람이 바로 광고 초년생인 최 차장이었다. 최 차장이 영업회의를 주도하는 것을 보면 보통 험악한 게 아니다. 나는 방송국을 자주 드나들다 보니 어쩌다 이런 광경을 목격할 때도 있었는데 이건 방송국 수준이 아니었다. 보고 있는 내가 오히려 민망해서 자리를 피할 정도였는데, 최 차장은 부하직원들을 완전히 쥐잡듯 몰아세워 실적이 모자란 직원은 아예 숨도 제대로 못 쉬게 만들어놓고 있었다.

이렇게 영업부를 무섭게 밀고 나가려면 우선 본인 스스로가 힘과 능력이 있음을 보여 주어야하는데 여기에 단골로 등장하는 것이 다름 아닌 이제까지 방송국에서 머리를 절레절레 흔들던 태평양과 농심이었다.

특집영업이란 어려운 만큼 마감 때 제대로 채워지지 않는 것이 보통이었다. 이럴 경우 최 차장은 당장 영업부 직원들을 모아놓고 예의 그 험악한 회의를 주재하는 것이다. 그리고 그 말미에 꼭 하는 호언장담이 있다.

"이런 것 하나 제대로 팔지도 못하는 놈들이 무슨 방송영업을 한다고 폼

잡고 다녀. 전화 이리 내. 내가 당장 메워 놓을 테니…."
하면서 책상 위의 전화기를 거칠게 끌어와 드르륵 번호를 돌리는 것이다.

"김 실장이야? 난데, 이번 세계타이틀매치에 농심이 제공해 주어야겠어. 자세한 것은 나중에 만나서 설명할 테니 그리 알고, 지금 당장 소재 보내. 사람 보낼 테니까."

그리고는 일방적으로 전화를 끊어버린다. 마치 자기 집 벽장 속에서 곶감이라도 꺼내먹듯 그렇게 당당하고도 간단하게 부하들 앞에서 호통을 쳐서 오금에 못을 박아놓는다. 그럼 나는 두말하지 않고 얼굴이 하얗게 질려서 달려온 담당자에게 광고소재를 내주어 그의 체면을 최대한 살려준다.

방송국과의 거래는 방송국 속내를 조금만 알면 절대 손해보는 거래는 없다. 아니 손해를 보는 게 아니라 몇 배의 이문을 챙기는 것은 결코 어렵지 않다는 말이다. 이렇게 최 차장의 체면을 최대한 살려주면 다음날 당장 최 차장이 내 방으로 찾아온다. 그러면서 껄껄 웃는다.

"김 실장, 어제는 고마웠어."

"그래 비어있는 것은 다 채웠고?"

"내가 누군데 그 좋은 프로를 비워서 내보내겠어. 농심, 이번에 땡 딴 거야"

나는 이런 재치와 순발력이 있는 그가 좋았고 자기 일에 한없이 미쳐있는 열정적인 그가 마음에 들었다. 이것이 최 차장과 나와의 공통점이기도 했다. 이처럼 나를 자기 부하직원들 앞에서 실컷 활용한 만큼 그 후 그 몇 배의 혜택을 돌려주는 것은 두말할 나위도 없다.

방송국과 광고주 사이에 항상 이런 좋은 일만 있는 것은 아니다. 매년 4

월만 되면 각 방송국에서는 봄편성을 하고 덩달아 업무국에서는 광고료 인상을 단행하는 것이었다. 그런데 이런 일에 가장 앞장서는 방송이 유독 TBC 동양방송이었다. 나머지 문화방송이나 동아방송은 그런 동양방송을 그대로 따라오므로 결국은 동양방송의 광고료 인상이 전체 방송단가 인상의 기준이 되고 말았다.

그런데 그 인상률이라는 것이 매년 60%라는 엄청난 것이어서 우리 같은 광고주로서는 매년 이맘때만 되면 이 광고료 인상협상 때문에 뺏골이 빠져 남아나지 못했다. 광고주 측에서는 나름대로 협상단을 만들어 방송국 측과 갖가지 방법으로 협상을 해보지만 너무나도 교묘한 방송국 측, 아니 동양방송의 협상력에 밀려 판판이 광고주들이 농락 당하고 만다.

구매자가 판매자에게 이렇게 번번이 당하기만 하다니…. 그래서 어느 해는 우리 식품공업협회가 중심이 되어 거금의 공탁을 걸고 모든 방송을 보이콧하기까지 하면서 배수진을 쳐보기도 했으나 이 역시도 동양방송의 벽을 넘지 못하고 좌절하기가 일쑤였다.

아무튼 이런 일련의 일들로 최 차장은 방송국내에서도 크게 인정을 받아 곧 부장으로 승진하는 행운도 함께 누리게 되었다.

이처럼 나는 때로는 우리회사를 위해서 그리고 또 때로는 우리 식품업계나 광고계를 위해 동양방송과 밀고 당기는 과정에서 얼굴 붉히는 일도 많았고 싸우는 일도 잦았지만 그러는 사이 고운 정 미운 정도 많이 들었고 최 부장 같은 좋은 친구도 많이 사귀게 되었다.

주인의식

나는 언제나 농심은 내 회사라고 생각하고 일했다. 내 회사라고 생각하니 아무리 작은 일이라도 소홀할 수가 없었으며 모든 것을 따지고 챙기는 버릇이 생겼다. 항상 밖에서 수고하고 땀흘리는 우리 영업부 직원들의 노고를 생각하면 한푼 한푼을 결코 소홀히 할 수가 없었다.

사장님은 무슨 이유로 나를 영업회의에 모두 참석하게 했는지는 몰라도 그런 회의를 통해서 일선영업의 고충을 이해한 다음부터는 관리부서의 막중한 책임을 더욱 피부로 느끼는 계기가 되었다. 그러다 보니 거래처에는 항상 얼음처럼 냉정했으며 청탁에는 칼같이 잘라 처리할 수밖에 없었다. 그래서 회사 안에서든 밖에서든 어느 누구도 나에게 청탁하는 일은 없었다.

또한 모든 비용지출이나 광고비도 철저하게 절약하고 삭감하여 모든 것을 제값 주는 법이 없었다. 각종 광고물 제작비는 말할 것도 없고 신문, 잡지, 방송도 마찬가지였다. 특히 지출비중이 가장 큰 방송광고비는 내가 특히 더 눈을 부릅뜨고 칼질을 했기 때문에 방송국에서는 내가 아주 골치 아픈 존재이기도 했다.

그러나 내가 광고계에 몇 안 되는 실권부서장이다 보니 방송국에서도 나를 어쩌지를 못하고 오히려 내 쪽으로 협조를 많이 해주는 편이어서 보다 많은 혜택을 방송국으로부터 뽑아낼 수가 있었다. 한번은 한달 집행하는 광고비를 타사(他社) 기준으로 비교합산을 해본 적이 있었다. 그렇게 집계를 내놓고 보니 광고비 1억 원 집행에 무려 2천만 원이나 차이가 나는 것을 발견하고 깜짝 놀랐다. 한마디로 말한다면 내가 광고비를 집행하면서 다른 사람처럼 매체사와 싸우지 않고 원만하게 처리했다면 매달 2천만 원 정도를 더 지불해야 지금 수준의 광고량을 유지할 수가 있다는 말이다.

1년이면 2억 4천만 원. 실로 엄청난 금액이었다.

나는 이것을 사장님에게 있는 그대로 보고를 하기로 했다. 그것은 사장님의 칭찬을 받기 위해서가 아니라 일한 것만큼 사장님의 정당한 평가와 신뢰를 받아둘 필요가 있어서였다.

신뢰란 하루아침에 이루어지는 것이 아니다. 물론 지금도 사장님의 절대적 신뢰가 없는 것은 아니나 신뢰란 쌓이면 쌓일수록 유리한 것이므로 이런 호재가 있을 때마다 그것을 적절히 활용한다는 것이 평소 나의 소신이었다. 지금 이만큼이라도 매체 측의 협조를 받아 회사에 엄청난 절감효과를 돌려줄 수 있는 것도 따지고 보면 사장님의 신뢰를 바탕으로 내가 전결권을 갖고 있었기 때문이 아닌가.

그동안에도 기회가 있을 때마다 사장님에게 나를 알리는 일을 결코 소홀히 한 적이 없었다. CF를 만들어 방송했을 때 객관적인 광고호감도 조사표도 보여드렸고, 그런 CF를 내가 얼마나 저렴하게 제작하고 있으며 외부에서 우리에 대한 평가가 어떻다는 것도 그때그때 사장님에게 가감없이 알려 신뢰를 쌓아왔던 것이다.

게다가 이번 광고비 절감액은 너무나 그 액수가 크고 엄청난 것이어서 이것은 따로 보고서를 작성하여 보고키로 했다. 그래서 집계표를 만들고 그 하나 하나의 방송신탁서 사본을 모두 유첨시켰다.

즉, 한 프로그램을 우리회사와 타회사가 공동제공하면 우리 신탁서와 타사 신탁서를 동시에 비교해 볼 수 있게 작성하는 방법이다. 물론 이 경우 타사 신탁서를 확보하는 것이 결코 쉬운 일이 아니었으나 나는 각 방송국 업무국장들을 잘 설득하여 이것을 겨우 확보할 수가 있었다.

각 방송국마다 신탁서 공개는 절대 불가능한 대외비 사항이었다. 그러나 나는 이 신탁서 사본의 용도가 오로지 우리회사 사장님 한 분에게 보여드리는 것으로 국한시켰고 또 그 이유도 사장님의 신뢰를 확보하여 보다 더 방송국 측과 돈독한 유대관계를 유지하기 위한 것이라는 것을 이해시켰기 때문에 이처럼 불가능하다고 생각되었던 일도 마침내 해낼 수가 있었다.

이 특별 보고서를 만들어 사장실에 갖고 들어갔다. 사장님도 처음에는 쉽게 믿어지지 않는 표정이었다. 그러나 뒤에 유첨된 각 사의 신탁서를 하나하나 확인해보고는 놀란 얼굴을 감추지 못한다.

"사장님, 선전실장이 물론 광고비를 절약하는 것만이 능사는 아니겠지만, 그래도 광고비 집행에만도 매월 2천만 원 정도를 절약하고 있습니다. 그러니 사장님은 저 하나를 공짜로 쓰는 것은 물론이려니와 오히려 저를 씀으로 해서 매월 엄청나게 광고비를 벌어들이는 결과도 되는 셈이네요."

하고 넌지시 가슴을 펴보이며 자랑스럽게 웃었다.

이럴 때 나를 자랑하지 않고 언제 자랑한단 말인가. 그래 실컷 뽐내보자. 그리고 튕겨도 보자.

그러자 이제껏 놀라움을 감추지 못하던 사장님은 이내 표정을 바꾸며 짐짓 별거 아니라는 듯한 태도로 돌린다.

"그건 니가 잘한 게 아이고 니가 정상인기라. 그리고 제값을 다 주는 놈들이 도둑놈들이제…."

그러면서 사장님은 나를 따라 허허 하고 웃었는데 기분이 몹시 좋은 그런 표정이었다.

나는 품의서를 사장님의 책상 위에 올려놓고 자리에서 일어났다.

"왜 결재가 필요하나? 갖고 가지…"

"아닙니다. 여기 놓아두겠습니다. 나중에 필요하시다면 감사실에라도 넘겨주시지요."

나는 자신만만하게 웃었다.

흔히 선전실장쯤 되면 부수입이 적지 않은 것으로 오해하는 경우가 있다. 특히 나처럼 많은 광고비를 쓰면서 그것도 거의 전부를 내 전결(專決)로 처리할 수 있는 막강한 권한이 있는 광고책임자라면 더더구나 그런 생각을 많이 한다. 또한 그런 유혹이 많은 것도 사실이고….

그러나 나는 이것만은 분명히 하고 있었다. 권한이 많은 만큼 모든 거래는 철두철미 투명하고 깨끗하게 한다는 것을.

이런 원칙하에서 엄격하게 일하다 보니 나는 항상 어딜 가나 당당하고 꿀릴 게 없어서 좋았다. 그 대신에 생활비가 좀 모자라거나 급한 용처가 있을 때는 사장님에게 직접 이야기해서 받아썼다.

"아직 젊은 놈이 웬 생활비가 그리 많이 들어가노?"

"광고를 잘하려면 제가 최소한 가사일 때문에 신경을 빼앗기는 일은 없어야 할 줄 압니다. 제가 가사에 신경을 안 쓰면 안 쓴 것만큼 회사로 봐서는 이익이 아닙니까? 싫으면 투자하지 마십시오."

그러면 사장님도 웃고 나도 웃는다.

물론 이런 일이 자주 있는 것은 아니었다. 아무리 사장님과 가깝다한들 이런 식으로 사장님에게 손을 내미는 것은 몹시 자존심이 상하고 또 괴로운 일이었다. 그러나 어쩔 수 없을 때는 이런 비상수단을 쓸 수밖에 없었는데 그럴 때는 심각하게 얼굴을 찡그리기보다는 이처럼 마음을 풀어 사장님이

나 나나 서로 웃는 낯을 만들도록 노력했다.

광고비 2천만 원 절감 보고를 한 다음부터는 하나의 큰 변화가 생겼다. 내가 사장님에게 손을 내밀기 보다 사장님이 먼저 나를 불러 용돈을 주는 경우가 잦아졌다. 그리고 그 규모도 많이 커졌고 주는 방법도 재미있었다.

내가 조금이라도 시무룩해하거나 어딘가 고민이 있어 보이면 사장실로 부른다. 그리고는 이것저것을 물어보고는 돈 때문에 내가 고민하고 있다고 생각되면 나보고 자리에서 일어나 내 집이 있는 여의도를 향해 서라고 한다. 내가 자리에서 일어나 여의도를 바라보고 서있으면 준비한 봉투를 서랍에서 꺼내 내 주머니에 살짝 넣어준다.

"이건 니께 아이다. 집에 갖다 준나."

그래서 이것을 집에 가져와 사장님이 약속한 대로 아내에게 그 봉투를 건네주며 사장님의 당부를 잊지 않는다.

"당신, 내 앞에서 바가지 긁지 말라고 사장님이 특별히 주시는 것이니 앞으로는 절대 나를 화나게 해서 회사업무에 지장을 초래하지 말 것."

우리회사의 한 달 광고비 집행규모는 항상 국내 10위에서 15위 사이를 오가고 있었다. 그래서 매월 월말에 한 달치의 광고비를 결산할 때는 그 서류만도 아주 두꺼운 책 한 권만큼이나 많은 분량이었다.

나는 그 서류의 겉표지의 기안지에만 사장 결재란을 놓아두고 안에 있는 한 장 한 장의 사안에 있는 사장 결재란은 모두 전결로 처리해서 사장실에 올렸다. 그러면 거의 대부분은 그 겉표지의 총액과 제품별, 매체별 광고비만 보고 결재하지만 어떤 때는 뒤에 붙어있는 세부항목별 서류를 뒤적이며 검토하려고 할 때가 있다. 그럴 때는 내가 손으로 그 서류를 덥석 덮어 막아버리는 것이다.

"사장님, 저는 광고전문가입니다. 그리고 IQ도 나쁘지 않구요. 제가 만약 사장님을 속이겠다고 마음만 먹는다면 사장님이 이 서류를 하루종일 들여다보아도 알아낼 수 없을 만큼 완벽하게 서류를 조작할 수 있습니다. 그러나 제가 사장님을 속일 수 없는 것이 꼭 한 가지가 있습니다. 바로 저의 양심이지요. 사장님은 제가 꾸민 서류 속에서 저의 비위를 찾아 낼 수는 없지만 저의 눈동자 속에서 저의 거짓은 정확하게 집어낼 수 있는 놀라운 능력을 갖고 계십니다. 그러니 이 광고비를 결재하실 때는 이 서류를 보고 결재하지 마시고 제 눈동자를 보며 결재하시면 정확하십니다. 그리고 나머지 시간에는 사장님이 좋아하시는 골프 치시며 건강을 지키세요. 그것이 우리회사를 위해서나 또 사장님을 위해서도 좋은 일입니다."

그러면 사장님은 매우 흡족한 표정으로 웃으며 광고비 총액란에 가볍게 결재하고 자리에서 일어나는 것이다.

이런 식으로 사장님을 등에 업고 종횡무진(縱橫無盡)으로 뛰어다니다 보니 업무에서는 눈에 띄게 하루하루 비약을 하고 생동감이 넘쳤으나 내자신의 대인관계나 융화에는 많은 문제가 있었다.

때로는 튀는 나를 스스로 절제하며 융화쪽에 신경을 써보기도 했으나 그럴수록 적지 않은 시간을 소모해야 하고 공연히 불필요하게 많은 정력을 낭비해야 하는 것이 안타까웠다. 일을 위해서는 어쩔 수 없이 융화쪽 하나는 희생하기로 결심했다.

이 회사의 주인이 사장님이고 그 주인이 나를 인정하고 밀어주는 한, 다소의 무리는 따르겠지만 이 방법만이 내가 작은 시간까지도 쪼개서 회사를 일으키는 데 가장 바람직한 방법이라고 생각되었기 때문이다.

여의도 40평형 아파트

아이들이 커가면서 각자 자기 방과 공간이 필요하게 되자 아내는 아파트를 40평으로 옮기자고 했다. 그러나 나로서는 당치 않는 말이었다. 큰 회사의 사장이라면 모를까 어떻게 우리 형편에 여의도 40평, 그 큰 아파트로 옮긴단 말인가.

그러나 아내는 그동안 사장님이 이따금씩 건네주는 큰돈을 당연한 것으로 받아들여 그것을 나의 정상적 수입으로 기정사실화하고 있었다. 그래서 그 정도의 수입이라면 40평형에서 조금은 여유있게 아이들을 키워도 되겠다고 생각한 모양이다.

아내가 그렇게 생각하는데 내가 그 돈은 내 돈이 아니라고 강변할 수도 없었다. 그것은 어디까지나 사장님이 기분 내켰을 때 주는 특별금이었므로 거기에 맞춰 생활계획을 세웠다가는 나중에 어떤 낭패를 볼지도 모른다는 생각에 나는 극구 반대했으나 아내의 고집은 꺾을 수가 없었다.

이처럼 아내와 아파트 이사문제로 말다툼이 잦아지자 하루하루가 피곤하고 짜증이 났다. 이런 짜증이 매일 쌓이다 보니 그럼 일을 한 번 벌여 볼까 하는 막다른 생각까지 들었다.

'아내가 그토록 원하는 일이라면 내가 못할 것도 없지 않을까…?'

사람의 생각이란 참 이상한 것이다. 아내가 맨 처음 40평으로 이사가자고 했을 때는 40평이 마치 어마어마한 거대한 성(城)쯤으로만 보였는데 이처럼 거의 매일 아내와 입씨름을 하다 보니 나중에는 40평이 별건가 하는 생각에 빠지게 되고, 그런 상태가 또 조금 더 지나다 보니 이제는 슬며시 객기(客氣)

마저 생기는 것이다.

그래서 언제나처럼 내가 궁지에 몰릴 때마다 단골메뉴로 써먹는 궁즉통(窮卽通), 나 스스로를 벼랑 끝에 올려놓는 방법을 써본다면 40평도 가능해지지 않을까 하는 생각이 들었다.

그래서 꼼꼼히 자금계획을 세워보았다. 당시에 나는 하루하루는 부족하지 않게 살고 있었지만 그렇다고 특별히 저축해 놓은 것은 없었다. 그래서 만약 40평으로 이사하려면 별도의 엄청난 자금이 필요하다는 계산이 나와 겁이 났다. 내가 이렇게 계산까지 해보자 아내는 이사가는 것을 기정사실화하고 더욱 마음이 들떠있는 것 같다. 그런 아내를 보니 또다시 마음은 흔들린다.

'저렇게 좋아하는 아내의 소원 하나 못 들어주는 무능한 나였단 말인가.'

그래 일을 한 번 벌여보자. 일을 저질러 놓으면 또 뭔가 방법이 나오겠지…. 나는 막연한 기대감이 생기기도 한다. 평소에도 나를 그렇게 도와주시는 사장님이니 내가 집을 옮기겠다고 하면 부족한 것 정도는 채워 주지 않을까 하는 당돌한 생각도 들었다.

당시 1978년 40평 아파트 값이 4천 3백만 원이었는데 우리가 지금 살고 있는 20평 아파트는 2천만 원이 살짝 넘어서 새 아파트로 옮기자면 아무래도 생돈 2천 3백만 원 정도가 더 있어야 했다. 이보다 더한 일도 회사에서 매일 처리하는 내가 이만한 일 하나 내가 처리 못할까 하는 오기로 덜컥 결론을 내고 말았다.

"여보, 내일 당신이 봐두었다는 그 집에 한 번 가봅시다."

이 말에 아내는 너무 놀라 긴가민가 하는 표정으로 한참 동안을 내 얼굴을 바라본다.

"왜 실감이 안나? 내일 가보자고."

다음날 아내를 앞세우고 새로 매물로 나왔다는 12동에 가보았다. 너무나 깨끗하고 아름다워서 마음에 꼭 드는 집이었다. 이제까지 나는 12층 맨 끝에 살면서 불편하고 불안한 것이 아이들이 엘리베이터를 타고 오르내리는 것이었다. 그래서 항상 층계를 걸어서 다닐 수 있는 층을 원하고 있었는데, 그렇다고 1층은 너무 지상에서 가까워서 좀 그랬고, 2층 정도가 가장 바람직하다고 생각하고 있었는데 놀랍게도 새로 매물로 나온 아파트가 바로 2층이었으니 모든 조건이 그동안 내가 꿈꾸었던 것과 꼭 맞아떨어지는 그런 예쁜 집이었다.

2층에서 보이는 아파트 넓은 정원이 모두 내 집 마당처럼 시원하게 보였고, 무엇보다도 응접실이 운동장만큼이나 넓어서 마음에 쏙 들었다. 세상에 이렇게 넓은 응접실도 있나? 어지간한 작은 집 한 채가 들어갈 수 있을 그런 널찍한 응접실이었다.

일단 뒷일은 뒤에 가서 생각하기로 하고 계약을 했다. 하지만 무턱대고 계약을 해놓고 보니 그 다음부터는 하루하루가 그야말로 피를 말리는 시간의 연속이었다. 사장님이 아무리 내 뒤를 밀어준다고는 해도 내가 그런 사장님을 너무 믿고 엉뚱한 일을 저질렀구나 하는 두려움과 초조감이 못 견디게 했다. 중도금은 지금 살고 있는 아파트 판돈을 끌어당겨 가까스로 맞췄는데 잔금 2천만 원이 문제였다.

날짜가 하루하루 다가오자 이제는 사장님에게 기대는 것 이외에는 아무런 다른 방법이 없었다. 내일은 꼭 사장님에게 이야기해야지, 해야지 하면서도 출근만 하면 용기가 사라져 또 그냥 하루를 허송하기를 반복하다 보니 그만 잔금 치르는 날이 내일로 다가오고 말았다. 이제는 막다른 골목이다. 이제 더 이상 달리 길은 없었다.

아침 출근해서부터 다른 일이 손에 잡히지가 않았다. 몹시 긴장이 되어 펜을 쥔 손가락이 가늘게 떨리고 있다. 사장실에 들어가야지 하면서도 두렵게만 느껴져 이런저런 이유로 자꾸자꾸 시간을 미루다 보니 12시가 가까워 온다.

아차, 이러다 사장님이 공장으로 떠나버리거나 다른 약속 때문에 사무실을 나가버린다면 모든 것은 끝장이다. 그래서 사장실에 아무도 없는 시간을 기다렸다가 무턱대고 자리에서 벌떡 일어나 눈 딱 감고 사장실로 들어갔다.

"웬일이고? 뭐 결재할 게 있나?"

“네, 결재가 아니고….”

어떻게 앉았는지도 모르게 사장님 앞 소파에 앉았다. 그리고 두서없이 이런저런 말을 해보지만 눈앞은 점점 더 캄캄하기만 한다. 생각하면 생각할수록 지금 너무나도 엄청난 일을 저지르고 있는 것이어서 겁이 버럭 났다. 그래서 자신이 없어지고 가슴이 떨려 자리에서 일어나 도망만 치고 싶었다.

‘이러면 안 되는데…’

그래서 더 생각할 필요 없이 무조건 입을 열어 말을 터트리기로 했다. 그동안 머리 속에 이리저리 구상했던 모든 작전들은 다 헝클어져서 사라지고 오직 새까만 절망감 이외에는 아무것도 남아 있는 것이 없었다.

“사장님, 실은 제가 이번에 새로 이사하기로 했습니다.”

“이사? 그래서…?”

“내일이 잔금 날인데 돈이 좀 부족해서요.”

이제껏 사장님 앞에서 나는 항상 당당하고 그래서 얼굴을 꼿꼿이 들기만 했었는데 오늘은 정말 쥐구멍이라도 있으면 들어가고 싶었다. 사장님은 동그래진 눈으로 한참을 나를 바라본다. 스스로 생각해 봐도 너무나 뻔뻔하고 어처구니없는, 말도 안 되는 부탁을 하고 있다는 생각을 하니 나 자신이 너무 밉고 화가 났다.

"그래, 얼마가 모자라는데?"

"…2천만 원입니다."

"뭐라, 2천만 원? 무슨 집인데 2천만 원씩 잔금이 모자라나?"

이제 쏟아진 물이라고 생각하니 마음은 오히려 후련해진다. 그래서 자초지종을 자세하게 말씀드렸다. 그러자 사장님은 양미간을 약간 찡그리며 나를 바라본다.

"니가 지금 그리 큰 아파트가 뭐가 필요하노…?"

그 말에 나는 순간 할 말이 막혀 잠시 멈칫하다가 여기서 밀리면 안 되겠다 싶어 평소에 내가 구상하던 계획을 말씀드렸다.

"네, 사장님에게 시도 때도 없이 분에 넘치는 용돈을 받아쓰는 것이 죄스럽고 부담스럽기도 하고…. 그래서 집사람이 화랑을 해서 자립해 보겠다고 하는데 아이들이 있어서 가게를 따로 낼 수도 없고…. 그래서 응접실이 좀 넓은 아파트를 구하고 있었는데 마침 그런 아파트가 나와서 결정하고 중도금까지 이미 치른 것입니다."

설명은 장황하게 했으나 그러나 사장님은 그런 나의 장광설에는 별 관심이 없어 보였다.

"돈이란 쓰기 나름이제. 남들은 그만한 돈으로 저축도 하면서 살더구만…."

사장님은 입맛을 다신다. 그리고 또 잠시동안 침묵이 흐른다.

나는 너무나도 자존심이 상해서 울고 싶었고, 자리를 박차고 일어나고만 싶었다. 그러나 여기서 섣불리 자존심을 생각했다가는 모든 것이 수포로 돌아가고 만다. 그래서 모든 감정을 다 꾹꾹 누르고 사장님의 선처만을 기다리기로 했다. 그렇게 한참의 침묵이 지나더니 마침내 사장님이 고개를 들어 나를 바라본다.

"그래. 잔금 날싸가 언세라…?"

나는 정신이 번쩍 들었다.

"…네, 내일입니다."

"그래 알았다. 내일 내가 준비해 주꾸마."

사장실을 나오는데 등에서 식은땀이 흘러내리고 눈에서는 속절없이 눈물이 쏟아지고 있었다. 그러면서 다음부터는 절대 이런 짓은 하지 않겠다고 결심했다. 아울러 이 돈은 사장님에게 빌린 것으로 생각하고 훗날 꼭 갚겠다고 마음속으로 다짐했다.

운보 〈맹호도〉

여름이 지나고 가을문턱을 올라서게 되면 서서히 다음 해의 캘린더 제작에 대해서 구상을 하기 시작한다. 그동안 우리가 '롯데'라는 상호를 쓸 때는 캘린더 소재를 알프스나 록키 등 주로 서구의 아름다운 풍경을 많이 사용하였으나 '농심'으로 바뀐 다음부터는 한국적 소재에 역점을 두고 있었다.

다음 해에도 이런 틀 안에서 좋은 소재를 찾기 위해 이런저런 생각을 하고 있는데, 마침 운보 김기창(雲甫 金基昶) 화백과 그의 부인(雨鄕 朴崍賢)의 애틋한 러브스토리가 각 매스컴에 화제로 떠오르고 있었다.

어려서 농아(聾啞)가 되어 듣지도 말하지도 못하게 된 천재화가 운보가 양가집 규수 우향을 만나 그녀의 헌신적인 자기희생 속에 대가로 성공하고, 우향 자신은 젊은 나이에 요절하는 사랑과 희생의 아름다운 이야기였다.

나는 이 이야기를 캘린더에 담고 싶었다. 캘린더라 해서 단순히 예쁜 풍경이나 인물을 내세운 장식용이기보다는 나름대로 그 안에 이런 아름다운 사랑 이야기가 가미된 캘린더라면 또 다른 의미가 있을 것 같아서였다. 특히 운보 선생의 소탈한 성격이나 그의 꾸밈없는 소박한 화풍(畵風)이 우리기업 이미지와 잘 어울릴 것 같아서 제격이었다.

운보 선생의 화집을 뒤져 스토리보드를 만들고 이것을 12달 각 계절에 맞추어 편집을 마친 다음 사장실에 들어가 바로 결재를 받았다. 그리고는 평소에 잘 알고 지내는 중앙일보의 이규일 기자를 찾아갔다. 이 기자는 나이도 지긋한 데다가 한학을 통달하여 고미술과 서예 쪽에 조예가 깊은 우리나라 몇 안 되는 미술담당 대기자였다.

이 기자는 또한 운보 선생과는 매우 가깝게 지내는 사이로 운보의 절대적인 후견인 역할도 겸하고 있었다. 그래서 중요한 일로 운보 선생을 만날 때는 꼭 이 기자가 합석해서 이 기자의 동의를 얻어야 그 일이 가능해진다는 말도 있었다.

"이 기자, 내년에는 모처럼 운보 선생의 그림으로 우리 캘린더를 만들어볼 생각인데…."

"이거 듣던 중 반가운 소리네…. 그러잖아도 요즘 운보가 청주로 낙향한다고 이것저것 재정이 쪼여서 고전 중이었는데 이렇게 재벌회사에서 희사를 하시겠다니."

"아냐, 우리가 그림을 매입할 수는 없고 필요한 만큼 촬영하고 사용료만 낼게."

"그런 조건이라면 운보가 응하지 않을걸."

"선생이 응하지 않는 게 아니라 이 기자가 응하지 않는단 말이겠지."

"김 실장, 재벌께서 왜 이렇게 인색하게 굴어. 이런 때 좀 팍팍 써봐. 그래야 배고픈 예술가들도 밥 좀 먹고 살지…"

"왜 운보 선생이 지금 밥 굶어서 그러는 거야?"

나는 안 된다는 이 기자를 억지로 내 차에 태워 성북동 운보 화실로 향했다. 울창한 숲 속에 묻혀있는 운보의 저택 안에는 우향 미술관과 화실이 함께 있었고 정원에는 갖가지 괴석과 노송들이 조화를 이루고 있었다.

우리가 정원을 가로질러 커다란 화실의 문을 열고 들어서니 화실 안은 엄청나게 넓고 천장이 높아서 마치 시골학교의 강당처럼 보였다. 운보 선생은 그 한쪽에서 빗자루 같은 대걸레를 들고 뭔가 쓰레질을 하고 있었다. 아마도 작업을 마치고 뒷정리를 하고 있는 모양이었다.

화실 안에는 그동안 여러 화집이나 매스컴 등을 통해서 보았던 눈익은 그림들이 놓여 있었고 부인 우향의 그림도 그 한쪽으로 잘 정돈되어 있다.

나는 사방을 두리번거리며 발소리를 죽여 조용히 이 기자의 뒤를 따라 선생 곁으로 다가갔으나 이 기자는 나와는 달리 전혀 조심하는 모습이 아니다. 놀라서 이 기자의 소매 끝을 붙잡고 조심하라고 했으나 이 기자는 오히려 큰소리로 "이래도 못 알아듣는다"는 것이다.

그러고 보니 우리가 선생의 곁에까지 다가가도 선생은 전혀 알아차리지를 못하고 하던 일을 계속하고 있었다.

그런데 이게 웬일인가. 이제까지 나는 선생이 쓰레질을 하고 있는 줄로 알았었는데 가까이 와서보니 쓰레질이 아니라 그림을 그리고 있는 중이었다. 마루바닥에 넓게 펼쳐져 있는 화선지 위에 대걸레 같은 붓에 물감을 묻혀 이리저리 색상을 입히고 있었는데 난 이제껏 이런 방법으로 작품하는 모습은 처음 보는 것이어서 신기하기만 했다.

선생이 너무 그 일에 열중하고 있었으므로 이 기자는 방해하지 않으려는 듯 뒤돌아서 최근에 그리거나 아직 그리다 만 작품들을 마치 선생이 학생의 숙제검사나 하듯 이것저것 들춰본다. 그사이 난 처음 화실에 들어섰을 때의 긴장감에서 벗어나 조금은 편안한 모습으로 주위를 살펴보았다.

참으로 아름답고 편안한 모습의 화실이었다. 커다란 창 너머로는 예쁜 화단도 보였고 그 화단 안에는 갖가지 화초들이 만발해 초가을의 햇빛을 받아 눈이 부셨다. 마치 깊은 산사(山寺)에 들어와 있는 것처럼 이렇게 아름답고 조용한 곳이 서울시내에 있었던가 하는 의아한 생각마저 든다. 이런 아름다운 곳을 두고 선생은 뭣 때문에 시골로 낙향하겠다는 것일까.

이때 갑자기 뭔가 우렁우렁 큰소리가 나서 돌아보니 작업하던 선생이 이

기자를 알아보고 아는 체를 하는 모양인데 그 말이라는 게 이상한 소리로 뒤범벅이 되어 그렇게 크게 울리고 있었다.

이 기자가 나를 소개하기에 나는 허리를 숙여 인사했다. 선생은 물감이 묻은 손을 내밀어 내 손을 덥석 잡았는데 솥뚜껑만큼이나 크고 우람한 손이어서 나는 하마터면 아얏 하고 소리지를 뻔했다.

나는 선생의 작업을 방해한 것 같아 미안한 마음이었으나 이 기자는 전혀 그런 것에 개의치 않는 듯 옆 테이블 위에 놓여있는 스케치북과 화필을 들어 그곳에 낙서하듯 휘휘 휘두르는 필담(筆談)과 수화(手話)를 섞어가며 내 이야기를 하는 모양이다. 그러나 이야기를 듣고 있는 선생의 표정은 밝지가 않다. 때때로 고개를 크게 젓기도 하고 뭐라고 우왕우왕 소리를 지르기도 한다.

나는 슬쩍 자리를 피해 그들에게서 멀리 떨어진 곳에 있는 작은 의자 위에 앉아 멀리서 바라보았다. 이 기자는 쉽지 않은 설득을 하고 있는 듯 매우 진지하고 집요한 표정이다. 대기자라고 항상 목을 반쯤은 뒤로 제끼고 다니던 이 기자에게 저런 모습도 있었나 할 정도로 심각한 모습이어서 나는 미안한 마음마저 들었다. 이 기자의 저런 모습이면 이 일은 성공할 것이라는 생각이 든다.

그래서 나는 옆에 있는 전화기를 들어 회사에 전화했다. 촬영팀을 이곳 성북동으로 빨리 보내라고 했다. 그리고 나는 화실 안에 있는 그림들을 하나하나 눈으로 선별하며 캘린더 구상을 완성해가고 있었다.

마침내 이 기자가 그런 나에게 손짓을 해서 오라고 한다. 나는 자리에서 일어나 가까이 갔다. 운보 선생이 내 요구대로 모든 것을 다 허락해주었다는 것이다. 나는 새삼 고개를 숙여 선생에게 사의를 표했다. 그러나 이 기자는 나에게 조용히 귀띔을 해준다.

"모든 게 김 실장 뜻대로 되기는 했지만 한 점 정도는 매입을 하지."

이 기자가 이렇게까지 힘들여 선생을 설득했는데 이것마저 거절할 수는 없었다.

"알았어. 그렇게 하지. 그 대신 이건 내가 개인적으로 매입하겠어."

"회사에서 매입하는 게 아니고…?"

"아까 이야기했잖아. 회사에는 매입하지 않는 조건으로 이미 결재를 받아 놓았다고."

"그럼 내가 부담스럽잖아."

"아냐 평소에도 내가 운보 선생의 그림은 한 점 갖고 싶었어."

"하긴 김 실장 정도면 운보 작품정도는 소장하고 있어야지… 그래, 한 번 골라보지."

나는 처음 화실에 들어설 때부터 화실 중앙벽에 결려있는 운보 선생의 대표작 '불사조'에 눈을 뺏기고 있었다. 하얀 화선지 위에 새빨갛게 두 날개를 펴고 있는 새를 형상화한 것인데 물론 그동안 화집을 통해서 너무나 자주 보았던 작품이었지만 이렇게 실물을 대하고 보니 화집과는 또 다른 큰 충격 속에서 조금은 넋을 잃은 채 매료되어 있던 중이었다.

"저 작품을 내가 가졌으면 좋겠는데…"

이왕 선생의 작품을 하나 고른다면 그의 대표작을 갖고 싶었다.

그러자 옆에 있던 운보 선생은 마치 어린애처럼 펄펄 뛰면서 그것만은 절대 안 된다고 손사래를 친다. 그 작품에는 자기의 혼이 실려 있는 필생의 역작으로 어느 누구에게도 내줄 수 없는 가보(家寶)라고 했다.

그 대신 이미 그린 그림 중에서 마음에 드는 것이 없다면 차라리 새로 더 좋은 그림을 그려줄 테니 마땅한 화제(畵題)가 있으면 말해보라고 한다.

내가 생각해봐도 '불사조'같은 작품을 달라는 것은 너무 무리한 요구인 것 같아서 차라리 선생이 말하는 대로 새 작품을 받아보는 게 좋겠다는 생각이 들었다. 그러나 나는 선생을 대표하는 청록산수(靑綠山水)나 바보산수는 너무 흔해서 싫었다.

그래서 좀 특별한 것을 생각하다 보니 차라리 맹호도(猛虎圖)를 부탁해 볼까 하는 마음이 들었다. 본래 화가들이 호랑이 그리기를 제일 싫어한다고 했다. 일반 산수화야 그리면서 얼마든지 여백을 채워나갈 수가 있지만 호랑이 그림만은 잘못 그리면 완전히 그 작품을 버리거나 중간에 변형이 불가능하기 때문이다.

게다가 다 그려놓아도 평가는 보는 사람에 따라서 천차만별이다. 호랑이가 힘이 있느니 없느니, 영기(靈氣)가 빠졌느니 안 빠졌느니… 말도 많고 탈도 많은 것이 맹호도여서 누구나 호랑이 그리는 것을 꺼려한다고 했다.

그래서 그런지 운보 선생의 맹호도는 내가 본 적도 들은 적도 없었다. 그래서 선생의 호랑이 그림이라면 대표작은 아닐지 몰라도 귀작은 될 수 있을 것 같아서 이왕 부탁할 바에는 이런 귀한 것을 받아보고 싶었다.

"맹호도를 한 점 받고 싶습니다."

내 말이 떨어지자 우선 이 기자가 펄쩍 뛴다.

"왜 하필이면 맹호도야?"

"운보 선생 작품 중에서 맹호도를 본 바가 없어서…."

운보 선생이 무슨 말인지 영문을 몰라 어리둥절 서 있다가 이 기자의 필담으로 내 말을 알아듣고는 그 역시도 고개를 설레설레 흔든다.

그러나 나는 여기에서 또 물러나고 싶지는 않았다. 이미 '불사조'를 한 번 양보하지 않았던가. 내가 집요하게 이 기자를 붙들고 사정을 하자 이 기자도 더는 버틸 수가 없었던 듯 선생에게 수화와 필담으로 내 이야기를 전해준다.

"김 실장 어머님이 범띠랍니다. 그래서 이번 생신기념으로 특별히 운보 선생의 호랑이 그림을 받아서 효도를 하고 싶다는데 어려우시겠지만 꼭 그려주었으면 좋겠습니다."

이 기자는 순간 기지(機智)를 발휘하여 엉뚱한 나의 어머님을 끌어들이고 있었다. 참으로 민완기자다운 놀라운 순발력이다.

본래 운보 선생은 편모슬하에서 자라 유독 어머님에 대한 효심에는 마음이 약하다는 것을 이용하여 선생의 마음을 움직이게 한 것이다. 그러자 선생은 갑자기 호탕하게 껄껄 웃으며 그런 갸륵한 그림이라면 기꺼이 붓을 들겠다며 오히려 내 어깨를 두드리고 칭찬까지 해준다. 그러면서 선생은 나의 어머님에 대해서 좀더 자세하게 이것저것을 물어보며 자기도 범띠 띠동갑이라고 좋아했다.

그리고 앞으로 열흘 정도의 말미를 달라고 했다. 열심히 잘 그려볼 테니 어머님을 기쁘게 해드리라는 당부까지 잊지 않고….

과연 그후 선생은 대나무밭에 앉아 있는 호랑이 한 마리를 아주 멋지게 그려서 표구까지 예쁘게 마쳐 나에게 보내주었다.

내가 직접 매입한다고 했고 그것도 어머님에게 효도하기 위한 그림이라고 했던 터라 그림값도 운보 선생 작품값으로는 상상도 할 수 없는 낮은 가격으로 이 귀한 작품이 내 수중에 들어왔다.

나는 이렇게 우여곡절을 겪으며 어렵게 구한 그림을 들고 사장실에 들어가 사장님께 보여드렸으나 원래 그림을 그리 좋아하지 않는 사장님은 별로 반기는 기색이 아니었다.

그래서 나는 다시 사장님댁으로 그림을 갖고 가 사모님께 드리며 예부터 집안에 맹호도가 있으면 잡신(雜神)을 몰아내고 큰복을 가져온다고 했으니 잘 보관해 두시라는 부탁과 함께 그림을 놓아두고 나왔다.

사내감사

내가 이처럼 여기저기에서 독주(獨走)를 하다 보니 안팎으로 나를 견제하거나 제동을 거는 사람들이 많았다. 그러다 보니 이런저런 잡음도 끊이지 않았다. 그러나 나는 그런 잡음 따위에 전혀 신경쓰지 않기로 했다. 왜냐하면 그런데 낭비할 시간도 없었을 뿐만 아니라 나만 떳떳하면 누가 무슨 말을 한들 그게 무슨 상관이냐 싶어 무조건 무시하고 못들은 척했다.

그러다 보니 때로는 이런 악소문이 자연소멸되는 것이 아니라 오히려 침소봉대(針小棒大)되어 나를 더 화나게 하는 경우가 종종 있었다. 그래서 그 다음부터는 이런 소문이 떠돌기 시작하면 어떤 일이 있어도 그 진원지를 찾아내어 그것의 진위여부를 철저하게 따져 밝혀내곤 했다. 그러다 보니 그 다음부터는 섣불리 헛소문을 내는 일도 없어졌고 잡음도 사라졌다.

영업부에 최 부장이라고 하는 사람이 있었다. 외형적으로 좀 떠벌리고 말이 많은 타입이었으나 영업에 관한 한 귀재(鬼才)소리를 듣는 매우 특이한 사람이었다.

당시는 각 영업소별로 경쟁체제를 만들어 매월 실적이 좋은 순위대로 월말에 포상을 했는데 최 부장 영업소가 매번 1위를 도맡아했다. 설사 매출이 떨어지고 어려운 영업소라도 일단 최 부장에게만 맡기면 불과 몇 달만에 다시 1위로 끌어올리는 참으로 불가사의한 능력을 지닌 사람이었다. 그래서 영업부에서는 '천성라면장사'란 별명이 붙을 정도로 회사로서는 매우 귀한 일꾼이었다.

그런데 이 사람이 말을 함부로 하고 떠벌려서 공연히 그 말 때문에 그의 귀중한 능력이 훼손되는 경우가 많았다. 이런 최 부장이 나를 볼 때마다 툭툭 던지는 말이 있다. 자기 형님도 모 재벌기업의 임원으로 있는데 대부분의 광고부장은 광고비의 1% 정도를 자기몫으로 챙긴다는데 그렇게 따져본다면 김 실장은 엄청난 부수입이 있겠다라는 것이다.

물론 처음에는 헛소리 잘하는 사람이 또 미친 소리 하는구나 하고 일소(一笑)에 부쳤지만 만날 때마다 같은 말을 되풀이하자 이상한 생각이 들었다. 그래서 하루는 그런 최 부장을 정색을 하고 몰아세웠다.

"최 부장, 그 말에 무슨 저의가 있는 거 아냐?"

"김 실장은 그거 모르고 있었어? 이거 헛똑똑이구만, 내가 한 수 가르쳐줄까?"

최 부장은 매우 진지한 표정으로 나에게 바짝 다가선다. 나는 다가서는 그의 가슴을 손으로 막았다.

"최 부장, 똑똑히 들어. 장난으로 던진 돌에 개구리가 죽을 수도 있어…. 최 부장은 장난삼아 그런 소리하는 모양인데 내 귀에는 그렇게 안 들려."

"글쎄 장난이 아니래두…."

"입 닥치지 못해. 장난이 아님 그럼 나도 그렇다는 거야, 아니면 나도 그렇게 하라는 거야."

내가 하도 눈을 부라리고 언성을 높이자 최 부장은 순간 멍한 표정으로 나를 바라본다. 나는 그런 얼굴 위에 한마디를 더 쏘아붙였다.

"똑똑히 들어둬, 만약 앞으로도 한 번 더 이 따위 헛소리를 떠들었다간 가만 있지 않을 거야. 최 부장 형을 찾아가 그 말의 진위를 따져볼 테니까."

내가 예상외로 싸울 듯이 독을 품고 덤벼들자 최 부장은 이내 표정을 풀어 예의 그 헤픈 얼굴로 돌아선다.

"허허… 왜 이렇게 화를 내, 가까운 사이에 농담도 못하나?"

"농담도 할 소리가 따로 있지. 뼈가 있어서 하는 말이야."

"뼈는 무슨 뼈… 김 실장 내 농담 처음 들어?"

그 이후로는 비록 빈 소리라도 그런 말을 다시 되풀이하지 않았다.

선전실이라는 곳이 본래 돈을 벌어들이는 곳이 아니고 돈을 쓰는 곳이다 보니 많은 사람들이 색안경을 끼고 보는 경우가 많다. 그래서 이곳에서 근무하려면 우선 냉철한 자기관리도 중요하지만 이처럼 오해와 의심의 요소마저도 철저하게 봉쇄하는 것이 매우 중요한 일이었다.

나는 당시 적지 않은 월급에 가끔씩 받는 사장님의 용돈으로 따로 저축까지는 못하고 살았으나 네 식구 생활하는 데는 전혀 궁색하지 않았다. 그래서 이런 뜬소문이나 헛소문에 대해서는 가차없이 도려내고 응징을 해 그런 헛소문에 흔들리는 허약한 모습을 보이지 않았다.

그러던 어느 날 감사실에서 윤 과장이 나를 찾아왔다. 언제 날을 정해서 내가 좋은 시간에 선전실 감사를 한 번 하겠다는 통고였다.

나는 감사나 내사 등 내가 맡고 있는 업무에 대해서 무엇이든 확인하겠다면 나는 항상 떳떳하다고 생각하고 있었으므로 전혀 문제될 것이 없었지만 갑자기 감사를 하자고하니 마음은 불쾌하고 언짢았다. 무엇보다도 선전실의 우리 직원과 사내의 여러 사람들 그리고 이런 소문이 회사 밖으로 나간다면 그 모든 사람들에게 얼굴을 들 수가 없을 것 같았다.

"갑자기 웬 감사야. 뭔 특별한 이유라도 있나?"

"아닙니다. 그저 통상적인 감사죠."

윤 과장은 극히 말을 아끼면서 대수롭지 않음을 강조했지만 내가 느끼기에는 그런 그의 언행은 감사과장의 몸에 밴 의례적인 것이었고 그의 눈꼬리나 말끝에는 냉랭함이 숨겨져 있어서 속으로는 몹시 불쾌했다.

사내에서 사장님 다음으로 경영에 실권을 갖고 있는 분이 사장님과 가까운 친척인 신동화 감사였다. 그리고 그 신 감사를 제외하면 감사실에서는 이 윤 과장이 가장 선임자격이었다. 그런데 사전에 신 감사에게서 아무런 양해나 통고 없이 어느 날 갑자기 윤 과장이 찾아온 것이 이상했다.

본래 사내감사는 이런 식으로 하는 건가?

나로서는 처음 당하는 일이고 또 전혀 상상도 못했던 일을 갑자기 당하다 보니 몹시 난처하고 무엇을 어떻게 하는 것인지를 몰라 당황했다. 그렇다고 부하직원과도 같은 윤 과장에게 이것저것 물어볼 수도 없었고 또 그가 묻는 말에 일일이 해명한다는 것도 자존심이 상해 여간 곤란한 게 아니었다. 차라리 상대가 신 감사라면 말이라도 시원하게 터놓고 이야기도 하고 또 필요하다면 얼마든지 해명할 수도 있을 텐데….

우선 감사실에서 무엇을 알고 싶어하는지는 모르겠으나 가급적이면 소리소문 없이 조용하게 일을 진행시켜주었으면 좋겠다는 생각이 들었다. 뭔가 주위에서 색안경을 끼고 나를 볼 것이 싫었기 때문이다. 그렇다고 이런 나의 바람을 윤 과장에게 말할 수는 없었다.

윤 과장은 첫날에 이번 감사에 대한 몇 가지 원칙을 통고해준다. 이번 감사는 통상적 감사라는 것과 감사방법에서는 선전실 업무에 지장이 없게 내가 원하는 일자에 내 방에서 가급적 빠른 시간 안에 자기가 필요한 것만 체크하고 끝내겠다고 한다. 그래서 나는 당장 내일부터 시작하자고 했다. 께름직한 것을 두고는 아무 일도 손에 잡히지 않을 것 같아서였다.

윤 과장은 특별히 나에게 준비할 것을 요구하지도 않았고 그저 자기가 알고싶은 것만 간단간단하게 말해주고 자료를 보여주면 된다고 했다. 그리고 윤 과장이 자기 부서로 돌아간 다음 나는 착잡한 마음을 주체할 수가 없었다. 도대체 감사실에서 무슨 정보나 첩보를 갖고 이러는 것인지 궁금했다. 그리고 그런 일이 있었으면 사전에 신 감사가 나에게 미리 협의정도는 해주는 것이 도리가 아닌가 하는 섭섭한 마음도 들었다.

나는 그동안 오로지 회사만을 위해서 몸이 부서져라 뛰고 있었으니 그런 나에게 이런 일이 일어나리라고는 상상도 못하고 있었기 때문에 더더욱 마음이 괴로웠다. 그렇다고 내가 신 감사를 찾아가서 이게 어찌된 일이냐고 따질 수도 없었고 사장님에게는 더더구나 입을 열 수가 없었다.

한순간에 나는 갑자기 죄인이나 된 듯 직원들 보기도 민망스러웠다. 아무튼 일단은 윤 과장이 원하는 대로 최대한 협조하기로 했다.

다음날 회사에 출근하여 조민승 씨와 과장들만 따로 내 방으로 불러 감사에 대한 지침을 전해주고 나를 찾아오는 손님들에게는 가급적 조용하게 각 과장들이 내대신 처리하라고 일러두었다.

그리고 그날은 하루 온종일을 윤 과장과 감사실 직원 하나가 더 붙어서 감사를 진행했는데 나는 내 자리에 앉아서 윤 과장의 묻는 말에 대답해주고 필요한 서류가 있을 때는 우리 노 과장과 임 과장을 시켜 서류를 제출했다.

감사라고 하는 것을 처음 받아보는 데다 아랫사람이 이것저것 묻고 거기에 대해 대답하는 것이 때로는 자존심도 상하고 수치스럽기도 해서 퍽 난처했다. 그런데도 담당 윤 과장은 이런 일에 매우 익숙한 듯 교묘하게 질문도 잘했고 의외로 선전업무에 대해서도 속속들이 모든 것을 완벽하게 파악하고 있었다.

둘째 날부터는 선전실이 정상적 업무를 할 수 있게 하고 대신 윤 과장이 감사실과 우리 선전실을 왔다갔다하면서 2, 3일에 걸쳐 일을 더 마무리하고 감사를 마쳤다.

처음 윤 과장은 통상적인 간단한 감사라고 했는데 지나고 보니 그렇게 간단한 감사는 아니었던 것 같다. 감사를 마치고도 한동안 감사실에서는 아무런 반응이 없었다. 그러다가 정확히 일주일이 되는 날 윤 과장이 다시 몇 가지 서류를 갖고 내 방으로 왔다.

그리고 지난 감사결과에 대한 최종평가를 하는 것이다. 큰 문제점이나 비위사실은 없었고 단지 그때 고속버스에 소량의 버스광고를 사장님 결재없이 집행한 것이 있었는데 그것을 시정사항으로 지적했다.

그것도 동양방송의 최 부장이 연결된 것이어서 사장님 품의없이 집행했던 것인데 그것이 잘못되었다는 것이다. 그것보다도 수백 배 더 많은 TV나 라디오도 때때로 사장님 결재없이 내 전결로 집행하는 것이 흔한 일이었는데 유독 이것만을 물고 늘어지는 것은 뭔가의 꼬투리는 남겨야한다는 감사심리였던 것 같다. 기껏 감사해 놓고 문제를 지적하지는 못하고 오히려 칭찬이나 해주는 헤프닝성 감사란 절대 있을 수 없기 때문이다.

그래서 이 건을 이번 감사의 시정사항으로 종합보고서를 만들어야하니 나보고 확인하고 도장을 찍어 달라고 했다.

'그래, 기껏 이것 하나 찾아내기 위해 며칠동안 일도 못하게 그 수선을 떨었느냐'고 소리라도 쳐주고 싶었지만 윤 과장이 무슨 잘못이 있나 싶어 아무소리 안하고 그가 하라는 대로 마치 패장(敗將)이 항복문에 사인을 남기듯 서글픈 마음으로 도장을 찍어 주었다.

그리고는 그후 다시는 그 문제에 대해서 어느 누구도 말하는 사람이 없었다. 그래서 가끔은 신 감사를 개인적으로 만났을 때 이 문제를 꺼내볼까도 했었지만 그쪽에서 모른 체 아무소리가 없는데 내가 굳이 그것을 꺼내기가 뭐했다.

그래서 하루는 평소 윤 과장과 가깝게 지내는 우리 선전실의 노 과장을 시켜 감사실에 가서 도대체 무슨 소스로 이번 감사를 했는지 은밀하게 알아보라고 했다. 그랬더니 정확히는 알 수 없으나 외부에서 모종의 투서가 있어서 사장실에 알리지 않고 감사실 자체로 확인해 본 것이라는 대답을 가져왔다. 너무나도 어이없는 말이었다.

'사장실에 알리지 않고 선전실을 감사한다는 게 과연 가능한 일이었을까.'

더구나 그것도 이제 와서 정규감사가 아닌 단순한 확인작업이었다니….

본래 키 큰 나무가 바람을 많이 탄다 하지 않았던가. 내가 이 회사에서 이 정도 일을 하자면 어느 정도의 역풍(逆風)을 생각지 않았던 것은 아니었지만 졸지에 이런 어이없는 일을 당하고 또 그것에 대해서 책임있는 사람의 아무런 해명조차 없다 보니 나는 화가 나고 섭섭한 마음은 두고두고 쉬이 지워지지 않았다.

사표소동

1979년은 중동지역에서 몰아닥친 제 2차 오일 쇼크로 한국경제가 온통 비틀거리고 있었다. 그러나 우리회사의 라면제품은 나라가 어려울 때일수록 더 잘 팔리고 시장이 좋아지는 제품이었다. 그래서 홍수가 나거나 경기가 뒷걸음질칠 때, 심지어는 국가가 비상사태가 되면 라면은 불티가 나고 재고가 동이 나서 시장이 아우성이었다.

오일쇼크로 모든 기업들이 쓰러지고 실업자가 거리로 쏟아질 때도 우리는 별 어려움 없이 신장을 계속하고 있었다. 회사가 이렇다 보니 직원들 특히 임원들이 세상 돌아가는 것과는 무관하게 별 위기의식 없이 무사안일하게 대처하고 있는 듯하여 사장님이 불안했던 모양이다. 그래서 사장님은 자주 이런 말을 나에게 해주었다.

"다른 회사 임원들은 회사가 어렵다 보니 꼭두새벽부터 죽기살기로 야단법석이던데 우리는 너무나 무기력하고 역동감이 사라져서 큰일이다."

나는 그런 말을 들을 때마다 그런 걱정을 마음속에만 담아두지 말고 단호하게 대처하시라고 주문하곤 했다.

화창한 봄날, 토요일이었다. 지난 겨울부터 우리 선전실 직원들은 오는 봄에는 꼭 전직원이 가족동반해서 야유회를 한 번 가자는 이야기가 있었다. 그것도 일요일이나 쉬는 날은 이런저런 이유로 전직원이 참석하기가 어려우니 이왕이면 토요일로 하자는 간청이었는데 나는 부서의 원활한 운영을 위해 이를 허락했었다. 그 대신 여러 가지 산적한 과제를 책임지고 해놓겠다는 약속을 받아두고서 —.

나는 항상 창작이 전제가 되는 선전실만큼은 좀 독특하게 운영했으면 하는 생각을 갖고 있었다. 그래서 가능하다면 우리 선전실 전용의 작업실이 붙어있는 주말별장이 있어서 금요일 업무가 끝나면 모두 편한 복장으로 그곳에 보내 각자가 하고 싶은 대로 마음껏 주말을 즐기되 다음 월요일 회사에 나올 때는 각자에게 주어진 아이디어나 디자인을 완성하여 갖고 올 수 있는 시스템을 만드는 것이 내 꿈 중의 하나였다.

그러나 이 꿈은 아직 사장님의 재가를 받지 못하여 실현시키지는 못하고 있었지만 대신 일반업무만큼은 가급적 기계적으로 규격화된 조직생활보다는 내 나름대로 조금은 자유분방한 방법으로 개성있게 운영하는 중이었다.

그러다 보니 알게 모르게 타 부서, 타 임원들의 눈에 나는 수도 있었고, 그들의 견제와 시비도 종종 받곤 했다. 그러나 나의 이런 돌출성 부서운영이 선전실을 보다 역동적이고 생산적으로 운영하기 위한 것임을 사장님 자신이 이해하고 지원해주었기 때문에 그런 대로 별탈 없이 끌어오고 있는 중이었다.

오늘 같은 토요일 야유회도 그런 맥락에서 지난 겨울부터 직원들의 간청을 들어 약속했던 것인데 공교롭게도 오늘이 월례조회가 있는 날이어서 모든 직원과 가족들은 관광버스 안에서 대기하도록 하고 간부들만 조회에 참석했다가 가라고 했던 것이다.

그런데 가는 날이 장날이라고 공교롭게도 오늘 조회석상에서 사장님은 그동안 벼르고 별렀던 조직의 활성화를 위해서 칼을 뽑아든 것이다. 내가 보기에도 이제껏 사장님 훈시 중 오늘처럼 그렇게 격노(激怒)해서 호된 질책을 한 것은 경험해본 적이 없었다.

조회가 끝나자 사내가 뒤숭숭해졌다. 마치 커다란 폭격이라도 맞은 듯 여기저기 부서별로 모여 웅성거렸고 임원들은 임원들끼리 부사장실에서 긴급회의를 열어 전전긍긍하고 있었다.

"분위기가 이런데 어떻게 하죠?"

선전실의 과장들도 내 눈치를 살피며 어찌할 바를 몰라한다. 그렇다고 지금에 와서 버스 안에서 기다리고 있는 직원과 가족들을 철수시킬 수도 없었다. 나는 할 수 없이 지금 버스에 타고 있는 직원과 가족들만 야유회를 다녀오고 나와 과장들은 그대로 회사에 남아서 업무를 보기로 했다.

사장님은 조회를 마치고 곧바로 외부로 출타했고 사내는 그런 대로 조금씩 안정되어 가고 있었다. 부사장실에서 열리는 임원회의에서도 전 직원들이 심기일전하여 뭔가 사장님의 취지에 부합되는 일들을 추진하여 회사의 분위기를 일신해 보자는 쪽으로 대강 의견이 모아지고 있었다.

이때 부사장이 회의장을 나와 잠시 화장실을 다녀오는 사이 여직원들이 탕비실 한쪽에 모여 소곤거리는 소리를 듣고 깜짝 놀랐다. 이 와중에 선전실 직원 전부가 야유회를 갔다는 것이다.

평소 우리회사 여직원들은 선전실에서 근무해보는 것이 소원이었다. 그래서 선전실은 항상 여직원들의 표적이 되어 있어서 선전실에서 일어나고 있는 일들은 즉시즉시 여직원들 사이에 알려지곤 했다. 토요일에 야유회를 간 것도 여직원들이 나쁜 의미로 이야기를 전한 것이 아니라 부럽고 좋아서 이야기를 한 것인데 그것이 그만 부사장 귀에까지 들어간 것이다.

부사장은 급히 방으로 돌아왔다. 그리고 그 자리에 앉아있는 모든 임원들에게 이 문제가 즉각 상정되었다.

"김 실장 그 사람 정신이 있는 사람이야 없는 사람이야. 이 마당에 야유회라니….”

모두 하나같이 방금 전 사장님의 날벼락이 떨어졌음에도 불구하고 돌아서서 이렇게 직원들을 야유회 보낸 것은 항명(抗命)이요, 해사(害社)행위로서 도저히 묵과할 수 없는 일로 일벌백계(一罰百戒)로 삼아야 한다는 등 의견이 분분했다.

나는 즉시 부사장실로 불려들어 갔고 그곳에서 각 임원들의 호된 꾸지람과 추궁을 받았다. 조회석상에서 쏟아졌던 사장님의 모든 질타와 책망이 고스란히 나에게 뒤집어 씌워지고 있었다.

“이건 징계의 대상입니다. 징계 중에서도 중징계지요. 필요하다면 김 실장의 사표까지도 받아야 합니다.”

나는 평소에도 임원들에게 인기가 없다는 것은 잘 알고 있었고 또 이것을 만회하려고 특별히 노력하지도 않았지만 그래도 한회사에서 같이 일하고 있는 부하직원인데 이렇게까지 나를 일방적으로 몰아붙여도 되는 것인지 어이가 없었다.

물론 내가 취한 행동이 결과적으로는 회사에 누가 되고 보기에 따라서는 사장님 뜻을 거슬렀다고도 볼 수 있었으나 그래도 어디까지나 내 나름대로는 회사를 위해서 한 일이었고, 산적한 과제를 풀기 위한 하나의 방편으로 선택했던 것이었는데 그것이 징계의 대상이고 잘못하면 퇴사까지도 감수해야 할 정도의 중죄라는 것은 쉽게 납득이 되지 않았다.

그 순간 나는 이 회사가 내 회사가 아니라 나도 어쩌면 이 회사를 쫓겨날 수도 있겠구나 하는 생각이 들었다. 임원들이 이처럼 이구동성으로 나를 몰아붙이면 사장님인들 어쩔 수 있겠는가. 나는 이제껏 회사생활을 하면서 단 한 번도 이 회사를 떠난다는 것은 생각지도 않고 오로지 일에만 몰두했는데 그런 나에게 이런 결과는 너무나 큰 충격이었다.

다음날은 일요일이었다. 같은 아파트에 사는 학교친구인 삼립식품의 한승희 이사가 집으로 놀러왔다. 나는 한 이사와 차를 한 잔 마시며 이런저런 이야기를 나누던 중 무심코 어제 회사에서 일어났던 이야기를 푸념 삼아 꺼냈다. 한 이사는 아무런 내색 없이 그런 내 이야기를 모두 듣고만 있었다.

그리고 다음날 월요일. 아침에 출근해 자리에 앉아있는데 한 이사에게서 전화가 왔다. 만나 차나 한 잔 하자는 것이다. 어제 집에서 만났는데 또 무슨 차를 마시자는 건가….

"그래? 그럼 점심이나 같이할까?"

"아냐 지금 당장."

"지금 당장이라고? 뭐가 그리 급해서?"

"자세한 것은 만나서 이야기하기로 하고, 어디로 갈까?"

"귀하신 몸이 오시기는 … 내가 가야지."

"농담하지 말고, 네 사무실에서 가까운 그랜드호텔 커피숍으로 하지, 내가 지금 출발할께…."

그동안 한 이사가 이처럼 서두르는 법은 없었는데 무슨 일로 이러는 걸까. 나는 조금 더 자리에 앉아 있다가 남대문옆 그랜드호텔 커피숍으로 나갔다. 내가 자리를 정해 앉자마자 곧이어 한 이사가 독산동 그 먼 곳에서 한걸음에 달려와 들어온다.

"도대체 무슨 일 때문에 아침부터 이렇게 서두르는 거야?"

"우리 허 전무님이 너를 좀 보자는데…."

"전무님이 나를 왜…?"

"너를 우리회사로 모셔오란다."

나는 깜짝 놀랐다. 농심을 그만두고 삼립으로 오라니….

한 이사는 어제 내 이야기를 듣고 당일로 삼립의 허 전무에게 보고했다고 했다. 그랬더니 즉석에서 나를 삼립으로 데려오라는 특명을 받았다는 것이다. 당시 삼립식품은 우리회사보다도 매출이나 광고의 비중이 결코 작지 않은 제빵업계의 절대적인 1위 회사였다.

이 회사에는 창업자이자 명예회장인 허창성 회장 밑에 장남 허영선 사장과 차남 허영인 전무가 있었는데 허 전무는 특히 인재에 욕심이 많은 분으로 마음에 드는 사람이 있으면 물불을 가리지 않고 꼭 끌어다 쓰는 사람이었다. 그래서 초기 삼립식품은 을지로3가에 있는 조그마한 중소기업이면서도 서울상대 출신의 엘리트들을 대거 스카우트해 이들을 일선 실무부서에 집중배치하여 활용하므로 일약 재벌급 회사로 키워놓은 장본인이기도 했다.

허 전무가 평소에도 나나 우리회사 광고에 대해서 관심이 많았던 터라 나와는 자주 내왕하면서 가깝게 지내고 있었는데 이번에 한 이사를 통해 나의 형편을 보고받고는 즉석에서 나를 데려오기로 한 것이다.

나는 귀가 솔깃했다. 나는 그동안 사장님 한 분만 보고 여태껏 뛰었던 것인데 이렇게 뜻하지 않은 암초에 부딪히고 보니 모든 것에 회의감뿐이었다.

내가 이렇듯 흔들리는 모습을 보이자 한 이사는 더욱 적극적으로 나온다. 직위도 이사를 해주겠다고 했다. 그리고 농심에서와 마찬가지로 선전에 관한 일체의 권한을 다 주어 책임경영제를 보장해주겠다는 말도 한다.

내 앞에서 너무나 기세등등하게 나를 몰아붙이던 우리회사 임원들이 눈앞에 어른거릴 때마다 나의 마음은 자꾸만 흔들렸고 지난번 감사실 감사까지 생각하면 더욱 마음은 멀어지기만 하는 것이다.

그렇게 며칠이 지났다. 날이 갈수록 삼립측의 독촉이 심했다. 그래서 나는 마침내 결심을 했다. 우리 사장님에게는 너무나 송구스럽고 미안한 일이었으나 나는 이미 농심에서 마음이 떠난 것으로 보고 삼립으로 옮기기로 마음을 정했다. 그래서 한 이사에게 이런 나의 뜻을 전하고 회사에는 사표를 제출했다.

삼립에서는 즉시 발령이 났고 대신 농심에서는 난리가 났다. 우선 사장실에서 불벼락이 떨어졌다. 그리고 당장 들어오라는 것이다. 내가 사장실에 들어갔더니 사장님은 얼굴에 벌겋게 노기를 띠고 사정없이 소리를 쳐 나를 나무란다.

"도대체 무슨 짓을 하고 있는 기가? 니가 지금 제정신이 바킨 놈이가…."

"… 징계회의에서 퇴사까지 각오하라고 해서 미리 사표를 낸 것입니다. 용서해 주십시오. 사장님…."

사실 나도 울고 싶었다.

"말도 안 되는 소리 하지 말고. 당장 저쪽을 집어치워라. 삼립이 뭐 말라 묵은 삼립이고, 멀쩡한 남의 사람 집어삼키게…."

"그게 아닙니다, 사장님. 저쪽에서는 이미 발령난 지 오랩니다. 용서해 주십시오."

"발령이 뭐꼬, 삼립 허 회장이라면 나도 잘 아는 사이 아이가. 내가 가만 있지 않을 끼다… 가만있자… 넌 가만 있거래이, 저쪽은 내가 알아서 처리하꾸마…."

"사장님 제발 고정하십시오."

"도대체 똑똑한 네가 왜 이리 바보같이 구노…. 내가 우리 임원들 좀 정신 차리라고 한 말을 왜 엉뚱하게 니가 그 화살을 맞아 이러는 기고…. 니가 차라리 그런 임원들에게 머리 한 번 숙이고 '잘못했습니다' 한마디만 하면 되는 거 아이가. 꼭 이렇게 회사를 난장판을 만들어 놓아야 되겠나."

사장님은 소견머리 좁은 나를 탓하며 여전히 내가 회사를 그만둔다는 것은 전혀 인정조차 하지 않겠다는 투였다.

그래도 내가 끝까지 고집을 꺾지 않고 버티자 이번에는 부사장을 큰소리로 부른다. 곧 부사장이 놀란 얼굴로 뛰어들어온다.

"도대체 부사장은 무슨 일을 그렇게 처리하오. 이유여하를 막론하고 이 사람 무조건 잡아놓으시오. 아니면 임원들도 모두 함께 그만 두든가…."

나는 너무나 난처해서 얼굴을 들 수가 없었다. 그리고는 꼴도 보기 싫으니 당장 나가라는 사장님의 호통소리를 뒤로 하고 부사장과 함께 사장실을 나왔다. 그리고 부사장은 곧바로 나를 자기 방으로 데리고 갔다.

"김 실장 미안하게 됐네. 내가 전 임원을 대신해서 사과를 함세…."

그러면서 정중하게 고개를 숙인다. 나는 깜짝 놀라 벌떡 일어나 그런 부사장을 만류했다.

"부사장님 이러지 마십시오. 모든 게 다 제 불찰이었지 어디 부사장님이나 임원분들 잘못입니까. 전 그저 이번 일로 너무 회사에 누를 끼친 것이 두려워 사의를 표했을 뿐입니다."

"모든 문제는 이 정도에서 끝내도록 합시다. 사장님이 김 실장을 어떻게 생각하고 있다는 것은 누구보다도 김 실장 자신이 더 잘 알고 있잖소. 저쪽의 조건이 어떤 것인지는 모르겠으나 그런 조건 따져 이리저리 오갈 김 실장이오?"

"그러나 부사장님 제 입장도 이해해 주시기 바랍니다. 저쪽에서는 이미 발령이 난 상태라….”

“이쪽에서는 아직 사표가 수리되지도 않았는데 무슨 발령이란 말이오? 아무튼 긴 말 필요 없이 이 선에서 빨리 수습해 주세요. 아니면 나라도 나서서 해결하리다.”

그후에도 이 사건은 한달 반을 끌었다. 사장님이 끝까지 나를 놓아주지 않아서 결국은 내가 삼립으로 허 전무를 찾아가서 정중하게 사과드리고 다시 눌러 앉을 수밖에 없었다.

삼립 쪽은 그렇게 내가 사과하는 선에서 끝냈지만 이번 일로 해서 우리회사에서의 내 입장이 매우 민망하게 되었다. 우선 부사장 이하 전 임원들에게 내가 어떻게 해야 할지도 난감했고, 무엇보다도 사장님에 대한 미안한 마음을 지울 수가 없었다. 그동안 사장님에게 그 큰 은혜를 받고 있었음에도 이처럼 사표소동을 벌여 오랫동안 마음을 아프게 했으니 앞으로 이 일을 어떻게 수습해야 할지 난감하기만 했다.

지금에야 이렇게 급하게 막아놓은 결과가 되었지만 이 일은 두고두고 사장님에게도 지워지지 않는 언짢은 기억으로 남아 있으리라. 그런 사장님 밑에서 앞으로 내 운명이 과연 어떻게 될 것인가도 생각해 보았다.

옛날 촉(蜀)의 책사 방통(龐統)이 낙봉파(落鳳坡)에서 자기의 다한 운명을 예견하고도 그 운명을 피하지 않아 결국 화살을 맞아 고슴도치가 되어 최후를 맞았음과 같이 이번 일과 또 처음 입사 때 사장님을 괴롭게 했던 두 번의 일로 나도 언젠가는 봉추 선생과 같은 신세가 될지도 모른다는 불길한 예감이 들기도 했다.

그날 이후부터 사장님은 나를 아직 발령도 내지 않은 상태로 즉시 매일 아침마다 열리는 임원회의에 참석을 명하였고 그래서 나는 부사장 이하 전

임원들 한분 한분에게 정중하게 사과하고 또 나 자신도 스스로 몸가짐을 조심하는 데 더욱 신경을 썼다.

에피소드 4

광고계에서 내가 각별히 아끼는 후배가 하나 있었다. 대학문화사의 홍진석 사장이었다. 아이디어맨은 아이디어맨끼리 통한달까.

당시 각 대학에서 발행하는 대학신문에는 일반광고란이 전혀 없을 때였다. 홍 사장은 여기에 착안하여 전국의 각 대학신문을 하나의 광고매체로 개발하여 크게 성공한 대학신문 광고대행의 개척자인 셈이다.

진식, 광식, 님식 삼형제가 모두 똘똘 뭉쳐 힘께 일하고 있었는데 이찌니 부지런히고 열심인지 그런 적극성이 나를 감동시켜 결국 나는 이들 삼형제를 마치 친동생처럼 생각하고 각별하게 지냈다. 이들 삼형제는 일만 열심인 것이 아니라 매사에 아이디어도 풍부하고 도전적이어서 비단 광고뿐만 아니라 이것저것 벌이는 사업도 많았다.

그런 홍 사장이 어느 날 경영난으로 부도위기에 몰린 오양건설이라는 중견기업을 인수하여 나를 깜짝 놀라게 했다. 오양건설은 마침 여의도 동양방송국 신관(지금의 KBS-2) 뒤에 12층짜리 오양빌딩을 짓다가 골조만 세워진 상태에서 홍 사장이 인수했는데 홍 사장은 아직 건설 쪽에는 경험도 없고 자금도 넉넉하지 못할 텐데 어떻게 이런 큰 공사를 완성시킬 수가 있을지 걱정이 되었다.

"홍 사장 좀 무리한 게 아냐? 송충이는 솔잎을 먹어야지…."

"형님, 저에게는 자금이나 경험보다도 더 귀중한 아이디어가 있지 않습니까."

홍 사장은 나의 우려와는 달리 매우 자신만만해 보였다.

그러면서 홍 사장은 당시 우리나라에서는 듣도 보도 못한 아파트식 분양방법을 처음으로 도입하여 이 큰 업무용 빌딩을 거뜬하게 완성시키는 것이다. 즉, 사무실이 필요한 사람들이 보증금을 내고 남의 사무실을 빌려쓰는 것이 아니라 이 보증금에 조금 더 보태서 아예 그 사무실을 자기것으로 사 버리는 제도로서, 지금은 이런 방식이 일반화되었지만 당시는 아파트 이외에는 사전분양방식이라는 것이 없었으므로 내가 알기에는 홍 사장의 오양빌딩이 우리나라에서는 그 효시가 아닌가 생각한다.

홍 사장은 당시 삼익아파트나 한양건설 등 자기자본 없이 사전분양으로 엄청나게 큰 아파트 건설업체로 커나가는 것을 보고 업무용빌딩에도 이런 방법을 도입하면 되겠다고 생각하여 오양건설을 인수하였고 그 첫 사업으로 여의도 오양빌딩에서 이것을 처음 시도해 본 것인데 홍 사장 생각대로 대성공이었다.

이렇게 오양건설을 성공시키자 홍 사장의 사업은 더 탄탄해졌으며 회사도 견실해져 몇 개의 계열회사가 모두 이곳 오양빌딩 안으로 들어왔다. 당시 건설붐을 타고 이들 건설계통의 회사들이 하루가 다르게 외형이 늘어나자 이제까지 모기업이었던 기존의 대학문화사는 뒷전으로 밀리고 건설 쪽의 여러 회사를 중심으로 차츰 그룹형태로 바꾸어가고 있었다. 그러자 홍 사장도 회장으로 호칭이 달라지면서 몇 개의 쟁쟁한 회사 사장단을 통솔하게 되었다. 항상 유치원 아이처럼 야들야들해 보이는 그런 자그마한 사람이 어떻게 이런 큰 기업체를 이끌어가는지 참으로 불가사의하게만 느껴졌다.

홍 회장의 여러 계열사 중에 한국합성목재라는 회사가 있었다.

홍 회장 설명에 의하면 앞으로 천연산목재는 그 생산량이 어차피 제한되어 있으므로 이를 대체할 수 있는 것이 필수적이라는 것이다. 그래서 플라스틱의 강도를 여러 가지로 조절하여 천연산목재 이상의 활용도를 높인 합성목재라는 것을 개발했다는데 이것이 마침 당시 중동 건설붐에 편승하여 크게 성공을 거두었다.

이 합성목재라는 것의 용도가 참으로 다양하여 강도가 높은 못이나 건축용 핀에서부터 강도가 솜처럼 부드러운 스티로폼까지 엄청나게 많았다. 당시 한국합성목재에서는 주로 다양한 건축용 자재를 사출하여 생산했는데 이것으로 '무역의 날' 수출포상을 받는 등 정부로부터도 많은 지원과 격려를 받았다.

이렇게 회사의 규모가 커지고 영업이 활성화되자 곧 몰려드는 주문을 다 소화할 수가 없어서 기존의 안양공장을 대대적으로 확장하게 되었는데 그 신축행사장에 나를 초대한 것이다. 그래서 현장에 가보니 정부에서도 몇몇 장관이 나와 있었고 많은 외국귀빈들이 참석해서 나를 어리둥절하게 했다.

초청객 중에 광고계 사람으로는 내가 유일했는데 나는 그런 홍 회장이 너무나 자랑스럽고 대견해 보였다.

뿐만 아니라 여의도 사무실도 엄청나게 커져서 광장처럼 넓은 사무실에는 많은 젊은 엘리트직원들이 열심히 일하고, 바이어 상담실에는 주로 중동지역의 바이어들이 항상 자리를 잡고 있었다. 그리고 그 무역부에는 과거 경기고등학교와 서울대학에서 수재소리를 들었던 나의 동창도 자리에 앉아있어서 내가 회장실에 들락거릴 때마다 입장이 난처했다.

그런 홍 회장이 하루는 나와 점심을 같이하면서 한 가지 제안을 하는 것이다.

"형님이 그림을 좋아하고 또 형수님도 미대를 나오셨으니 두 분의 그런 좋은 취미를 한 번 살려보지 그러세요."

"그게 무슨 소리야?"

"화랑을 해보시라는 말씀입니다."

"화랑이라고…?"

나는 내 귀를 의심했다.

그렇지 않아도 지난번 40평 아파트로 옮기면서 사장님에게 무리한 부탁을 했던 것이 두고두고 마음에 걸려 앞으로는 절대 이런 일이 없도록 하겠다고 작심을 하고 있었다.

그러면서 오래전부터 마음속으로 생각하고 있었고 또 그때 사장님에게도 얼결에 말해버린 은행식 화랑을 이번에 새로 산 아파트의 넓은 응접실을 이용하여 한 번 해볼까 생각하고 있었는데 이렇게 졸지에 홍 회장에게서 화랑제안을 받고 보니 세상에 이런 우연도 있을 수 있나 하는 생각이 들었다.

"우리 건물의 1층 코너 가게가 마침 하나 비어서 내가 관리부에 형님을 생각해서 남겨두라고 했습니다. 식사 후에 한 번 가보고 결정하시죠."

"홍 회장이 그렇게까지 생각해주니 고맙기는 하나 직장에 얽매인 나로선 그런 형편이 못되지…"

"그러게 형수님에게 맡겨보시란 말이죠. 형수님 같은 미인이 앉아 있으면 그림은 저절로 팔릴 것이고…. 차제에 나도 그림에 대한 안목을 좀 높여 문화인 행세 좀 해야겠습니다."

"집사람이 그런 일을 감당할 수 있을지도 의문이지만 우선 나에게 그런 자금도 없다네."

"그러게 내가 가게 세를 받겠다는 게 아니잖아요?"

"아니, 그럼 가게 하나를 그냥 내주겠다고?"

"그래요. 제가 그 가게를 등기야 못 넘겨주겠지만 보증금이나 임대료야 받을 수 있습니까. 거저 드릴 테니 한 번 맘껏 써보세요. 언젠가 형님께서 은행화랑에 대해서 말해준 적이 있었잖아요?"

"아니, 홍 회장이 그 이야기를 지금껏 기억하고 있었던가?"

"그럼요. 난 그 이야기를 들은 다음부터 큰 기대를 갖고 있었는데…. 그리고 형님이라면 꼭 그렇게 해낼 수 있을 겁니다."

사람은 누구나 한두 가지의 꿈을 갖고 있게 마련이다. 나는 지금 내가 하는 일 이외에 가끔씩 나름대로 내 꿈을 꾸어본 적이 있었다. 그 꿈이란 이 다음 내가 나이 들어 은퇴한 다음에는 아내와 함께 화랑을 한 번 운영해 보았으면 하는 것이었다.

그런데 이 화랑이란 그저 단순하게 그림이나 사고 파는 화랑이 아니라 조금은 독특하게 운영하는 화랑을 생각하고 있었다. 즉, 작품의 투자성에 신용을 접목시킨 전혀 새로운 형태의 화랑이다.

그래서 화랑이름도 은행화랑이라고 생각하고 있었는데 은행화랑에서 산 작품은 항상 현금과도 같아서 그림을 보관하고 있으면 마치 현금을 보관하고 있는 것이나 마찬가지 효과가 있는 것으로 아무 때고 현금이 필요할 때는 본래 그림의 원금에 그동안 상승한 가격을 더해 마치 은행거래처럼 즉시 교환해 주겠다는 방법이었다.

그래서 은행화랑에서 판매되는 작품에 대해서는 우리가 보증하는 작품성과 투자성을 동시에 확보할 수 있어 소장자들은 현금을 금고나 은행 속에 묻어두기보다는 이처럼 투자가치가 높은 예술품에 투자함으로써 그 작품을 즐기는 효과와 아울러 은행이자 이상의 투자성도 확보할 수 있는 두 가지 효과를 얻을 수 있어 사업적으로도 성공할 수 있다고 생각하고 있었던 것이다.

이런 생각을 언젠가 가까운 홍 회장과 이런저런 이야기를 나누는 중에 한 모양인데 역시 새로운 아이디어에 관한 한 뭐든 예사롭게 넘기지 않는 홍 회장이 이것을 기억하고 있다가 이번에 나에게 제안을 한 것이다.

나는 지난번 40평 아파트 이사문제와 이번 홍 회장의 제안이 단순히 우연만은 아닌 것 같다는 생각이 들어서 차제에 은행화랑에 내해서 보나 적극적으로 생각해 보기로 헸다.

가게문제는 그렇게 홍 회장이 배려를 해준다니 당분간은 그 호의를 그대로 받아들이기로 하면 다음은 그림의 구매문제와 가게의 운영문제였다. 그림의 구매문제는 그동안 내가 많은 작가들과 교분을 나누고 있었고, 특히 남도작가들의 절대적인 후견인인 전남일보 전일방송의 남상용 상무가 있다보니 이렇게 저렇게 하면 투자성있는 좋은 작품을 모으는 것은 크게 어려울 것이 없을 듯싶었다.

그러면 이제 남는 문제가 가게운영 문제인데 이것은 집사람에게 맡기면 본래가 미술을 전공한 사람이니 이 또한 별 문제가 없을 것 같아서 시작해 보기로 했다.

홍 회장이 1층 도로변 가게를 주겠다는 것을 공연히 너무 크게 신세를 지는 것 같아 9층으로 올라와서 방을 하나 정했다. 우리같이 길가다 찾아올 손님을 상대하는 것이 아닌 철저한 관리고객 중심의 운영이라면 엘리베이터를 타고 9층까지 올라와 있는 것이 오히려 조용하기도 하고 더 편안한 마음을 줄 수 있을 것 같아서 홍 회장의 고집을 꺾고 9층으로 올라온 것이다.

화랑을 정상궤도에 올려놓을 때까지 앞으로 약 6개월 정도는 시간을 쪼개어 좀더 바삐 뛰면서 회사업무에 최대한 피해를 줄이기로 하고 사장님에게는 보고하지 않기로 했다.

가게 인테리어가 어느 정도 모습을 갖추어가자 나는 전남일보 전일방송의 남 상무를 만났다. 만나서 은행화랑 이야기를 해주었더니 흔쾌하게 승낙해주며 남도작가들은 얼마든지 외상으로 밀어줄 테니 염려하지 말고 작품이나 많이 팔아 앞으로 남도작가들이나 많이 도와달라는 당부를 한다.

남도 작가만으로는 화랑을 운영할 수 없었으므로 평소에 안면이 있는 작가들을 쫓아다니며 따로 그림을 모으기 시작했다. 그러나 이 부분에서 나는 처음부터 커다란 벽에 부딪혀야 했다.

작가들도 집사람이 화랑을 차렸다고 화랑명함을 갖고 찾아가니 그 순간부터 나를 완전히 화상으로 취급하여 이만저만한 설움을 주는 것이 아니었다. 물론 아직 자리를 잡지 못한 화랑 초심자다 보니 그랬겠지만 퍽 자존심이 상했다. 더구나 선금 주고 작품을 매입하는 것도 아니고 그동안의 안면을 앞세워 외상으로 물건을 가져오려니 보통 힘든 일이 아니었다.

이 부분에 대해서는 내가 그동안 화랑업계를 너무 몰랐던 순진한 탓도 있었다. 이러한 작가들의 고자세를 자기들은 작품관리를 한다고 했다. 아무튼 엄청난 수모와 고생을 감수해가며 가까스로 이른바 인기작가의 작품을 확보하고 여기에 남 상무가 밀어준 남도작품을 곁들여 그런 대로 구색을 갖추어 은행화랑을 열었다. 그리고는 이 이색적인 화랑을 제대로 매스컴에 알리는 것인데 이것은 내 본업이기도 해서 내가 대대적으로 매스컴 인맥을 통해서 홍보자료를 풀었다. 그렇지 않아도 각 매스컴에서는 내가 점심 한 번 제대로 먹지 않는 까다로운 사람으로 정평이 나 있었는데, 그랬던 내가 스스로 홍보자료를 풀자 전폭적으로 취급해 주었다.

그래서 〈조선일보〉같이 기사 한줄 써주는 것에 인색한 신문에서도 문화면이 아닌 사회면 인기만화 '고바우영감' 바로 옆에 무려 7단으로 대대적으로 보도를 해주었고 기타 신문잡지 방송에서 큰 이슈를 갖고 취급하는 바람에 "은행화랑" 오픈과 함께 큰 화제가 되었다. 이렇게 모든 것이 순조롭게 진행되어서 나는 이제 평소 내가 구상했던 대로 고객관리에 대해서 하나하나 계획을 실행해나갈 준비를 하고 있는데 정작 문제는 그 다음에 벌어졌다. 은행화랑이 이처럼 갑자기 매스컴을 타고 유명해지자 하루종일 가게를 지키고 있는 아내가 이런 환경의 변화를 못 견뎌하는 것이다. 그래도 나는 아내가 어느 정도 시간이 지나면 차츰 이런 일에 잘 적응해 나갈 줄로 알았다. 그러나 시간이 가면 갈수록 더 심해지며 나중에는 매스컴 사람들을 만나는 것 자체를 기피하게 되었다.

본래 집사람은 성격이 남 앞에 나서는 것을 싫어하는 것을 내가 몰랐던 것은 아니었다. 그래서 처음 내가 화랑을 하겠다고 했을 때도 아내는 행여 화랑을 한다고 자기를 앞에 내세울 생각일랑 아예 말라고 단언까지 했었다. 그러나 나는 그런 아내라도 일단 일을 벌여 놓으면 어쩔 수 없이 따라오겠지 하는 안이한 생각으로 시작했던 것이다.

처음 오픈하여 얼마동안은 아내는 얼굴을 찡그리면서도 억지로 가게에 나왔다. 이렇게 며칠이 지나면 무슨 조치를 취해주겠지 하고 생각했던 모양이다. 그러나 날이 갈수록 그런 기미는 보이지 않고 연일 몰려드는 기자들에게 시달리려니 결국은 폭발 직전까지 간 모양이다.

난 신문이나 잡지에 난 기사며 사진을 많이 보여주며 아내의 마음을 돌려보려고 해도 돌아지기는커녕 머리만 감싸쥐며 종내엔 노이로제 증세까지 보인다. 그리고 방송국의 인터뷰는 철저하게 거절해 버리는 것이다.

'세상에는 이런 사람도 있구나….'

생리적으로 사람들과 어울려 속에 없는 이야기로 장광설을 떨거나 억지로 웃거나 하는 것이 안 되는 사람이라는 것을 부부지간이면서도 처음 알고 깜짝 놀랐다.

"공연히 장사 한 번 해본다고 멀쩡한 생사람 잡는 것 아닌가."

하는 생각이 들어 겁이 덜컥 났다. 그러다가 결정적인 사건이 터졌다.

천경자 씨는 집사람의 대학 은사였다. 하루는 회사일을 마치고 불이 나게 화랑으로 들어서는데 집사람이 전화로 누군가와 심각하게 이야기를 하고 있었다. 분위기가 너무 안 좋아 보여서 옆에 있는 직원 선미 씨에게 무슨 일이냐고 눈으로 물었다. 그러자 선미 씨는 아주 작은 목소리로 천경자 씨 전화라고 한다.

"천경자 씨가 왜?"

내가 여전히 조용한 목소리로 물으니 선미 씨는 그간의 상황을 간단히 알려준다. 천경자 씨 이야기는 화가들에게 작품이란 작가의 혼이 담긴 자신의 분신과도 같이 소중한 것인데 우리가 이것을 마치 백화점에 널려 있는 상품이나 아니면 은행창구에 쌓여 있는 지폐처럼 형편없이 취급하고 세상에 떠벌린다고 항의를 하고 있다는 것이다.

그런 전화를 집사람은 내가 화랑 안에 들어와서도 30분 너머를 또박또박 받고 있었다. 기자들과 어울리기를 그토록 싫어하는 집사람이 이런 경우 또 이처럼 침착하고 조리있게 말하는 것을 보고 나는 속으로 혀를 내두르고 있었다. 말투로 봐서는 화도 내고 속상한 표현도 있었지만 얼굴 표정만큼은 전혀 그런 내색이 안 보이는 냉정한 모습이었다.

그렇게 오랜 시간을 전화를 붙들고 입씨름을 하던 아내가 마침내 수화기를 내려놓고 한참 동안을 석상처럼 앉아있더니 갑자기 와르르 무너지며 울음을 터트린다.

"왜… 무엇 때문에… 내가 이런 험담을 듣고 욕을 먹어야 하지요?"

화랑일 때문에 점점 날카로워지는 아내의 신경은 걷잡을 수가 없었다. 처음부터 아내를 앞세워 뭔가를 해보려던 나의 생각은 근본부터가 잘못되었음을 깨달았다.

그래서 나는 그날로 은행화랑의 문을 닫기로 했다.

제 5 장

최고만의 생존법

제 2의 캠페인-팜유

농심라면의 '형님먼저 아우먼저' 캠페인 성공으로 우리가 시장을 많이 잠식은 했으나 여전히 우리 사장님의 꿈인 업계 1위에는 미흡하였다.

그래서 나는 아직도 이 꿈을 이루는 데 혈안이 되어 있었다. 이때 연구실의 신재익 이사가 새로운 처방을 들고 나왔다. 이제까지 라면의 유탕과정에 금과옥조(金科玉條)처럼 사용하던 우지(牛脂)를 대신하여 식물성 기름인 팜유(*Palm Oil*)만을 써서 라면을 새롭게 유탕하는 방법이었다. 실로 라면제조에서 천지개벽에 비견될 수 있는 엄청난 사고의 전환이었다.

동물성 기름인 우지 대신에 식물성 팜유를 쓴다면 물론 라면의 맛도 훨씬 더 고소해지고 건강에 좋은 것은 사실이지만 문제는 가격에 있었다. 톤당 가격이 팜유가 우지의 거의 배에 가까웠으니 원가상승에서 오는 부담을 견디기가 만만치 않았다. 그래서 모두 망설이고 있었는데 유독 연구실의 신 이사만이 이 팜유만을 고집하는 것이다.

지금 당장에는 원가에 대한 부담이 크겠지만 길게 봐서는 이 길만이 경쟁사 삼양을 이길 수 있는 유일한 길이라고….

그러자 임원회의에서는 당장 아우성이었다. 값이 두 배나 비싼 팜유를, 그것도 100% 다 쓰고도 어떻게 원가를 맞출 수가 있느냐는 것이 전반적인 임원들의 반발 이유였다. 그러나 사장님은 이것만이 경쟁사를 이길 수 있는 유일한 길이라는 확신하에 결국 팜유 쪽의 손을 들어주었다.

결과적으로 사장님은 '농심'과 '팜유' 결정에 사장님 특유의 예지와 고집을 내세워 이를 밀어붙였던 것인데 이 두 번의 현명한 판단이 오늘의 농심이 있게 한 초석(礎石)이 된 것이다.

그래서 전사적으로 농심라면의 팜유처방이 실행에 들어갔는데 그러자 곧 세상이 크게 시끄러워졌다.

제2차 세계대전 때까지만 해도 전 세계적으로 고무의 사용량이 엄청났다. 그래서 말레이시아 정부에서는 이 고무생산에 국가에서 집중적으로 지원하여 세계 1위의 고무 생산량을 자랑하게 되었는데 종전과 더불어 새로 나온 플라스틱에 밀려 고무 사용량이 급격히 감소하자 이제까지의 고무농장은 하루아침에 폐허가 되고 말았다.

또한 전후 일반생활이 안정되고 건강에 대한 인식이 높아지면서 식용유 시장에서도 큰 변화가 일어 종래의 동물성에서 식물성으로 바뀌면서 그 수요가 날로 급팽창하고 있었다.

그래서 말레이시아 정부에서는 이제는 쓰레기에 불과한 고무나무를 모두 밀어버리고 이 자리에 대대적인 팜농장을 건설하여 새로운 식용유시장에 뛰어들게 되었고, 그래서 지금은 그곳에서 나오는 팜유판촉을 위해 말레이시아 정부가 직접 나서서 세계 각처를 뛰고 있었다.

이 일로 말레이시아 농림성 장관이 한국에까지 날아와 각계에 판촉하고 다녔는데 농심공장에도 직접 와서 갖가지 호조건을 제시했다. 그래서 농심에서는 이 기회를 놓치지 않고 과감하게 종래의 우지에서 팜유로 전환을 시도했던 것인데 그러다 보니 이번에는 미국에서 난리가 났다.

미국우지협회의 해외판매량 중에서 한국시장이 차지하는 비중이 결코 작지 않았다. 그 중에서도 두 라면업체에서 이 우지의 거의 대부분을 소모하고 있었는데 뜻밖에도 농심에서 팜유로 처방을 바꾸는 바람에 미국 농무성에서는 주한미대사관을 통해 우지사용을 종용했던 모양이다.

그러나 농심에서는 끝까지 팜유를 고집하며 우지사용을 거부했는데 이상하게도 삼양에서는 종래의 우지가 라면 맛을 더 고소하게 한다고 우지처방을 바꾸려 하지 않았다.

그러나 나는 이런 삼양의 처사를 이해할 수가 없었다. 아무리 경쟁사이지만 식용유 시상에서 동물성에서 식물성으로 넘어가는 것은 식생활 개선으로 필연적인 것이었는데 왜 삼양같이 큰 기업체에서 이것을 거부하는지 알 수 없었다. 그것이 소문대로 미대사관의 압력 때문인지, 아니면 가격 때문인지, 그도 저도 아니라면 그들 주장대로 우지가 더 우수하다고 생각해서 그러는 것인지는 모르겠으나 아무튼 우리로서는 호재 중의 호재였다.

더구나 지금까지 한국에서 식용유로 사용하는 미국산 우지는 엄밀히 말한다면 식용유의 범주에서는 약간 벗어난 엑스트라팬시(*ExtraFancy*)를 사용하고 있어서 이것이 만약 일반에 알려지기라도 한다면 결코 회사가 견디기가 쉽지 않을 텐데도 왜 삼양에서는 이것을 고집하는지 알 수 없었다.

아무튼 나로서는 이번의 이 호재를 최대한 활용하여 기필코 우리 사장님의 꿈을 이루고야 말겠다는 굳은 각오로 갖가지 치밀한 전략과 캠페인 계획을 세워두었다.

그래서 1차 캠페인에는 곽규석, 구봉서 씨를 내세워 '의좋은 형제'를 주제로 했지만, 2차 캠페인에는 식물성 팜유의 건강성과 고급 이미지를 주제로 해서 이방자(李方子) 황태자비를 모델로 설정했다. 그리고 극비리에 창덕궁 낙선재로 사람을 보내어 사전작업을 시작하고 있었다. 물론 이것은 아직 계획단계였으므로 모든 것을 극비사항으로 은밀하게 진행시켰다.

예상했던 대로 낙선재에서는 정중하게 거절하는 연락이 곧 왔다. 그러나 나는 실망하지 않고 당연히 처음에는 그러리라 생각하고 2차, 3차 설득작전을 세워두었고 하나하나를 그 순서대로 진행시켜 나가고 있었다.

그런데 이상한 일이 벌어졌다. 내가 이런 농심라면 2차 캠페인 종합계획을 사장님에게 보고하고 재가를 받으려고 할 때 사장님이 쉽게 허락하지 않는 것이다. 오히려 충격을 너무 크게 하지 말고 강도를 낮추라는 것이다.

이제껏 사장님과 오래 일해 왔지만 캠페인의 강도를 낮추라는 주문은 이번이 처음이어서 어리둥절했다. 그래서 그 이유를 물었으나 사장님은 시원하게 대답을 해주는 것이 아니어서 더는 캐묻지 않고 할 수 없이 사장님 지시대로 강도를 낮추어서 전략을 수정하는 수밖에 없었다.

아마도 나에게마저도 말 못할 어떤 이유가 있는 모양이었으나 나는 굳이 그것을 알려고 하지도 않았다. 물론 이 모처럼의 기회를 잃는 것이 너무나 아쉽고 안타까웠으나 어쩔 수 없이 황태자비 모델 건도 취소하고 팜유 캠페인도 종전의 곽규석, 구봉서 씨로 대체하여 작은 소리로 치르기로 했다.

선전실 신입사원

회사에서 정기 신입사원 채용고시가 있었다. 나는 인사부에 특별한 주문을 했다. 우리 부서에 필요한 인재는 일반적으로 우수한 사람이 필요한 것이 아니라 독특한 순발력이나 창의력이 필요한 사람이니 그런 특별한 사람은 내 기준에 맞춰서 내가 직접 뽑겠다고 했다.

그래서 인사부에서 1차 합격한 사람 중에서 선전실 지망생만을 따로 모아 별도시험을 실시하기로 했다.

광고란 본래 정답이 있는 것이 아니다. 그래서 유능한 광고인이 되려면 정답 하나를 꼭 집어내는 능력보다는 보다 많은 사람에게서 공감을 이끌어내는 능력이 있어야 한다고 생각했다. 그래서 나는 입사시험도 이런 방향으로 사람을 찾고 싶었다.

예컨대 영국에서 혜성처럼 나타나 선풍적 인기를 끌고 있던 비틀즈가 좁은 영국을 떠나 무한한 미국 팝시장까지 석권하기 위해 뉴욕 JFK공항에 도착하여 미국 정벌의 첫발을 디딘 적이 있었다. 이때 이들을 열렬히 환영하는 극성팬들이 구름같이 몰려 인산인해를 이루었는가 하면 또 한쪽에서는 극렬 혐오팬도 극성팬 못지않게 몰려들어 공항은 큰 혼란을 이루었다고 했다. 그래서 이 두 입장에서, 즉 열렬한 극성팬과 극렬한 혐오팬 입장에서 각자 그들의 피켓에 문안을 작성하여 만들어보라는 식의 문제들이었다.

이것은 물론 100% 내 아이디어가 아니라 당시 토픽에 실린 것을 인용해서 내가 만들어본 시험문안이었지만 비교적 광고인 적성을 잘 파악할 수 있는 방법이라고 생각했다.

그래서 이런 시험지의 채점도 당연히 어느 한 사람이 혼자 하는 것이 아니었다. 아스토리아 호텔에 방송 PD, 디자이너, 작곡가, 가수, CF 감독, 주부 등이 다양하게 둘러앉아서 각자 채점하고 그 합계를 내어 가장 점수가 많은 사람 순으로 4명을 뽑았다.

이러한 입사기법은 훗날 일반 광고대행사에서도 자주 인용하여 신입사원 선발하는 데 활용하는 것을 보았다.

세계수준에 맞춰라

광고제작에 있어서 영상물은 비교적 일사천리로 막힘 없이 잘 진행된 반면에 디자인이나 패키지에서는 사사건건 사장님과 의견이 쉽게 모아지지 않아서 힘들고 속이 답답한 때가 많았다.

그래서 이 문제를 어떻게 푸나 하는 것이 나의 큰 고민이요, 어려운 과제 중의 하나였다. 실은 입사 2~3년, 가장 오래 되었다고 하는 임 과장도 이제 겨우 5년여의 짧은 실무경력의 어린 직원들로 매일매일 수도 없이 쏟아지는 신제품이며 갖가지 디자인작업을 해 낸다는 것이 물론 무리라는 것을 모르는 것은 아니었으나 아무튼 이 문제가 CF제작만큼 쉽게 풀리지 않아 나는 항상 힘이 들었다.

그래서 이문제로 고민하던 중에 하나의 아이디어가 떠올랐다. 우리회사, 우리제품이 국내시장을 평정하고 장차 세계로 나가려면 우선 모든 디자인 수준이 세계적이어야 할 것이다라는 생각이었다.

'세계에서 통하는 디자인이라면 당연히 한국에서도 통하지 않을까.'

그러기 위해서는 세계적 디자이너를 찾을 필요가 있을 것 같았다. 세계적인 디자이너 —. 그들은 과연 무엇을 생각하고, 작업은 어떤 방법으로 하고 있는 것일까? 그리고 우리 디자이너들의 실력은 그들에 비해서 과연 어느 수준인 것일까?

나는 곧 우리회사 동경지점의 오성창 씨에게 전화하여 일본에서 활약하는 현역 중에서 세계 톱클래스의 디자이너와 패키지마케팅 전문가를 찾아내어 그 사람에 대한 이력과 경력, 그리고 작품을 보내달라고 했다.

곧 몇 사람 선정되어 자료가 도착하였다. 나는 그들의 이력과 경력을 면밀하게 검토한 끝에 프리랜서 패키지디자이너 시오자와(SiojawaGenjo) 씨와 역시 프리랜서 패키지마케팅 디렉터 이케다(池田勝太郎) 씨 두 사람을 선정하여 오성창 씨에게 알리고 내가 곧 동경으로 갈 테니 이들과 면담할 수 있는 자리를 주선해 달라고 했다.

그리고 곧바로 동경으로 건너갔다. 사장님에게는 긴 설명을 하지 않았고 그저 잠시 동경에 다녀오겠다는 말만 남겼다.

동경으로 가서 이들 두 사람을 만나보니 두 사람 모두 마음에 들었다.

시오자와 씨는 미국태생의 일본인이었는데 율 브리너처럼 머리를 밀어버린 최고의 멋쟁이 중년신사였다. 키도 크고 몸집이 우람했으며 얼굴 윤곽이 꼭 서양사람 같아서 처음 만났을 때 나는 이 사람이 미국사람인 줄 알고 착각할 정도였다. 시오자와 씨는 프리랜서 디자이너로서 주로 미국 나비스코의 일을 전문적으로 하고 있었는데 우리에게 많이 알려진 릿츠 크래커의 패키지디자인도 모두 그의 작품이었다.

그리고 또 한사람 이케다 씨는 광고대행사 덴츠의 디자인국장 출신으로 지금은 역시 프리랜서로 일하고 있었는데 패키지마케팅 분야의 일본 최고 전문가라고 했다.

두 사람 모두 한국은 잘 모르고 있었다. 그래서 나는 우리나라의 전반적인 산업환경과 그 안에서의 우리회사의 위치와 비전 그리고 현재 우리상품의 현황 등에 대해서 자세하게 설명했다. 그리고 그런 우리회사 직원들을 위해서 실무교육을 해줄 것을 부탁했다. 처음에는 두 사람 모두 바쁘다며 난처한 표정을 지었지만 나는 한국시장의 여러 가지 메리트들을 제시하며 그들이 한국시장에 관심을 갖고 스스로 내 요구에 응할 수 있도록 적극적으로 유도해 결국은 그들의 승낙을 받아 낼 수가 있었다.

그리고 그들의 초청비용도 아주 저렴하게 잘 절충을 해놓았다. 일본에서의 해외출장 조건은 통상 숙식과 항공료는 당연히 초청자가 부담하는 것이고 그 외의 대우는 본인의 일본현지 일당의 3배를 계산해서 초청료로 받는 것이 일반적인 관례였다.

그렇게 계산한다면 이 두 사람의 초청비는 막내하여 사장님이 쉽게 허락할 것 같지가 않았다. 그래서 나는 여기에서도 또 나의 '에누리 실력'을 유감없이 발휘하여 파격적인 조건에 합의를 이루어냈다. 즉 이들에게 우리 직원들 교육과 함께 자기들의 테스트마케팅이나 패키지 패널조사를 한국시장에서 할 수 있는 프로그램을 별도로 짜서 이들에게 엮어주는 방법을 채택했다. 본래 인건비가 비싼 일본에 비해서 한국에서 이 정도 프로그램을 진행하는 데는 크게 비용부담이 없어서 내가 제시했던 것인데 이 안에 대해 두 사람도 기대 이상의 반응을 보여 결국은 숙식비와 항공료 이외의 초청비는 거의 실비정도로 초청계약서에 사인을 받았다.

나는 이 초청계약서를 가지고 서울로 돌아와 비로소 사장님에게 나의 앞으로의 계획을 이야기하고 이들의 초청계약서도 보여드렸다. 좀 엉뚱하기는 했지만 매우 획기적인 발상이었기에 사장님도 일단은 나를 믿고 쉽게 허락했다.

그래서 두 사람은 약속한 날짜에 한국에 나왔고 우리 직원들은 이들을 통해서 집중적으로 실전교육을 받았다. 물론 나도 공부를 겸해서 매일 교육에 참석했으며 마케팅교육이 아닌 패키지 실습시간에는 서투르나마 내가 직접 통역까지 맡아가며 진지하게 교육을 실시했다.

첫날 교육이 끝난 다음에 나는 사장실로 이들을 안내하여 사장님에게 인사시켰는데 본래 사장님이 일본롯데의 영향을 많이 받아 일본식 사고에 익숙한 분이어서 특히 시오자와 씨와는 첫 대면부터 서로 마음이 통했던지 이런저런 이야기를 많아 나누며 금방 친숙한 관계가 되었다. 그래서 나중에는 선전실 교육뿐만 아니라 전 임원들에게도 똑같은 방법으로 '간부사원들의 자세'에 대한 교육을 시켜달라고 해서 때아닌 임원특강까지 했다.

시오자와 씨의 패키지 실무교육은 강력한 스파르타식 훈련이면서도 매우 특이하였다. 하나의 과제가 떨어지면 일단 그 과제에 대해서 총체적인 설명을 들은 다음 모든 디자이너들은 그 과제에 대해서 다음날까지 무조건 50개씩 러프스케치를 하게 하는 것이다. 그래서 5명의 디자이너라면 모두 250개의 러프스케치가 모아지는데 이 250개 중에서 10개를 추리고, 이 추려진 10개를 전 직원들이 모여서 토론한 다음 다시 각자가 이 10개를 기본으로 해서 또 작업에 들어가 2, 3개씩 디자인하는 것이다. 그래서 여기에서 나온 작품 중에서 다시 회의를 거처 5~10개를 압축하여 최종적으로 사장 제가를 받아 결정하는 방법이다.

이런 식으로 마치 다량생산체제의 자동화된 공장에서 제품을 찍어내듯 디자인작업이 일사불란하게 기계적으로 이루어지니 아무리 과제가 밀리고 디자이너들이 다소 경험이 미숙하다 할지라도 이러한 시스템에 집어만 넣으면 일관성 있게 우수한 작품들이 쏟아져 나올 수밖에 없었다.

그래서 이케다 씨의 패키지마케팅 교육은 이번 한 번으로 끝냈지만 시오자와 씨의 패키지제작 실무교육은 그후 10년 넘어, 내가 회사를 퇴사한 이후까지도 계속되어 처음 약속한 대로 시오자와는 3, 4개월에 한 번씩 한국에 나와서 직원들 교육시켰고 또 어떤 때는 아예 작업을 함께함으로써 우리와 한 팀이 되어 마치 한 직원이요, 한 식구처럼 같이 작업에 임했다.

이러한 합동작업을 통해서 그후 시오자와 씨는 열렬한 농심맨으로 바뀌어 한국을 많이 이해하고 사랑하는 지한파 일본인이 되었다.

그 결과 디자인실은 이런 시스템으로 작업을 하고 있어서 비록 디자이너 숫자는 적고 연륜은 짧은 젊은 직원들이었지만 일만큼은 깔끔하고 신속하게 처리하는 전통을 세워 놓은 것이다.

포장지디자인의 새로운 추구

슈퍼마켓이 생기면서 앞으로는 동네의 구멍가게가 모두 없어지고 슈퍼마켓이 그 기능을 대신할 것 같았다. 또한 이 슈퍼마켓에는 각 회사마다 판촉사원을 파견하여 서로 좋은 위치에 자기제품을 진열하려고 피나는 자리싸움을 하고 있었다. 그러나 막상 이렇게 어렵게 확보한 자리를 어떻게 하면 효과적으로 진열할 수 있을까 하는 것이 나에게 떨어진 하나의 큰 과제였다.

그래서 나는 우리 디자인실 안에 슈퍼마켓과 똑같은 매대를 설치하고 그곳에 많은 제품을 쌓아놓아 갖가지 진열효과를 체크해보고 또 그 속에서 살아남을 수 있는 디자인전략을 연구했다.

이제까지의 구멍가게는 대개 소량의 상품을 진열대 위에 올려 놓아두기 때문에 소비자가 제품을 위에서 보게되는 경우가 많아서 대개 제품포장도 윗면과 뒷면만 디자인하고 말았다. 그런 데 비해서 새로 등장한 슈퍼마켓은 많은 상품을 진열대 위에 다량으로 쌓아놓고 소비자는 그 쌓여진 제품을 측면에서 보는 경우가 대부분으로 이처럼 측면만 보아서는 어느 제품이 어느 제품인지 전혀 분별을 할 수 없다는 것을 깨달았다.

그래서 즉시 디자인실에 지시하여 측면디자인에도 역점을 두라고 했다. 이렇게 우리가 처음 시도한 측면 디자인이 큰 효과를 거두자 이내 곧 다른 회사들도 뒤따라 측면디자인이 시작되어 지금은 일반화가 되었다.

그리고 나는 언제나 값싸고도 효과적인 새로운 매체개발을 위해서 항상 궁리하고 생각하며 살았다. 우리가 통상 활용하는 5대 매체 이외에 또 다른 매체는 없는 것일까. 사람들이 자주 접하는 것이라면 그 모두가 광고매체로 전용될 수도 있는 게 아닐까. 그렇게 보면 무궁무진해 보이기도 했다.

우선 우리가 항상 입고 다니는 옷이나 모자 등도 광고매체로 가능해 보였고, 우산이나 양산, 그리고 거리를 누비는 자동차며 도로표시판 뒷면 등도 모두 훌륭한 광고매체가 될 수가 있다는 생각이 들었다. 뿐만 아니라 건물 자체를 몽땅 상품포장으로 뒤집어 씌워도 재미있겠다는 생각도 들었다.

그 중에서도 우리 직원들이 매일 붙들고 씨름하는 제품포장지가 머리에 떠올랐다.

'제품 포장지를 광고매체로 활용할 수는 없을까…?'

생각하면 생각할수록 좋은 아이디어 같았다. 그래서 즉시 우리 라면포장 뒷면에 새우깡광고를 넣고, 새우깡포장에 라면광고를 넣도록 했다. 그리고 거버 유아식같이 종이박스에는 당시 미아찾기 기관과 협조하여 미아들의 사진을 넣었더니 대단히 큰 효과가 있었다.

그래서 시작된 포장지광고는 그후 많이 일반화되어 지금도 우리 주위에서 흔히 볼 수 있는 광고로 활용되고 있다.

아이디어라고 다 쓰이는 것은 아니다

그해 1979년도 새우깡이 동이 나서 공장에서 원료공급이 딸린다고 아우성이었다. 이렇게 갑자기 원료가 떨어지면 구매부에서도 속수무책인 경우가 종종 있다. 왜냐하면 우리회사에서 원료가 부족하다는 소문이 퍼지면 시장에서 당장 해당품목의 품귀현상이 일어나고 그러다 보면 가격은 천정부지로 치솟아 오르기 때문이다. 심지어 우리 구매부장이 시장에 나가기만 해도 농수산물가격이 뛴다는 말이 있을 정도였다.

이럴 때 사장님은 은밀하게 나를 불러 문제를 해결하곤 했다. 그럴 때 나는 시장으로 뛰는 것이 아니라 생산지로 직접 달려가는 색다른 전략을 썼다. 그래서 그 해도 나는 새우조달을 위해 서울의 수산시장이 아닌 전라남도 법성포로 김윤근 회장을 찾아갔다. 김 회장이라면 영광군에서는 제일 가는 거상(巨商)으로서 일대의 수산물에 대한 상권을 몽땅 쥐고 있으면서 우리와는 오랫동안 거래하는 이 지역 유지였다.

새우깡의 주원료는 이곳 법성포에서 나오는 중하(仲鰕)만을 사용했는데, 이 중하는 일본인들이 또한 좋아하는 맛좋은 고급새우이기도 해서 일본시장이 뜨거워지면 국내 출하량이 딸리는 현상이 일어나 우리같이 다량의 물량을 확보해야 하는 입장에서는 애를 태우는 때가 한두 번이 아니었다.

내가 김 회장을 만나 협상이 제대로 풀리지 않으면 나는 막무가내로 김 회장의 창고로 쳐들어가 그곳에 쌓여 있는 물건을 실어 내오는 수법을 쓴다. 그러다 그곳 창고의 재고마저 바닥났을 때는 김 회장 소유의 냉동선에 김 회장을 억지로 태우고 직접 바다로 나가서 조업중인 어선에서 새우를 일일이 수집하기도 했다. 그래서 그런 내 성격을 잘 아는 김 회장은 내가 서울에서 내려오면 우선 머리부터 설레설레 흔들며 질겁하는 것이다.

그해에도 김 회장과 밀고당기며 일본으로 보낼 물량이라고 따로 숨겨놓은 것을 거의 빼앗다시피 하여 필요한 물량을 서울로 보내고 나니 비로소 한숨이 나왔다.

대개 이렇게 한바탕 회오리바람이 휩쓸고 지나간 다음에는 김 회장과 마주앉아 소주잔을 기울이며 이런저런 이야기를 나누게 된다. 술이라고 해야 이곳 사람들이 즐겨 마시는 대두병에 들어있는 막소주에 안주로는 생새우 껍질을 벗겨서 고추장에 찍어 먹는 것이 전부였다. 나는 본래 술을 못하는 데다가 느글느글한 생새우를 통째로 씹는 것은 더더욱 비위에 거슬려 얼굴을 찡그렸으나 앞에 앉은 김 회장을 생각해서 억지로 몇 잔을 비웠다.

"도대체 김 실장은 뭐허는 사람이여? 툭탁하면 쫓아와서 이렇게 난리를 피워대니…. 구매와는 아무 상관이 없는 선전실장이 왜 이런 일에 쌍심지를 키고 다니는지 모르겠어."

"선전을 하면 뭘 합니까. 새우가 모자라 물건을 못 만들면 모든 게 다 나무아비타불인데… 그래서 제가 뛰어오는 겁니다."

"사장허고 친척이여?"

"아뇨. 그냥 직원입니다."

"참 별난 회사네…."

해가 서쪽 바다위로 지고 있었다. 지는 저녁햇살에 바닷물결이 그대로 반사되어 눈이 부셨다. 그 눈부신 사이로 자그마한 섬이 하나 걸려 있었다. 참으로 아름다운 풍경이었다.

"참 아름다운 섬이네요."

나는 너무나 눈이 부셔 제대로 눈을 뜰 수가 없으면서도 실눈 사이로 보이는 그 섬을 가리키며 감탄했다.

"아름다우면 뭘혀, 애물단지일 뿐인디…."

"섬이 애물단지라뇨…?"

당시 정부의 대 간첩작전본부에서는 산 속의 외딴집이나 외딴섬에 집이 한두 채 있는 것은 모두 육지나 마을 안으로 강제이주를 시켰다. 이들이 남파된 간첩들에게 은신처를 제공한다고 생각했기 때문이다.

그래서 작은 섬에서 뙈기밭을 갈아 근근이 생활하던 섬사람들은 갑자기 그 땅을 포기하고 뭍으로 나와서 살려니 어려움이 이만저만이 아니었다. 그렇다고 배를 장만하여 일일이 왔다갔다하면서 작은 밭농사를 지을 수도 없는 노릇이었다. 그래서 이렇게 뭍에 나온 사람들은 하나같이 이들 섬을 팔려고 내놓았다는데 이 쓸모 없는 섬을 살 사람은 아무도 없어서 지금은 이렇게 애물단지가 되어있다는 것이다.

"김 실장이 저거 하나 사지 그래?"

"서울에 있는 제가 저걸 사서 뭐에 쓰게요."

"사 놓아봐. 나중에는 크게 효자노릇 할 때가 올 테니…."

바로 코앞에 있는 아름다운 섬이 3만 평이고 좀 멀리 떨어져 있는 섬이 11만 평이라는데 두 섬 모두 각각 2백만 원이면 살 수 있는데 그것도 자기가 나서면 얼마든지 더 깎을 수도 있다는 것이다. 내가 땅값은 잘 모르지만 참 턱없이 싼 헐값이구나 하는 생각이 들었다.

더구나 코앞에 있는 섬은 간조 때는 바닷물이 빠져 육지와 이어지고 만조 때만 섬이 되는 그런 지역이었다.

나는 서울로 올라오는 차 안에서 여러 가지로 많은 생각을 해보았다.

다음날 사장실에 들어가 출장복명을 마치고 나는 사장님에게 정색을 하고 한 가지 간청을 드렸다.

"사장님, 저에게 한 달간의 휴가를 주시겠습니까? 거기에 경비행기 한 대를 함께 렌트해 주시고요."

"웬 또 엉뚱한 소리냐?"

전라남도와 경상남도에는 이처럼 헐값의 무인도가 널려 있었다. 나는 남해안 일대에 퍼져 있는 섬 지도를 만들어서 이 안에 있는 무인도만을 골라 총체적으로 개발하는 종합계획을 세우고 싶었다. 개발해서 당장은 채산성이 없다 해도 먼 훗날 만약 중국과 국교만 트인다면 이런 섬들은 그야말로 보물섬이 될 것 같았다.

이런 생각은 비단 김윤근 회장의 말이 아니라도 나도 충분히 짐작이 가는 생각이었다. 그러나 사장님의 반응은 농담 정도의 시큰둥한 것이었다.

"우리 같은 라면장사꾼이 웬 땅장사냐, 그런 건 복덕방에서나 하라 해라."

"땅장사가 아닙니다. 버려진 땅을 개발하자는 것이지요. 만약 자금에 부담이 된다면 때가 될 때까지 제가 이자는 벌어들이겠습니다."

"무슨 방법으로…?"

"그곳에 농장을 하겠습니다. 약초농장이나 방목, 심지어 뱀농장이라도 해서 최소한 이자만큼은 책임지겠습니다. 약초 따위는 해풍이 몰아치고 땅이 척박한 악조건일수록 약효가 탁월하답니다."

그러나 나의 이런 진지한 간청을 사장님 귀에는 한낱 우스갯소리로만 들렸던 모양이다.

그래서 나의 무인도개발 건의안은 더 이상 진전이 없었으나 그 대신 나는 그때 법성포 바닷가에서 김 회장을 통해 받은 깊은 인상을 떨쳐 버릴 수가 없어서 김 회장을 모델로 하는 '새우깡의 진실'이라는 잡지광고를 만들어 좋은 반응을 얻었다.

이 광고를 만들기 위해 나는 우리 제작팀을 데리고 법성포 현장으로 다시 내려갔다. 그리고 모든 촬영을 마치고 서울로 올라올 때 김 회장은 나에게 선물을 하나 하겠다며 나와 우리 제작팀을 데리고 법성포의 한 건어물상으로 들어갔다. 그리고 그 건어물상 주인과 한참을 이야기를 하더니 두 두름의 굴비를 안에서 꺼내오는 것이다.

"법성포에 있다고 모두가 진짜 영광굴비는 아녀. 그동안 이곳에 여러 번 왔다갔다했으니 진짜 영광굴비 맛은 한 번 봐야지."

하면서 노르스름한 굴비다발을 내 가슴에 안겨준다. 나는 진짜 영광굴비라는 말에 너무 고마워서 크게 허리를 굽혀 인사했다. 그리고 굴비값을 치르려고 지갑을 꺼냈으나 김 회장은 한사코 사양하는 것이다.

"이라믄 섭섭허제. 성의를 이렇게 박절하게 하는 게 아녀."

이곳 사람들은 자신의 성의를 거절하면 몹시 섭섭하게 생각하는 순박한 사람들이기도 해서 나는 할 수 없이 지갑을 다시 넣고 받은 굴비를 제작팀에게도 골고루 나누어주고 일부는 내 차에 싣고 서울로 돌아왔다.

아내는 특히 굴비를 좋아하는 사람이다. 굴비를 좋아하는 아내에게는 너무나 좋은 선물이어서 우리는 이 진짜 영광굴비를 두고두고 맛있게 먹었는데 그후 아내는 굴비를 살 때마다 꼭 그 영광굴비를 찾았으나 불행하게도 그토록 맛있던 진짜 영광굴비는 다시는 맛볼 수 없었다.

여의도는 본래 모래섬의 공군비행장이었는데 1968년 김현옥 서울시장이 이곳에 제방을 쌓아 지반을 돋우고 시범적으로 근대화된 아파트를 짓기 시작한 곳이었다. 그래서 내가 이곳 여의도에 살던 때도 뚝 너머 강가에는 웅덩이와 갈대가 많아서 아이들이 이곳에서 놀 때는 항상 어른이 따라다녀야 하는 위험한 곳이었다.

강가의 이렇게 버려진 쓸모 없는 땅이 천호대교에서 행주대교 사이에는 부지기수였다. 나는 서울시지도를 볼 때마다 서울시의 한복판을 가로지르는 한강변의 이 엄청난 버려진 땅을 어떻게 하면 활용할 수 있을까를 골똘히 생각하곤 했다. 그래서 하루는 이 곳에 나름대로의 개발계획서를 작성하여 사장님께 보고를 한 적이 있었다. 그러나 이때도 사장님은 역시 별 무반응이었다.

"여의도를 한바퀴 빙 돌아가면서 골프장이나 만들어볼까."

하는 것이 사장님이 나에게 보인 유일한 반응이었다.

"일반시민들과 너무나 지근거리에 있기 때문에 골프장은 적합하지 않고 홍수 때 유수(流水)에 방해되지 않으려면 시설물이 없는 롤러스케이트장이나 사이클장 정도가 가능할 것 같은데요."

"그런 거 해서 장사가 되겠나?"

"지금 당장 채산을 맞추려면 안됩니다. 앞으로 10년, 20년 후를 생각해 보세요. 그때도 서울의 한 중앙에 이렇게 버려진 땅이 방치되어 있겠습니까. 그때까지 우리는 이 땅을 임차하여 임차비 정도만 벌면서 때를 기다리면 되는 겁니다. 그때 가서 우리가 기득권을 주장하여 불하받는다면 사업은 그때부터 시작하면 되는 거지요."

나는 예나 지금이나 무엇이든 보면 그것을 예사로 보아 넘기지 않고 항상 그것을 중심으로 해서 여러 가지 다양한 아이디어를 구상하는 것이 체질화

되어 있었다.

강원도 지점장회의가 원주에서 있었다. 회의가 끝나고 나는 우리 지점 바로 옆에 있는 원주 MBC에 인사차 들렀다. 업무국 직원들이 모두 깜짝 반가워한다. 전에 우리가 '농심'으로 회사명을 바꿀 때 청강 선생의 휘호를 받을 수 있도록 여러 가지로 많은 도움을 주었던 장예순 부장이 지금은 국장이 되어 있었다.

"김 실장 마침 잘 오셨습니다. 그렇지 않아도 내가 김 실장을 한 번 찾아가 뵈려던 참이었는데…"

"왜 무슨 일이 있습니까?"

장 국장 말에 의하면 원주시 한복판에 있는 지금의 방송국 사옥이 너무 복잡해서 조금 떨어진 곳으로 새로 사옥을 장만하여 옮길 계획이라고 했다. 그래서 지금의 건물을 매각할 예정이라는데 이것을 농심에서 구입해 보라는 것이다. 앞으로의 전망이 너무 좋은 원주의 금싸라기 땅인데다가 농심에서 매입하겠다면 매매조건도 얼마든지 좋은 조건으로 해주겠다는 것이다. 공연히 남의 건물에 세들어 있을 게 아니라 모든 조건을 우리에게 유리하게 해줄 테니 차제에 농심 것으로 확보해두라는 것이다.

나는 우리 지점에 연락해서 지점장을 오라고 했다. 그래서 함께 자세한 브리핑을 들어보았다. 우리 지점장 생각에도 좋은 기회인 것 같다며 흥분을 감추지 못한다.

나는 서울로 돌아와 '원주 MBC사옥 매입건'이라는 또 하나의 계획서를 만들어 사장실에 올렸다. 그러나 이번에도 역시 사장님은 별 무반응이었다. 그러나 나는 여기에서 순순히 물러서지 않고 차제에 우리회사의 전국 지점이나 영업소의 자체건물 현황을 자세하게 조사해보기로 했다.

조사결과 당시 우리회사의 지점이나 영업소는 예외 없이 남의 사무실이나 창고를 임차해 쓰고 있었는데 매월 그 임차료만도 엄청나게 지출되었다. 왜냐하면 라면이나 스낵은 부피가 많은 상품이어서 지점이나 영업소는 큰 창고와 많은 수송차량이 들락거릴 수 있는 공간이 필수적이었기 때문이다. 그래서 나는 이런 전국 현황을 조사하여 이에 대한 개선책을 마련하여 사장실에 또다시 보고했다.

지금에 다소 무리는 가겠지만 이들 부동산을 하나하나 매입하는 것이 길게 봐서는 매우 유리하다는 판단이 섰기 때문이었다.

내가 하도 완강하게 주장하자 사장님은 우선 당장 원주 MBC사옥을 매입하는 문제는 거절하였지만 대신 원주시 외곽지역에 있는 시내버스 주차장을 대신 매입하는 용단을 내리게 되었고 이것이 기폭제가 되어 차츰차츰 전국의 지점이나 영업소를 자체 건물이나 창고로 확보하기 시작하였다.

그래서 지금은 농심이 전국적으로 많은 부동산을 확보하게 되었고 이것이 오늘날 농심이 흔들리지 않는 단단한 기반을 만든 일부가 되었음은 분명한 일이다.

지점장 송년회

어느 해 연말이었다. 한해를 마감하는 전국지점장 회의를 마치고 일년동안 수고한 지점장들의 사기도 올려줄 겸 인사동에 있는 오진암이라는 요정에서 전국지점장 송년회를 가졌다.

대개 일선영업부의 술버릇이란 매우 거칠고 고약하게 마련이어서 이런 날은 회사의 임원들이 곤욕을 치르는 날이기도 했다. 물론 사장님이 이런 자리에 직접 참석하지는 않았지만 그렇다고 영업부 회식자리에 사장실에서 전혀 모른 척할 수도 없고 해서 내가 대신 참석하는 경우가 많았다.

그래서 나는 처음부터 일부러 문 쪽으로 자리를 잡고 앉았다. 기회를 봐서 어느 정도 술자리가 무르익으면 슬쩍 자리를 뜰 생각이었다. 그렇지 않아도 오늘은 영동 처갓집에 친척들이 모이기로 약속이 되어 있어서 아침부터 아내가 일찍 오라고 신신당부를 했던 터였다.

계획대로 술자리가 어느 정도 무르익자 나는 슬며시 자리를 뜨려고 했다. 그러나 공교롭게도 아까부터 나의 이런 낌새를 눈치채고 있던 이영만 부장에게 덜미를 잡히고 말았다. 그래서 그 벌로 오히려 안쪽 깊숙한 자리로 끌려들어 왔고 벌주를 마셔야 했다.

벌주란 일반 술잔에 따르는 것이 아니라 주발이나 대접, 심지어는 기생들의 꽃고무신에까지 철철 넘치게 따라주는 것이었는데 이것을 못 마신다고 버리거나 쏟으면 또다시 더 큰 술잔이 안겨온다.

벌주뿐이 아니었다. 이후 지점장들이 집중적으로 나에게 술잔을 돌렸는데 그래서 나는 곧 인사불성이 되어 송년회가 끝나기도 전에 그들의 손에서 벗어나 문밖으로 기어나왔다. 겨우 문밖으로 나오니 갑자기 쏟아지는 찬바람에 정신이 번쩍 드는 것 같고 술기운이 조금은 가시는 것 같다.

당시 나는 내 개인차 포니를 직접 운전하고 다녔다. 가까스로 차에 올라 핸들을 잡고 보니 온 세상이 빙글빙글 돌아가고 있다. 주차장에 대기하던 요정직원들이 달려와 운전을 할 수 있겠느냐고 걱정스럽게 묻는다.

나는 일부러 허리를 꼿꼿이 고추세우고 눈꺼풀에 힘을 주어 앞을 똑바로 바라보며 걱정 말라며 객기를 부려본다. 그러면서 억지로 액셀러레이터를 밟으니 차가 앞으로 움직이기 시작한다. 여전히 차창 밖의 세상은 빙글빙글 돌아가는 것만 같아서 방향을 제대로 잡을 수가 없다. 그러나 이를 악물고 가까스로 핸들을 잡고 낙원동을 벗어나 종로와 퇴계로를 가로질러 남산1호터널로 올라가는 가파른 길로 접어들었다.

낮에도 쏜살같이 질주하는 차량 이외에는 아무런 인적이 없어서 조금은 섬뜩한 생각까지 드는 안기부 돌담길을 돌아가는데 이미 시간은 늦고 주위는 어두운데 길마저 미끄러워서 여간 조심스러운 게 아니었다. 그래서 취중에도 잔뜩 긴장해서 핸들을 꼭 쥐고 돌담길을 막 돌아서는데 순간 내 눈앞에 둥그스름한 돌덩이 같기도 하고 얼음덩어리 같기도 한 것이 나타난다.

너무나 졸지에 나타난 것이라 어떻게 피할 겨를도 없어서 그대로 그것을 치고 지나가고 말았다. 그러나 그 순간 차가 기우뚱하더니 핸들이 빽빽해지며 작동이 되지를 않는다. 나는 취중에 가까스로 차를 오른쪽 비탈길에 세우고 나와서 살펴봤다.

좌측 앞타이어가 찢어져서 차가 완전히 한쪽으로 기울어져 있었다. 타이어를 교체해야겠는데 난 이제껏 한 번도 이런 일을 해 본적이 없었다. 지나가는 택시라도 있으면 세워서 시켜볼까 했으나 그런 택시도 없었고 이따금씩 지나가는 차도 장소가 외진 곳이어서 그런지 쏜살같이 달려갈 뿐 멈추려고 하지 않는다.

빨리 조치를 취하지 않으면 지나가는 차에 받힐지도 모르는 위험한 곳에 내가 지금 서 있으므로 서두르지 않으면 안되겠다는 생각이 들었다. 어쩔 수 없이 스스로 하지 않으면 달리 방법이 없었다.

취중에 서툰 솜씨로 연장을 챙기고 스페어 타이어를 꺼내 가까스로 타이어를 바꾸어 놓았다. 볼트가 제대로 물리지가 않고 조여지지도 않았지만 그런 대로 타이어가 끼워지기는 한 것 같아서 다행이다.

타이어를 맞춰놓고 시동을 걸려고 보니 이번에는 자동차 열쇠가 없어진 것이다. 황망중에 너무 서두르다 그만 어디에 떨어트린 모양이다. 자동차의 앞뒤 땅바닥을 뒤지며 찾아보았다. 그러나 어두워서 아무것도 보이지를 않는다. 기다렸다가 다른 차가 한 대 지나가면 그 불빛으로 재빨리 주위를 찾아보곤 하기를 수도 없이 반복한 끝에 겨우 뒤 트렁크 밑에 떨어져 있는 열쇠를 가까스로 찾을 수가 있었다.

차가 시동이 걸리고 움직이기 시작한다. 그런데 이상하게도 차가 움직일 때마다 앞바퀴에서 '삐거덕 삐거덕'하는 소리가 나는 것이다. 그래서 이상해서 유리문을 내리고 내다보니 왼쪽 앞타이어가 차체 밖으로 한 뼘이나 튀어 나와 있어서 마치 경주용 스포츠카 같은 모습을 하고 있다.

뭔가 잘못된 것 같았지만 그렇다고 다시 차를 세워서 그 이유를 찾아낼 자신은 없었다. 더구나 차는 이제 곧 남산터널 안으로 들어가려는 순간이었고 또 차가 아주 느린 속도이기는 하나 그런 대로 움직여 주는 것만도 다행이다 싶어 일단 이런 모습으로 가는 데까지는 가보기로 했다.

차가 한쪽으로만 무섭게 쏠려서 핸들을 있는 힘을 다해 붙들고 천천히,

천천히 앞으로 갔다. 이런 모습으로 가까스로 영동사거리를 지나 도산공원 옆 처갓집에 도착하니 친척들이 모두 다 모여서 이미 식사도 끝났고 둘러앉아 한담을 나누고 있었다.

내가 흐트러진 모습으로 들어와 정신을 차리지 못하고 횡설수설하자 모두 깜짝 놀란다. 나는 영동형님을 한 쪽으로 가만히 불러서 대문 앞에 세워놓은 내 차가 이상하니 지금 나가서 좀 보아달라고 했다.

밖에 나갔다 들어온 형님은 저런 차를 어떻게 끌고 왔느냐고 야단이다. 타이어가 거꾸로 끼어져있는 데다가 그것도 볼트가 살짝 걸려만 있어서 아주 위험천만이라는 것이다.

나는 평소에도 볼트 하나 제대로 조일 줄도 모른다고 아내에게 핀잔을 받아왔다. 그런 내가 이런 끔찍한 모습을 모든 친척들 앞에서 고스란히 탄로나고 말았으니 아내는 또 뭐라고 말할 것인가.

"저런 사람이 광고한다고 월급 받아오는 것 보면 참 신기해."

A일보 사건

하루는 저녁을 먹고 막 잠자리에 들려고 하는데 대방동 공장에서 전화가 왔다. 공장에 급한 일이 일어났으니 빨리 나와서 수습을 해달라는 것이다.

"무슨 일인데 또 그래…?"

공장에 직원들이 많다 보니 크고 작은 사고들이 자주 일어난다. 그때마다 당직사령이 알아서 처리하지만 이따금씩 문제가 커지면 공장에서 비교적 가까이에 있는 나를 부르는 경우가 종종 있었다.

공장에 도착해보니 보일러실에서 근무하고 있는 보일러공이 저녁에 만취하여 보일러실 안에서 난동을 부리다가 동료 한사람을 쇠파이프로 쳐서 머리에 상처를 입혀 병원으로 실려 갔고 때린 직원은 아직도 술이 덜 깨인 상태에서 난동을 계속하고 있다는 것이다. 나는 급히 현장으로 나가 보았다.

대방동 라면공장 바로 이웃에 있는 얼마 전 새로 인수한 삼학소주 공장에서 일어난 일이었다.

넓은 마당 한가운데는 공장용수로 쓰는 엄청나게 큰 우물이 있었다. 그 우물가에 그동안 난동으로 옷차림이 엉망이 된 보일러공이 흔들거리며 앉아 있고 그 옆에는 쇠파이프가 놓여 있었다. 그리고 그 주위에는 수백 명의 공장직원들이 그 사람과 적당한 거리를 두고 빙둘러 원을 그리며 지켜서서 서로 대치하고 있었다. 경찰관도 두 명이나 끼어 있었다.

그러다 어느 직원 하나가 설득하기 위해 그 사람에게 접근이라도 하면 이 사람은 잽싸게 옆에 있는 쇠파이프를 집어들고 접근을 못하게 겁을 주며 고래고래 소리를 지르는 것이다.

나는 이런 상황에서 공연히 무리하게 접근하여 그를 자극할 것이 아니라 시간을 두고 그가 술이 깨기를 기다리도록 했다. 횡설수설하는 그의 말을 들어보니 그가 때려 병원으로 실려간 동료가 이미 죽은 것으로 알고 자포자기하는 것 같았다. 그래서 나는 그와 가까운 동료를 접근시켜 병원에 실려간 사람이 죽은 것이 아님을 설득하여 마음을 안정시켜 보라고 했다. 그러나 이 방법도 별 효과가 없었다.

"아니야. 죽었어, 난 이제 살인자야, 살인자란 말이야…."

계속 이 말만 되풀이하며 꺼억꺼억 울기도 했다. 동료 말도 믿지 않는다면 할 수 없이 가족을 동원하는 길밖에 없었다. 그래서 나는 빨리 집에 연락하여 가족을 데려오라고 했다.

그 사이 이제껏 인파 속에 묻혀서 관망만 하던 두 경찰관이 앞으로 나서서 우물가로 접근하고 있었다. 경찰관 책무상 더 이상 관망만 하고 있어서는 안 된다고 생각하여 이쯤에서 자기들이 나서서 원만하게 해결해 보겠다고 생각했던 것 같다.

"안돼, 가면 안돼. 가족을 기다려야해…."

순간 나는 불길한 예감이 들어 소리쳐 만류했다. 그러나 이미 두 경찰관은 우물가에 도착했고 갑자기 나타난 경찰관을 보고 보일러공은 잔뜩 겁을 먹은 표정으로 벌떡 자리에서 일어나 멈칫멈칫 뒤로 물러서고 있었다.

"아니야… 아니야… 가까이 오지마."

보일러공은 들고 있는 쇠파이프로 콘크리트 바닥을 쾅쾅 치며 다가오는 경찰관에게 겁을 준다. 그러나 두 경찰관은 그렇게 잔뜩 겁에 질려 있는 보일러공을 안심시키려는 듯 계속 뭐라고 하면서 한 발 한 발 가까이 접근하고 있었고 보일러공은 그럴수록 더 겁에 질려 멈칫멈칫 뒤로 물러선다.

그러다 마침내 몸이 우물벽에 걸려 더 이상 뒤로 물러설 수가 없게 되자 더더욱 겁먹은 눈빛으로 다가오는 경찰관에게 쇠파이프를 겨누며 가까이 오지 말라고 악을 쓴다. 그럼에도 불구하고 경찰관이 더 접근하자 부들부들 떠는 손으로 몇 번 쇠파이프를 휘두르고 그 쇠파이프를 이리저리 피하던 경찰관이 마침내 잽싸게 달려들어 보일러공을 붙들려고 한다. 그러자 보일러공이 날쌔게 경찰관의 손을 벗어나더니 급기야 뒤에 있는 커다란 우물뚜껑을 열고 그 안으로 뛰어들고 만다.

실로 눈 깜짝 사이의 순간적인 일이었다. 사람들이 몰려들어 우물뚜껑을 열어 젖히고 안에 플래시를 비쳐봤지만 커다란 풀장처럼 새카만 물결이 깊은 우물 속에서 출렁일 뿐 아무런 반응이 없다. 비명소리도 없고 악쓰는 소리도 없고 텀벙거리는 물소리도 없다.

나는 급한 김에 누군가를 내려보내라고 소리쳤지만 침착한 당직사령은 그런 나를 제지하고 아무도 내려가지 못하게 막는 것이다. 그랬다가는 오히려 희생만 더 늘어난다는 것이다. 그 대신에 밧줄이며 여러 가지 물건들을 끈에 묶어서 내려보내며 이것을 붙들라고 우물 속을 향해 소리소리 질렀지만 넘실거리는 물결 속에서 그가 로프를 붙잡는 것 같지는 않았다.

나중에는 다급해지자 당직사령도 할 수 없이 직원하나를 로프로 허리를 묶어서 어두운 우물 안으로 내려보냈다. 내려간 사람이 캄캄한 우물 안 여기저기를 샅샅이 뒤져보았지만 손에 잡히는 것은 아무것도 없었다.

그리고 오랜 시간이 지났다. 모든 것이 그렇게 끝나고 말았다.

이 와중에 어떻게 낌새를 알아차렸는지 관할 영등포 경찰서의 출입기자 하나가 현장에 나타났다. 이런 상황에 기자가 나타났다는 것은 나로서는 대단히 신경이 쓰이는 것이었으나 사태가 너무 긴박하여 나는 미처 그 기자에게 신경을 쓸 수가 없었다. 가까스로 시신을 인양하여 병원으로 보내고 그 사이에 유가족으로 그의 어머니가 도착했다. 부인도 있다는데 출산한 지 얼마 되지 않아서 데려올 수가 없었다는 것이다.

놀란 노인은 눈이 휘둥그레져서 어인 영문이냐고 물었다. 그런 노인네에게 충격을 줄 수가 없어서 당직사령은 아들이 작은 사고로 병원에 입원했다고 얼버무렸다. 그러자 노인네는 그 병원이 어디냐고 한사코 그 병원으로 가겠다고 야단이다. 이 밤중에 자기를 여기까지 데려온 걸 보면 작은 사고가 아니라 필시 큰 사고라며 울부짖는 것이다.

나는 이런 일을 처음 당해보는 것이라 어떻게 손을 써야 할지 전혀 생각이 떠오르지 않아서 막연히 서 있기만 했고 대신 노련한 당직사령과 방금 전에 도착한 생산담당 허 상무가 진두지휘하고 있었다.

지금 여기에서 이 노인네에게 아들이 죽었다는 것을 알리면 공장 안이 난장판이 될 것이 뻔하므로 일단 노인네를 차에 태워서 차 안에서 알리자고 했다. 그래서 승용차의 뒷좌석에 직원 둘이 이 노인네를 가운데 깍지끼듯 안고 차는 공장을 빠져나갔다.

주위가 조금 조용해지자 나는 비로소 아까 다녀간 기자 생각이 나서 갑자기 긴장이 되었다. A일보 기자라고 했다. 나는 늦은 시간이기는 했으나 깊은 잠에 빠져있는 A일보 광고국 이 국장을 전화로 불러 깨웠다. 이 국장은 나의 학교선배이기도 해서 이렇게 늦은 시간에 무례를 해도 이해해줄 사람이라고 생각하고 막무가내로 밀어붙였다.

잠에서 깨어나 어리벙벙한 이 국장은 나의 자초지종을 듣고 회사에 확인해 보더니 담당 기자가 아직 신입기자이므로 크게 신경 쓸 것은 없다고 한다. 나는 비로소 안심이 되어 무거운 발걸음으로 집으로 돌아왔다.

그러나 다음날 아침 자리에서 눈을 뜨자마자 전화벨이 요란하게 울렸다. A일보에 기사가 터졌다는 것이다.

"아니, 이 국장이 그렇게 장담했는데…."

나는 부랴부랴 회사로 뛰쳐나갔다. 당장 사장님 볼 면목이 없었다. 다행이 A일보 이외에 다른 조간에는 기사가 나지 않았다. 그러나 기사내용이 문제였다. 단순한 음주난동 사건을 엉뚱하게도 저임(低賃)에 항의하여 자살한 것으로 보도내용이 완전히 뒤바뀐 것이다.

이것은 너무나 엉뚱하고도 매우 심각한 문제였다. 나는 사장실에 들러 간밤에 일어났던 일을 간단히 보고하고 곧바로 신문사와 방송국으로 뛰었다. 우선 A일보 기사가 잘못된 기사였다는 것을 알리는 것이 중요했다.

그래서 신문사, 방송국에 들를 때마다 정확하고 자세한 사건의 전말을 이야기해 주고 우리회사 현장직 급여표 등 필요한 자료를 건네주었다.

이처럼 아침부터 각 신문사와 방송국을 뛰어다닌 결과 모두들 나를 크게 도와주어서 대부분의 신문들이 사건내용을 비교적 정확한 보도를 해주고 방송에서도 비중있게 다루어서 결과적으로는 아침에 서둘러 보도한 A일보만 오보한 것으로 되고 말았다. A일보의 담당기자는 신입으로서 대개의 신입들이 갖게 되는 특종병에 걸려 있는 기자였다.

그러나 도하 각 신문과 방송이 음주난동에 의한 단순사건으로 보도하자 이미 보도된 A일보 기사가 오보로 밀려버렸고, 더구나 이 국장의 지시까지 무시하고 무리하게 기사를 올린 책임을 물어 담당기자는 문책을 받은 모양이었다. 그러자 그 기자는 자기가 취급한 기사가 오보가 아닌 것을 증명하여 본인과 회사의 명예를 회복하겠다며 우리회사의 저임금 문제를 끝까지 파헤치겠다는 각오로 거의 매일을 우리회사 주위를 맴돌며 자료와 정보를 수집하고 다녔다.

그래서 나는 이 국장에게 수차 전화하여 항의했고 그 기자가 우리회사 부근에서 맴돌지 못하도록 조치해 달라고 했다. 그러나 그럴 때마다 이 국장은 그 문제는 이미 사내의 각 국장단에 확실하게 못을 박아 놓은 것이니 더 이상 신경 쓰지 말라고 잘라 말하곤 했다.

그로부터 일주일이 지났다. 퇴근하려고 옷을 갈아입는데 A일보 이 국장에게서 전화가 왔다. 급히 신문사로 와 달라는 것이다. 나는 뭔가 심상치 않은 일이 벌어졌음을 직감하면서 서둘러 A일보사로 달려갔다.

이 국장은 책상 위에 같은 신문사에서 발행하는 주간지를 펼쳐놓고 어이가 없다는 듯 나를 바라본다. 그동안 이 국장이 본지만 신경 쓰는 사이에 비교적 기사거리가 없어서 고민하는 주간지에 우리 기사를 실컷 부풀려서 지면을 잔뜩 채워 놓은 것이다.

우선 제목부터가 자극적이고 선동적이었다.

〈이 핏덩이 어찌하오리까?〉

제목 위에는 죽은 보일러공의 젊은 아내가 갓 태어난 아이를 가슴에 앉고 눈물어린 눈으로 원망스럽게 바라보고 있는 사진을 크게 클로즈업시켜 놓았다. 나는 눈앞이 캄캄해오는 것을 느꼈다. 사실 여부를 떠나서 우선 이런 기사가 나가면 그 피해가 이만저만이 아니다.

윤전기 돌아가는 소리가 이 국장 방에까지 왕왕 들려서 나는 견딜 수가 없었다.

"아니 이러고만 있으면 어떻게 합니까. 우선 저 윤전기를 스톱시켜야죠."

내가 악에 받쳐 이 국장의 소매를 붙잡고 늘어졌다.

"나로서는 이제 역부족이다."

"이 국장이 안 된다면 그럼 A일보가 이런 오보로 먹칠해도 좋다는 말입니까? 어떻게 방법을 찾아봐야지요."

"이 상황에서 막을 수 있는 방법은 우리 회장밖에 없어…."

"회장님, 지금 어디 계세요."

"아직 퇴근 안 하고 회장실에 계셔."

"나를 회장실로 안내해 주세요."

"네가 어쩌게…?"

"글쎄, 안내해 주세요. 내가 지금 물불을 가릴 때에요? 윤전기에 모래라도 뿌려야 할 판인데…."

나는 두 눈에 독을 뿜고 있었다. 정말 빙빙 돌아가는 윤전기가 눈앞에 있다면 모래라도 뿌릴 것 같았다. 이 국장을 앞세우고 회장실로 들어갔다.

A일보 회장은 나로서는 초면이었다. 신문사 회장실로는 다소 크고 화려하다 싶을 정도로 어마어마한 방 한가운데 커다란 책상이 놓여 있고, A회장이 그곳에 앉아서 뭔가에 골몰하고 있었다.

이 늦은 시간에 집무실에 앉아 있는 A회장을 보는 순간 나에게는 대단히 신선하게 느껴졌고 그리고 그런 회장이라면 이번 일도 말끔하게 잘 해결해 줄 것이라는 이상한 예감이 들기도 한다. 같이 들어온 비서실장이 나를 소개한다.

"어서 오시오. 그런데 이 늦은 시간에 무슨 일로…?"

A회장은 조금은 놀란 듯 나를 바라본다. 나는 그런 A회장 앞으로 명함을 내밀며 정중하게 허리를 굽혀 인사했다.

우리가 자리에 앉자 이 국장이 그동안 있었던 기사 건을 갖고 온 신문을 펴보이며 간략하게 설명한다. A회장은 그런 이 국장의 설명을 들으며 신문

기사를 꼼꼼히 읽기 시작한다. 마침내 이 국장의 설명이 끝났는데도 A회장은 신문에서 눈을 떼지 않고 여전히 기사를 샅샅이 읽어나가고 있다.

A회장이 언제 기사에서 눈을 뗄지 몰라 나는 이 국장의 설명이 끝나자 바로 부연해서 설명했다.

"저희 회사 사장님은 현장직원의 대우를 높여 그들의 생활을 안정시키는 것을 경영의 최우선지표로 삼고 저희를 독려하는 분입니다. 이런 회사를 매스컴에서 칭찬하고 격려는 못해줄 망정 이처럼 터무니없는 기사로 오도한다면 진정한 매스컴의 자세가 아니라고 생각합니다."

그러면서 나는 미리 준비해 온 우리회사 급여대장을 꺼내 A회장 앞으로 밀어놓았다.

"대단히 외람된 말씀입니다만, 현재의 우리회사 현장직원의 급여가 저임금이고, A일보의 현장직원 급여가 우리회사보다도 높고 많다면 이 기사를 그대로 써도 좋습니다."

나는 당시 몹시 흥분하고 감정이 격해서 다소는 결례되는 부분이 많았겠지만 A회장은 의외로 나의 모든 이야기를 담담한 표정으로 다 들으면서 눈으로는 여전히 신문에서 우리 기사를 꼼꼼히 챙겨 읽고 있었다. 마침내 A회장이 신문에서 눈을 떼어 앞에 있는 이 국장과 비서실장을 바라본다.

"소설이 좀 심했구만."

A회장이 내린 결론이다. 그 말에 나는 서광이 비치는 것 같아 잔뜩 긴장한 얼굴로 A회장의 얼굴을 바라보았다. 그러나 A회장은 여전히 나에게는 시선을 주지 않은 채 비서실장에게 지시한다.

"지금 즉시 주간지의 현재상황을 확인하여 알려주시오."

그 한마디에 이제껏 안절부절못하던 비서실장이 벌떡 자리에서 일어나

밖으로 뛰어나간다. 신문사인데도 모든 것이 너무나 절도가 있고 신속해서 마치 내가 군부대에 와 있는 것 같은 착각이 든다.

그리고 잠시 후 회장명을 받고 나간 비서실장이 곧 다시 들어와 손바닥에 있는 메모지를 봐가며 보고를 한다. 초판 지방판은 포장되어서 서울역 수화물계에 나가 있고 지금은 서울판을 인쇄중이라고 한다.

"지금 기사를 바꾸면 얼마나 걸리겠나…?"

"경쟁지보다 아무래도 2일 정도는 늦는다고 봐야겠습니다."

"그럼 지금 당장 국장단을 불러들여."

A회장의 명령이 떨어지자마자 비서실의 전화가 불이 나고 비상연락망을 통해서 4, 5명의 국장들이 곧 들이닥친다. 모두들 한결같이 휘둥그레진 얼굴들이다. 어떤 국장은 집안에서, 어떤 국장은 술집에서 얼굴이 벌게서… 각양각색의 퇴근후의 국장들이 급작스런 회장의 호출에 헐레벌떡 뛰어들어온 것이다. 그리고 회장의 이 청천벽력같은 지시에 모두들 사색이 되어 벌어진 입을 다물지 못하는 모습이다.

신문사에서 기사를 스스로 바꾸는 것은 자살행위나 마찬가지의 도저히 상상도 할 수 없는 엄청난 일이었기 때문이다.

그리고 A회장은 자리를 떠 사무실을 나가버린다. 나는 제비처럼 말쑥한 그 회장의 뒷모습이 너무나 멋있어서 한참 동안을 그가 사라진 문에서 눈을 돌리지 못하고 서 있었다. 그러나 막상 회장이 사무실을 나가자 이제껏 가만히 있던 국장들의 입이 터졌다. 모두 한결같이 나에게 공격을 퍼붓는 것이다. 차마 듣기 거북한 막말을 하는 사람도 있었다.

그러나 나는 일단 문제를 해결한 이상 그들의 어떤 험담도 달콤하기만 할 뿐이었다.

곰곰이 따져보면 내가 이곳 회장실에 올라와서 한 일이란 고작 한두 마디 항의한 것이 전부였다. 그것도 A회장은 듣는 둥 마는 둥 신문에서 눈을 떼지 않은 채.

그런데도 결과는 이렇게 회장 스스로가 엄청난 결단을 내리고 나가버렸으니 도대체 이게 어떻게 된 일인지 그저 어리둥절하기만 했다. 그 후에 나는 A회장을 다시 본 적이 없었지만 나는 두고두고 자신의 잘못을 솔직하게 인정할 줄 알고 또 그 잘못에 대해서 확실하게 책임지는 A회장의 용기 있는 모습은 내가 평생을 두고 잊지 못하는 아주 멋진 장면이었다

신문이란 본래 자신의 과오는 절대 인정하지 않는 이기적 집단 아닌가. 그런 중에도 이런 멋진 A회장이 있었다니…. 아니 그런 멋진 장면을 직접 목격할 수 있었던 나는 어떤 의미에서는 행운아였는지도 모른다.

다음날 아침 출근길에 나는 일부러 서울역 광장으로 나가서 많은 주간지들을 일일이 확인하며 A주간지를 찾아보았으나 역시 A주간지는 아직 가판대에 올라와 있지 않았다. 나는 감사의 미소를 지으며 회사로 출근하여 사장님에게 간밤에 일어났던 일을 자세하게 보고했다.

이 사건은 당시 나의 극성으로 이 정도 선에서 일단락났으나 그러나 그후 이 일은 두고두고 나를 괴롭혔다.

당시 재야단체와 반정부단체 등에서 어떻게 이 사건을 눈치채고 (아니면 그 기자가 정보를 주었거나) 저임에 항의하는 양심기사를 기업체에서 신문사를 매수하여 기사를 뺐다고 정부 요로 및 해외 인권단체에 유인물을 돌리고 항의를 해서 나를 괴롭게 한 것이다. 세상에 재야단체가 뭐고 인권단체가 뭔지는 모르겠으나 이렇게 사실을 왜곡하고 그 왜곡된 것을 바로잡은 것이 뭐

가 잘못이라고 이렇게 국내외적으로 스스로 제 얼굴에 침을 뱉는 행동을 한단 말인가.

당시 사건현장에는 수백 명의 공장직원들이 둘러서서 사건의 시종을 모두 목격한 것이었고, 경찰관도 두 명씩이나 그 자리에 있었던 너무나도 명확한 음주폭력 사건임에도 이것을 한 신입기자가 저임금에 항의한 영웅담으로 조작해놓은 것을 이토록 집요하게 호도(糊塗)할 수가 있단 말인가. 모름지기 진실만을 추구해야 한다는 언론의 정도를 지키기 위해 엄청난 자기희생을 감수하면서까지 몸소 실천해 보인 한 용기있는 언론을 이렇게 모욕하는 것이 과연 그들이 말하는 인권이고 진실인지 묻고 싶었다.

1980년 언론사 통폐합

전두환 대통령의 신군부가 들어서면서 방송 신문사를 대대적으로 정리하는 이른바 1980년 언론사통폐합이란 광풍이 불어 광고계에도 엄청난 회오리가 일기 시작했다. 하루아침에 신문사 방송국이 없어지거나 통폐합되고 직원들은 이리 저리 헤쳐모여를 하여 어수선하였다.

그 막강하던 동양방송(TBC)과 동아방송(DBS), 기독교방송(CBS)이 모두 KBS로 흡수통합되었고 각 신문사는 이른바 일도일사(一道一社) 원칙에 따라 한 도(道)에는 한 개의 신문사만 남기고 나머지를 모두 통폐합시켜 그야말로 언론계에 엄청난 지각변동이 일어나고 있었다. 신군부의 12・12사태가 정치적으로는 혁명이 아니라고 했지만 우리 광고계에 몰아붙인 충격은 '혁명' 그 이상이었다.

광고산업의 기본은 광고주와 광고매체 그리고 소비자로 이루어진다. 그리고 이 중 광고매체사는 거의 대부분 언론사에 해당하는 것이므로 언론사 통폐합이란 광고산업의 3대축의 하나인 광고매체사를 깡그리 뒤흔들어 놓는 결과가 되어 광고계에 엄청난 파장이 일었다. 많은 신문사, 방송국이 통폐합되는 바람에 수많은 엘리트사원들이 하루아침에 직장을 잃고 길거리로 쏟아져 나왔다.

모든 신문사와 지방에 있는 방송국에는 이를 담당하는 해당 군기관(軍機關)이나 문화공보부에서 나간 조정관에 의해 사업장별로 수습해 나갔지만 서울에 있는 방송국은 일단 모두를 국영방송인 KBS로 취합을 했고 이곳에서 일괄하여 정리하고 있었다.

그래서 각 방송국의 전직원(全職員)은 일단 종전 방송국에서의 직위는 무시한 채 모두를 KBS 평사원으로 발령내 놓았는데 그러다 보니 방송국에서의 고위급 인사들은 이런 인사발령에 응하지 않고 업계를 떠나버렸지만 생계가 막연한 부장급 이하 젊은 직원들은 어쩔 수 없이 KBS에 나와서 뭔가를 기대하며 다음조치를 기다리고 있었다.

당시 삼성그룹에서는 동양방송의 방송사업을 그룹내의 중심사업으로 생각하고 여의도에 최신식 최첨단 방송국을 짓고 있었고, 그 개관을 목전에 두고 있을 때였다.

그런데 1980년 언론사통폐합으로 하루아침에 방송국을 빼앗기고 건물을 징발당하는 바람에 모든 것이 송두리째 KBS로 귀속되고 말았다. 그래서 폐쇄된 각 방송국의 직원들은 모두 이곳 여의도 동양방송(이제부터는 KBS-2별관)에 모아놓아 넓은 야외세트장용 마당에는 이들 날개 떨어진 각 방송국의 직원들이 모여들어서 성시 아닌 성시를 이루고 있었다. 모두가 모여 우왕좌왕하고 여기저기 기웃거리는 모습이 꼭 전시 피난민들 집단, 포로수용소의 기약없는 포로들의 방황하는 모습으로 보여서 보는 나의 마음을 안타깝게 했다.

이러한 사회적인 소용돌이가 우리와 같은 라면회사에는 직접적으로 큰 영향을 미치지는 않았으나 광고계의 한 축인 매체가 송두리째 붕괴되는 엄청난 상황이어서 난들 사무실에 앉아서 이것을 바라만 볼 수는 없었다. 그래서 회사업무는 아래 과장들에게 맡기고 하루의 대부분을 이곳에 나와 그들을 위로하고 그들의 활로를 모색하기 위해 함께 뛰고 있었다.

이러한 와중의 중앙에 있는 KBS도 결코 평탄치만은 않았다. 갑자기 들이

닥친 엄청난 사람들로 기존의 업무마저 마비상태에 이르자 결국 통폐합직원 모두는 이제까지 동양방송이었던 KBS별관으로 국한시켰고 서둘러 후속조치에 골몰하고 있었다.

그러나 이제까지 비상업적인 공영방송의 조직 안에 상업방송이란 생소한 조직원을 섞어놓고 보니 그 혼란과 마찰이 이만저만이 아니었다. 하루라도 빨리 이 혼란을 수습하고 이들을 안정시켜야 할 텐데 이제껏 공영방송에만 익숙해있는 기존의 KBS팀으로는 마땅한 아이디어가 나오지를 않아 고민하고 있었다.

당시 KBS의 이원홍 사장은 결국 이 문제를 원만하게 풀기 위해서는 기존의 KBS가 아닌 민방(民放)쪽에서 훈련된 인재를 찾아 활용하는 것이 지름길이라고 생각하여 각 방면으로 수소문한 결과 동양방송의 최주호가 가장 적임이라는 평가를 받아 곧바로 최주호에게 사람을 보내 사장실로 불렀다.

"최 부장이오? 반갑소."

최주호가 사장실 안으로 들어서자 기다리던 이 사장이 반갑게 손을 내밀었다. 그러나 최주호는 그런 이 사장의 손을 잡기 전에 먼저 이 사장의 잘못된 호칭부터 바로잡아 주었다.

"부장이 아닙니다. 전 동양방송의 부국장, 최주홉니다."

너무나도 당돌한 최주호의 태도에 잠시 멈칫했던 이 사장은 그러나 이내 호탕하게 웃었다. 이제까지 KBS 안에서는 상상도 할 수 없는 이런 태도에 이사장은 불쾌하기보다는 오히려 신선한 충격으로 받아들여져서 기분이 좋았던 모양이다.

최주호는 이곳에 올 때까지도 왜 이 사장이 부르는지를 모르고 왔다. 그러나 수많은 통폐합직원들 중에 유독 자기 한 사람만을, 그것도 사장이 직접 부르는 것을 보면 뭔가 통폐합직원을 대표해서 불려온 것만은 확실하므로 앞으로 무슨 일이 벌어지든 이 사장에게 처음부터 밀려서는 안 된다는 생각에 사소한 직위문제였지만 이것을 물고 늘어진 것이다.

그러나 이 사장은 최주호의 그런 당돌함에는 크게 개의치 않고 KBS가 지금 당면하고 있는 여러 가지 문제들을 열거하며 이에 대한 해법으로 최주호의 의견을 물었던 것인데 그의 대답이 너무나 명쾌하고 시의적절하여 이 사장은 더더욱 최주호에게 호감을 갖게 되었다.

이미 정부측에서도 언급한 바가 있는 KBS에 채널을 하나 더 증설하여 이것을 과거 민방과 마찬가지로 상업 방송화하자는 안을 최주호가 강력하게 밀었는데 그 사업의 구체적인 실행계획까지 듣고 이 사장은 그 계획의 치밀함과 명쾌함에 넋을 잃은 것이다.

이 사장은 최주호를 돌려보내고 서둘러 인사위원회를 열었다. 그리고 곧바로 최주호 발령에 대한 안건을 상정했다.

대부분의 위원들이 이 사장이 너무 지나치게 최주호에게 몰입하는 것을 경계하면서 그를 업무부 차장이나 부장 정도로 임명할 것을 건의하였다. 민방에서 부국장이라면 공영방송인 KBS에서는 이 정도면 적당하다고 판단했기 때문이다.

그래서 이 사장은 비서실을 통해서 즉시 최주호에게 이 사실을 알렸는데 최주호는 일언지하에 이를 거절해 버렸다. 최주호의 거절 이유는 간단하면서도 단호했다.

최주호 개인적으로는 부장이든 국장이든 아무래도 상관없었으나 KBS가 앞으로 상업방송을 시작한다면 공영방송에서의 '광고인'이나 '광고업무'에 대한 편견을 깨기 위해서라도 광고 총책임자의 위상은 최소한 '국장'까지는 확보해 놓아야 한다는 신념 때문이었다고 했다.

결국 이 사장은 그날 밤 인사위원회를 다시 열어 KBS 역사상 최초의 영업국을 신설하였고 그 초대국장으로 최주호를 임명한 것이다.

신설된 광고국에서 당분간은 지금의 수많은 통폐합직원 문제를 총괄하면서 앞으로 새로 태어날 상업방송의 영업까지를 총책임지고 준비해야 할 중책을 맡았지만 그는 언제나 이들 통폐합직원들에게 하루라도 빨리 안정된 일자리를 만들어주는 것을 최우선 과제로 생각하고 있었다.

신임 최 국장의 방이 KBS별관에 만들어지고 이곳에서 통폐합직원들을 분류하여 배치하는 일이 시작되자 사람들이 벌떼같이 몰려들어 국장실 안이나 문 앞 통로에는 항상 많은 사람들로 인산인해를 이루어 어떻게든 자리 하나를 확보해보려는 피눈물나는 정경이 매일매일 반복되고 있었고, 여기저기에 선을 대기 위해 읍소와 하소연이 빗발쳤다.

물론 최 국장이 임명되기 전에도 방송국에서 이들을 구제하기 위해 노력을 안한 것은 아니었다. 그러나 기존의 조직에서 결원이 생기거나 억지로 자리를 만들어 이들을 끼워넣는 데는 한계가 있었다. 그래서 기껏 각 영업소의 수신료 징수원이나 아니며 경비직 등으로 이들을 차출하여 내보냈는데 이러한 보잘 것 없는 것으로는 결코 이 엄청난 통폐합직원 문제를 해결할 수는 없었다.

그래서 최주호는 이들을 구제하기 위해서는 우선 새로운 상업방송을 따로 개설하여 이들 잘 훈련된 민방직원들을 활용하겠다는 안을 관철시켰던 것이고 그래서 이들 통폐합직원들을 수신료징수원이나 경비직으로 몰아내기보다는 새 방송을 하루라도 빨리 개국하여 이들에게 안정된 직장을 만들어주기 위해 밤낮을 가리지 않고 그 준비에 모든 것을 다 바치고 있었다.

뿐만 아니라 최 국장은 또 한편으로 당시 정부에서 극비리에 추진중이던 한국방송광고공사(KOBACO) 창업에도 은밀히 참여하고 있었다.

임시로 내정된 홍두표 사장을 도와 창업작업을 진두지휘하고 있었는데 이것 역시도 지금 추위에 떨고 있는 동료 통폐합직원들을 단 한 명이라도 더 구제하기 위해 그처럼 열심히 진행을 독려하고 있는 것이다.

눈이 팔랑팔랑 내리기 시작한다.

최 국장 방에서 바라다 보이는 회색빛 도시의 겨울풍경은 더더욱 을씨년스럽게 보인다. 야외세트장의 넓은 마당과 그 울타리너머 대방교로 올라가는 한길은 내린 눈으로 조금씩 하얗게 뒤덮이기 시작했고 느릿느릿한 자동차 행렬이 그 위에 길다란 바퀴자국을 남기고 있다.

이제 그 인원수가 많이 줄었기는 하나 아직도 운동장 여기저기에는 패잔병과도 같은 젊은 군상들이 옹기종기 모여 내리는 눈을 그대로 맞고 있었다. 마치 하얀 화선지위에 검은 먹물을 뚝뚝 떨어뜨린 듯한 그들의 무기력한 모습이 바라보는 나의 마음을 너무나도 아프게 한다.

그런 모습이…

내 가슴속에서 영원히 지워지지 않는 80년 언론사통폐합의 아픈 잔상이었다.

광고대행사 시대

내가 '내외광고사'를 처음 차려 광고업에 뛰어들었을 때인 1968년만 해도 우리나라에 광고대행업이라는 것이 거의 전무한 때였다. 물론 무교동에 만보사와 을지로입구에 합동통신 광고기획실(오리콤 전신)이 있긴 했으나 이들 모두 신문사나 통신사의 광고업무를 일부 대행하는 정도였지 엄밀한 의미의 독립된 광고회사라고 보기는 무리가 있었다.

그러나 당시 나는 미국이나 일본의 예를 보아 앞으로 광고대행사가 광고업의 중심이 되리라는 생각에 이들 두 회사를 찾아다니며 나름대로 광고대행에 대해서 공부도 하고 실무도 익혀보려고 했으나 도대체가 '대행업'이라는 것 자체가 한국인에게는 이해가 되지 않는 부분이어서 쉽지가 않았다.

광고주가 매체사에 직접 거래해도 충분한데 그 중간에 '대행사'가 끼어든다는 것 자체가 용납될 여지가 전혀 없었기 때문이었다.

그럼에도 불구하고 우리도 미국이나 일본처럼 광고대행을 개척해야한다고 광고주나 신문사 방송국을 찾아가 선진광고를 들먹이며 역설해 봤지만 모두 하나같이 실없는 사람으로만 치부할 뿐 전혀 설득력이 없었다. 그나마도 만보사나 합동이 버틸 수 있는 것은 동아일보와 합동통신이라는 매체사의 전폭적 지원이 있었기에 가능했던 것이다.

그도 그럴 것이 광고라고 하는 것 자체가 아직 인식이 안 되어 있었는데 그 광고의 대행이라고 하는 것은 설사 광고를 좀 집행하는 회사나 신문사 방송국 사람 중에서도 아는 사람이 거의 없었기 때문이다. 그러다가 중앙일보・동양방송의 김규 상무가 개인적으로 시작한 '선진문화'가 삼시 광고내행사 형태를 취하여 활발하게 일을 하는 듯 하다가 곧 부도가 났고, 결국은 삼성그룹에서 ㈜제일기획을 설립하면서부터 비로소 우리나라에 '광고대행'이 서서히 꽃을 피우기 시작한 것이다.

일단 제일기획이 삼성그룹의 자체 광고물량과 중앙일보·동양방송의 절대적 지원 속에 성공을 거두자 이후 그룹 내에 광고물량을 많이 확보하고 있는 재벌사들이 앞다퉈 이 업계에 뛰어들고, 그러다 보니 경쟁과 발전이 거듭되어 오늘날과 같은 광고의 전성기를 구가하게 된 것이다.

그래서 나도 미래의 회사비전을 제시할 때마다 우리도 광고대행업에 진출하여 결과적으로 그룹의 싱크탱크 역할을 해야한다고 사장님에게 건의를 했다. 그러나 그때까지는 아직 농심이 그룹의 형태를 갖추지 못한 데다가 모든 광고란 오로지 농심 한 곳에만 집중하던 시기여서 사장님으로서는 그럴 필요성을 전혀 느끼지 못하고 있었다.

'대지'라고 하는 옥외광고사를 운영하는 윤명의 회장이 있다. 광고계에서는 가장 연장자이기도 한데 이미 은퇴하여 편히 여생을 즐길 나이임에도 여전히 젊은이 못지 않게 현장을 직접 뛰고 있어서 많은 광고인들의 존경을 받는 분이다.

이처럼 업계를 열심히 뛰다 보니 이 분의 교우범위도 넓어서 갓 업계에 들어온 신입사원에서부터 쟁쟁한 그룹사의 회장까지 이루 헤아릴 수 없을 정도로 많은 친분과 인맥을 형성하고 있었다. 이 분의 집념 또한 대단해서 한번 마음속에 담은 것은 기필코 이루어내고야 마는 엄청난 집중력도 갖고 있었다.

우리회사는 본래 옥외광고를 전혀 하지 않는 회사다 보니 평소에 윤 회장과 만날 일이 거의 없었는데 그럼에도 불구하고 우연히 합석이라도 하게되면 나를 먼저 알아보고 이것저것을 챙겨주어서 나를 당황하게 했다.

그런 윤 회장이 전에도 몇 번 나에게 우리 사장님을 한 번 소개해 달라는 부탁을 한 적이 있었다. 윤 회장은 이미 롯데그룹의 일본 신 회장이나 막내인 신준호 부회장과는 매우 가깝게 친교를 나누고 있었으므로 우리 사장님에게도 인사를 드리고 싶다고 간청했던 것이다. 그래서 그런 사연을 사장님에게 보고드렸으나 평소에도 모르는 사람 만나는 것은 극도로 꺼리는 터라 이번에도 사장님은 얼굴을 찡그리며 고개를 흔들었다.

"일본 회장님이나 준호 부회장님과도 자주 만나는 분이라던데 한 번 만나 보시지 그러세요…?"

"글쎄 준호한테도 몇 번 말은 들었다만 내가 그런 노인네 만나 뭘 하겠나."

그래서 할 수 없이 그의 간청을 들어주지 못하고 있었는데 하루는 그런 윤 회장이 나를 직접 찾아와 식사라도 한 번 하자고 한다. 나는 이래저래 미안한 마음도 있고 해서 거절치 못하고 함께 사무실을 나왔는데 그런 나를 데리고 롯데호텔 안에 있는 야마모토(山本)라는 일식집으로 들어간다.

우리가 들어서자 종업원들이 매우 융숭하게 맞는다. 아마도 윤 회장이 자주 이용하는 집인 것 같다. 윤 회장은 이런 방법으로 롯데그룹과의 친밀함을 나에게 과시하고 싶었던 것일까.

"자주 오시는 집인가 보죠?"

"예, 자주 옵니다. 이 집 회가 좋아서요. 그리고 또 제 가게가 바로 요 앞에 있습니다."

"가게라니요?"

"양복점을 하나 운영하고 있지요. 신 회장에게 부탁해서 가게 하나를 장만했습니다."

롯데호텔 안에 가게 하나를 부탁하여 얻을 정도라면 신 회장과 윤 회장의 친분관계를 미루어 짐작할 수가 있겠다. 그러면서 윤 회장이 은밀하게 나에게 부탁하는 말이 있었다. 이제 곧 롯데에서도 광고대행사를 발족하게 될 텐데 농심에서 전폭적으로 협조를 좀 해주었으면 좋겠다는 말이었다. 그러면서 첨언하는 말이 또 있었다.

"이것은 우리 일본 회장님의 뜻이기도 합니다."

"네? 일본 회장님의 뜻이라고요…?"

아니 윤 회장이 신 회장과 가까워도 그렇지 어떻게 이런 일에까지 윤 회장이 나선다는 말인가. 윤 회장과 신 회장과의 관계가 그 정도로 가까운 사이였단 말인가. 나는 회사로 돌아와서 오늘 윤 회장을 만나서 나눈 이야기를 그대로 전하고 사장님의 의견을 물었다.

"그룹에서 하는 일인데 우리가 모른 체할 수는 없겠지요?"

"그 노인네가 그리 말하더나. 형님의 뜻이라고?"

"네 그렇게 들었습니다."

"그러나 광고는 우리 목줄이나 매 한가진데 형님생각이라고 그렇게 쉽게 왔다갔다할 수 있겠나."

과연 윤 회장 말대로 얼마 안 가서 롯데에서 광고대행사 '대홍'을 발족하였고 그 발족식을 롯데호텔에서 화려하게 거행할 준비를 하고 있었다.

나는 사장님에게 참석을 권유했다.

"형님도 나오신다더나?"

"아직 정확한 스케줄은 나오지 않았습니다만 아마 회장님은 힘드실 것 같습니다."

"나도 그날 중요한 약속이 있다. 대신 니가 갔다온나."

그래서 내가 사장님을 대신해서 롯데호텔 행사장으로 나갔다. 예상했던 것보다도 훨씬 더 요란하게 행사를 진행하고 있었다. 일본 회장이 이토록 광고대행사에 관심을 가졌던가 의아한 생각이 들었다. 그런데 더욱 놀란 것은 윤 회장이 무대의 중앙에 자리하고 앉아있는 것이다.

"저 분이 왜 저기에 앉아있는 것일까…."

신 회장과 친분이 있어도 그렇지 내빈석에 앉아있어야 할 분이 무대 위 중앙에 신준호 부회장과 함께 앉아 있는 것이 너무나도 이상하게 보였다. 그러나 더욱 나를 놀라게 한 것은 사회자가 임원명단을 소개할 때였다. 이제까지 롯데제과에서 일했던 전무영 광고부장이 상무로 특진되었고 사장에는 제일기획에서 온 남상조 씨, 부회장에 신준호 씨, 그리고 맨 나중으로 회장에 윤명의 씨를 소개하는 것이다.

그러자 윤 회장이 마이크 앞으로 나와 정중하게 인사를 하고 짧게 인사말까지 했다. 나는 벌어진 입을 다물 수가 없었다.

그토록 나이를 잊고 열정적으로 뛰어다니더니 결국 저곳에까지 올라갔구나 싶어 마치 내가 당한 경사처럼 힘차게 박수를 쳐 우리 광고인들의 영원한 선배 윤 회장에게 축하를 보냈다.

대홍이 닻을 올린 다음 나는 계속되는 시달림에서 벗어날 수가 없었다. 나와 가까웠던 전 상무를 통해서 그랬고, 평소 나와는 전혀 안면이 없었던 남 사장도 그랬고, 또 한두 번 우연히 만난 자리에서 신준호 부회장에게서도 그런 부탁을 받았다.

모두 하나같이 일본 신 회장의 뜻이 그러니 좀 협조를 해달라는 것이었다. 그러나 내가 재임중에는 사장님이 끝까지 광고대행만큼은 사장님의 친정체제에서 벗어나 남에게 줄 수 없다고 고집해서 요지부동이었는데 훗날 내가 농심을 퇴사한 다음 결국은 대홍으로 넘어가고 말았다.

내가 빠진 다음 윤 회장은 기어코 사장님과 교분도 텄고 결국 이런 윤 회장의 노력으로 그토록 난공불락이던 농심광고도 대홍으로 넘어갈 수가 있었으니 노익장 윤 회장의 놀라운 친화력에 나는 두고두고 탄복을 금할 수가 없었다. 뿐만 아니라 그 이후에는 사장님의 몇 안 되는 골프멤버 중에 윤 회장도 끼게 되었고, 나중에는 농심과 태평양화학과의 양가 혼사까지 주선하는 놀라운 일을 해내었다.

하절기 신문광고

매년 여름만 되면 각 신문사들은 광고물량이 모자라서 아우성이었다. 특히 식품업계는 많은 광고비를 집행하면서도 그 광고비의 대부분을 방송 쪽에만 집중하고 상대적으로 신문 쪽에는 비중이 적다고 불만이 대단했다.

그래서 그해에는 각 신문사 광고국장들이 따로 모여 이런 상황을 타개하기 위해 국장단이 식품회사의 사장들을 일일이 방문하여 어려움을 호소하고 협조를 받아내는 쪽으로 의견을 모았던 것이다. 각 신문사들의 경영이 너무 어려워지다 보니 나름대로 이런 특단의 자구책을 강구한 것이다.

그래서 10여 명의 신문사 국장단이 우리회사에도 몰려왔다. 각 신문사 광고국장들이라고 하면 나와는 친분이 두터운 사람들이었고 특히 국장단의 간사장인 고광탁 국장은 나와는 호형호제하는 사이였으므로 사장실로 직접 가지 못하고 내 방으로 나를 찾아왔다.

"아우 잘 있었나…."

고 국장이 특유의 너털웃음을 터트리며 문을 열고 들어온다. 일찍이 이렇게 십여 명의 국장들이 떼를 지어 몰려온 적은 없었으므로 나도 나름대로 예를 갖추어 그분들에게 자리를 권하고 차를 대접했다. 사실 따지고 보면 이번 광고국장단이 따로 모여 이렇게 실력행사를 하는 것은 우리회사 같은 몇몇 개 회사가 타깃이었다.

우리회사는 광고비 랭킹에서는 항상 10위권이었지만 그런데도 신문광고는 일 년 내내 단 한 건도 없었으니 이들이 우리에게 칼날을 세우는 것은 당연한 일이었다. 속은 그렇게 부글부글 끓어서 나를 찾아왔으면서도 막상 내 앞에서는 그렇게 함부로 말은 못하고 객담으로 말을 이리저리 돌리고 있었다. 특히 입장이 난처한 게 고 국장이었다. 간사장 입장에서 의사전달은 분명하게 해야 하는데 그렇다고 내 면전에서 껄끄러운 말을 꺼낼 수는 없어서 안절부절을 못하는 눈치였다. 그래서 내가 먼저 말을 꺼냈다.

"형님, 죄송합니다. 그동안 광고를 한다면서도 신문사의 어려움을 전혀 고려를 못했던 점 용서해 주십시오."

우선 내가 고개를 숙이고 사과부터 시작했다. 사실 오늘 여기 온 십여 명의 국장 모두가 나에게 호의적인 사람들만은 아니었다. 반 정도는 광고와 무관하게 평소 가깝게 지내는 사이이고 나머지 반 정도는 광고가 없는 것에 대해서 반감을 갖고 있는 사람들이었다. 그러나 오늘은 반감을 갖고 있는 분들이 고 국장이나 몇몇 가까운 분들에 밀려서 말을 못하고 있을 뿐이었다.

그러나 내가 벽두부터 이렇게 고개를 숙이고 나오자 나머지 국장들도 얼굴이 많이 풀어지는 것 같다. 사실은 이분들이 오기 전부터 나는 미리 생각을 정리해두었다. 업계의 분위기가 너무 좋지 않아 금년에는 한 번쯤 광고를 풀어야겠다고 생각했었다.

뭐든지 과(過)하면 독이 된다고 하지 않았던가. 그동안 내 얼굴을 봐서 참아준 것도 한계가 있는 법이다. 국장단들이 모여 이렇게까지 실력행사를 하는데 이것마저 모른 체했다가는 언제 어떤 봉변을 당할지 모른다는 위기감을 벗어버릴 수 없었다. 그래서 금년에는 힘닿는 데까지 최대한 노력을 해보겠다는 희망적인 말로 이분들을 기분 좋게 돌려보냈다.

그리고 나는 곧바로 사장실에 들어가 금년에는 얼굴이나 말로 적당히 넘기기에는 사태가 너무 심각하다고 보고드리고 우리도 나름대로 신문사에 성의를 보여야 한다고 진언(進言)했다.

그러자 사장님도 내 생각에 동감을 표시해 본격적으로 하절기 신문광고 계획수립에 들어갔다. 나는 무슨 일이든 안 하려면 몰라도 한 번 할 때는 화끈하게 해서 효과를 극대화시켜야 한다는 전략을 항상 구사하고 있었다. 그래서 전국 4대지에는 전단광고를, 그외 신문에는 10단 광고를 매년 하절기에 한 번씩 배정하기로 했다.

이제껏 우리가 신문에 이런 대형물량을 쏟는다는 것은 상상도 못했던 것이었으므로 그 충격(효과) 또한 만만치 않으리라 확신했다.

지금은 신문에 지면이 많아져서 전면광고가 흔하지만 당시에는 전체 지면이 평일에는 4면, 주말에 8면 정도일 때였으니 전단광고란 경품 등 회사의 특별한 이슈가 있을 때 한 번 있을까말까 하던 때였다. 이런 때 우리가 전단이나 10단짜리 대형광고를 푼다면 아마 모든 신문사들이 깜짝 놀랄 것이고, 특히 오늘 다녀간 국장단에서 얼마나 고마워할 것인가.

그리고 이왕 신문사에 광고를 풀기로 한 이상 원고를 잘 만들어서 투입되는 광고비 이상으로 큰 효과도 거두고 싶었다. 그래서 금년(1982년)에는 새우깡 광고를 신문에 내보내기로 했다.

사장님과 나는 TV나 라디오 등 전파쪽 표현에는 별 어려움 없이 호흡이 척척 잘 맞았는데 이상하게도 인쇄매체 쪽에서는 모든 것이 막히고 의사소통이 잘 되지 않아 답답했다. 더구나 근자에 와서는 사장님과 나 사이에 조금씩 틈새가 벌어지고 있음을 감지할 수가 있어서 초조했다. 전처럼 사장실에서 자주 부르지도 않았고 내가 올리는 건의가 묵살되거나 무시되는 경우가 잦았다. 마치 기름이 말라버린 수레바퀴처럼 삐거덕거리고 덜컹거려 제대로 굴러가지가 않는 것 같아 불안했다.

그러다 보니 사장님이 가끔씩 주머니에 넣어주던 용돈마저 뜸하거나 근자에 와서는 전혀 없어서 이래저래 나는 마음고생을 심하게 겪고 있는 중이었다. 나는 이런 것을 의식해서 이번 만큼은 어떤 일이 있어도 광고원고를 잘 만들어 이제까지 모든 우려를 일소시켜야겠다는 생각에 디자인실과 혼신의 힘을 다해서 광고원고를 완성시켰다.

나는 이것을 가지고 자신있게 사장실로 들어갔다. 그러나 사장님은 원고를 보자마자 얼굴을 붉히며 짜증을 냈다. 카피내용은 자세히 읽지도 않았다. 나는 너무나 답답했다. 그러나 나는 짜증내지 않고 사장님의 정확한 의중을 읽으려고 더 많은 것을 묻고 메모했다.

그리고 디자인실 직원들과 또 씨름을 하며 원고를 다시 만들어 다음날 또 사장실에 들어갔다. 그러나 이번에도 역시 마찬가지였다. 그래서 이번에는 디자인실의 임 과장과 그 외 몇몇 직원을 더 데리고 들어가 사장님의 이야기를 들어보았으나 이들 역시도 헷갈리기는 마찬가지였다. 그러니 그런 상황에서 다시 만든 원고가 사장님 마음에 들 리가 없었다.

원고제작에서 이렇게 막혀 고통을 당하고 있으려니 공연히 신문광고를 하자고 했던 것이 후회가 되었다. 그러나 신문사에서는 독촉이 빗발쳤다. 이왕 광고를 주는 거 날짜를 못 맞춰 신문사의 원망을 받을 필요는 없다고 생각되어 나는 우선 조선일보와 동아일보에 날짜를 지정해 주었다.

이것은 나 스스로에게 배수진을 쳐 그 안에는 꼭 일을 매듭짓겠다는 각오의 표현이기도 했다. 첫 신문인 조선일보는 신문 구독률이 제일 높은 일요판으로 정했다. 그러자면 늦어도 금요일 저녁까지는 원고결재를 받아야 하는데 그러지를 못했다.

그래서 나는 디자인실 전원을 야근시켜 가며 원고를 다시 손질하여 다음날 토요일 아침 출근과 동시에 사장실로 들어가 원고를 내놓았다. 그러나 이번에도 사장님은 역정을 낸다. 큰일이다. 어떤 일이 있어도 오늘 오전 10시까지는 광고원고를 신문사에 넘겨주어야 하는데….

사장님은 아침에 중요한 결재만 마치고 곧바로 골프장으로 나가버린다. 선전실 직원들이 모두 난감해서 내 얼굴만 쳐다본다. 신문사에 연락하여 날짜를 뒤로 더 미루어 달라고도 해봤지만 작은 것도 아닌 전단광고를 이제 와서 어떻게 다른 것으로 교체할 수 있겠느냐고 한다.

이제는 막다른 길이다. 최후의 비상수단을 쓰는 수밖에 달리 방법이 없었다. 그래서 나는 아침에 부결난 원고를 급하게 조금 더 수정해서 다시 가지고 사장님이 나간 한양골프장으로 뒤따라 달려갔다. 내가 이렇게까지 정성을 보이면 사장님도 어느 정도 이해를 하고 결재를 해주실 것으로 확신을 했다.

클럽하우스에 도착하여 골프장 직원에게 우리 사장님을 급하게 만나야겠다고 했더니 지금은 안되고 나중에 전반을 마치면 클럽하우스 앞을 지나 후반으로 넘어갈 테니 그때 만나라는 것이다. 나는 시계를 보았다. 골프장에서 말하는 대로라면 12시가 넘어야 내가 사장님을 만날 수가 있을 텐데 과연 그렇게 늦게까지도 신문사에서 기다려줄지가 의문이었다. 그래서 일단 회사로 전화하여 담당 임 과장에게 신문사에 연락하여 무조건 그때까지 기다려달라고 전하도록 지시해 두었다.

그리고 시간이 될 때까지 나는 골프장 이곳저곳을 기웃거리다 한곳에 여러 사람들이 모여 왁자지껄 떠들고 있기에 들어가 보았다. 운전사 대기실이었다. TV에서는 마침 알리의 세계타이틀매치를 중계하고 있었다. 구경하는 운전사들이 연신 함성을 질러대고 있었으나 초조한 나에게는 그런 화면이 전혀 눈에 들어오지도 않았다.

나는 초조하여 다시 사무실에 전화하여 신문사 관계를 확인해 보았다. 신문사에서도 어쩔 수 없이 기다리겠다고 했다는 것이다. 그러고도 또 한참을 기다리고 있는데 사무실에서 사람이 달려와 사장님이 지금 9번 홀에 와 있으니 준비하라고 한다. 그래서 나는 밖으로 나와 원고를 옆구리에 끼고 사장님을 기다렸다. 마침내 사장님이 늘상 함께 어울리는 분들과 어울려 내 앞으로 다가온다.

"사장님?"

"어, 니가 어인 일이고……?"

"아침에 말씀하신 원고, 다시 수정해 가져왔습니다."

나는 옆구리에 끼고 있던 원고를 꺼내어 사장님 앞에 내밀었다. 그러나 내 생각은 완전히 빗나갔다. 사장님은 얼굴을 찡그리고 고개를 흔들었다.

"그렇게도 내 말귀를 몬 알아듣나."

여기까지 헐레벌떡 쫓아온 것에 대한 배려는 눈곱만큼도 없었다. 나는 그런 사장님에게 매달려 간청했다.

"사장님, 이제 시간이 없습니다. 내일 조선일보에 면을 잡아 놓았습니다."

"그러니 날보고 어찌라카나. 원고는 아직도 아닌데 니가 면을 잡아 놓았다카믄 니가 알아서 할 일이제 뭐하러 내한테 왔노."

사장님은 벌컥 화를 내며 휑하니 가버린다.

나는 어쩌면 좋을지 몰라서 한참을 그 자리에 멍하니 서 있었다. 그러나 이제는 달리 방법이 없었다. 이제 회사에 전화하여 임 과장에게 조선일보에 원고를 그대로 내주라고 지시할 수밖에 달리 도리가 없었다.

나는 돌아오는 차 안에서 참담한 심정이 되어 많은 것을 생각해 보았다. 사장님과 나 사이에 이제까지는 보이지 않는 벽이 있다고 생각했는데 오늘 비로소 그 벽의 실체가 분명하게 드러난 것 같았다. 그것도 몹시 크고 단단한 철옹성(鐵甕城) 벽이었다. 그리고 그 벽은 이제 그렇게 쉽게 무너질 수 있는 벽은 아닌 것 같았다.

월요일 아침에 출근하여 나는 어제 일요판 조선일보를 앞에 놓고 망연자실한 표정으로 앉아 있었다. 분명 사장님에게서 불벼락이 떨어질 것이다. 전에도 사장님과 의견이 맞지 않았을 때, 나는 종종 이렇게 일방적으로 밀어붙이고 나중에 그 결과를 사장님에게 내밀며

"보세요 사장님, 제 생각이 옳았지요?"

하면 사장님은 빙그레 웃었는데, 이번에는 아무래도 그런 애교가 통하지 않을 것 같았다. 과연 내 예측은 적중했다.

불벼락은커녕 나를 보고도 아예 아무런 대꾸조차 없었다. 아예 나라는 존재 자체를 무시해 버리는 것 같았다. 그러고 보니 나는 이미 방통(龐統)의 낙봉파(落鳳坡) 안에 들어와 있음을 느낄 수가 있어서 마음은 한없이 쓸쓸하였다.

끊어진 필름—못다 한 노래

농심에서의 지난 12년….

사장님과 처음 약속했던 꿈이 아직 이루어지지는 못했지만 그래도 30억 하던 매출이 1천 5백 억이 넘어섰고 20% 밑에서 맴돌던 마켓쉐어가 지금은 50%대를 압박하고 있으니 생각 여하에 따라서는 어느 정도 꿈을 이루었다고 말할 수도 있겠다. 다만 끝마무리가 깨끗하게 매듭지어지지 않은 것은 아쉬움으로 남았다.

그러나 여기에 만족하기로 하자.

물론 농심이 여기까지 오는 데는 사장님을 중심으로 해서 제품개발과 생산, 영업 등이 모두 열심히 뛰어 이루어놓은 업적이기는 했지만 그들과 함께 우리 선전실도 이처럼 한몫을 담당할 수 있었다는 것에 감사하기로 했다.

다음날부터 나는 모든 광고업무에서 손을 놓았다.

마음 같아서는 늦었지만 지금이라도 사표를 쓰고 싶었으나 이제까지의 사장님과의 깊은 관계를 생각한다면 그렇게 경솔하게 처리할 문제가 아니어서 당분간 사장님의 다음 조치를 기다려보기로 했다. 그날부터 사내 임원회의에도 들어가지 않았고 외부에서 오는 손님도 만나지를 않았다.

그러다 보니 내가 몹시 난처하고 괴로운 입장이 되었다. 사내 직원들 보기에도 그랬고 외부에서 오는 손님들도 머쓱하여 나와 김 이사 사이에서 이리저리 눈치를 보는 것 같았다. 그래서 당분간은 내 방문을 닫아버리고 여직원에게 외부에서 오는 손님은 절대 내 방으로 안내하지 말고 김 이사에게 보내라고 했다.

당시 나는 내 개인방이 따로 있었지만 김 이사는 선전실 옆에 붙어 있는 기획실장 자리가 오픈되어 있어서 종전처럼 그 자리에서 어정쩡하게 선전 업무를 함께 보고 있었다.

사장님이 나에 대해서 이토록 아무런 언급없이 방치해 놓다 보니 다른 임원들도 나에게 가까이 오는 사람이 없었다. 다만 나의 학교선배인 공장의 이문희 상무와 연구실의 신재익 이사가 임원회의가 끝난 다음 공장으로 바로 돌아가지 않고 잠시 내 방에 들어와 차를 한잔 마시며 이런저런 이야기를 나누다 돌아가는 것이 전부였다.

이런 숨막히는 시간이 하루하루 계속되고 있었다.

그러던 어느날, 아침 임원회의가 끝나고 이문희 상무가 싱글벙글 웃으며 내 방으로 들어와 좋은 아이디어라며 한 가지 묘안을 전해준다.

"동경 지사장이 사임한 것 알고 있었나?"

"네? 동경 지사장이 물러났어요?"

"그래. 엊그제 그런 일이 있었어…."

"일본 쪽에 유난히 정보가 빠른 이 상무가 슬며시 내 어깨를 두드린다."

"그래서요…. 그게 나와 무슨 관계가 있죠?"

"머리 좋은 김 실장이 왜 이렇게 말귀를 못 알아듣나… 사장실에서 다음 하명이 있을 때까지 기다리지 말고 지금 동경 지사장 자리가 비어있으니 그곳으로 보내달라고 먼저 선수를 쳐보란 말이야. 사장님한테 선수를 잘 치는 것은 김 실장 주특기 아냐?"

"……."

나는 고개를 끄덕였다.

꼭 동경지사장으로 나가겠다는 생각보다도 그렇게 되면 가부간 사장님의 의중은 정확하게 알아볼 수가 있으리라는 생각에 나는 결심을 굳혔다.

그래서 그날 사장실로 들어갔다. 그동안 사장님 뜻을 제대로 헤아리지 못하고 여러 가지로 사장님에게 심려를 끼친 것을 먼저 사과했다.

그리고 동경 지사장 이야기를 꺼냈다. 더 넓은 세상에 나가서 좀더 공부를 하고 싶다고 내 포부를 이야기했다. 그런데 이상하게도 이런 나의 제안에 사장님은 쓰다 달다 말이 없는 것이다.

"……?"

그날은 사장님이 오전에는 본사에서 결재를 하고 오후에는 공장에 내려가 생산과 연구실 회의를 주재하는 날이었다. 오후 늦게 공장의 이 상무에게서 전화가 왔다.

"내가 완전히 잘못 코치를 했어."

"무슨 말씀이세요?"

"사장님이 오늘 공장에 내려와서 회의를 했는데 회의 벽두부터 끝날 때까지 오로지 김 실장 이야기만 하다 끝났어."

사장님이 나에게 자숙하라는 의미에서 선전실장을 해임했다는데 그런 내가 자숙은커녕 여전히 자만심에서 한 발짝도 벗어나지 못하고 있다며 나에 대한 실망감을 공장간부들 앞에서 토로했다는 것이다.

"뭐 동경지사장으로 보내줘? 미련한 놈 같으니라고…."

이 말은 이 상무가 사장님의 표현을 빌려 그대로 나에게 전한 말이었다.

"아, 그랬었구나…."

지난번 신문원고를 만들 때에도 사장님과 나는 전혀 의사소통이 되지 않았다. 그것을 나는 사장님의 고집으로 보고 있었고 사장님은 나의 교만으로 생각하고 있었던 것이다.

내가 오랫동안 농심에서 사장님을 대신해 전횡을 하다 보니 거기에 머리가 굳어버려 이제는 아무런 융통성도 없고 창의력도 없는 쓸모도 없는 외고집, 바윗덩어리 정도로 치부하고 있었던 것이다.

전에는 내 머리까지 만져보며 무슨 머릿속에서 그렇게 아이디어가 무궁무진하게 쏟아지느냐고 단복까지 했던 분이 이제는 멍텅구리, 석두(石頭)라는 말까지 서슴지 않았다면 이것은 결국 농심에서 내 수명의 종말을 선언한 말이나 마찬가지였다.

설사 백보를 양보해 내가 아직은 그렇게까지 쓸모 없이 버려진 돌멩이는 아니라고 한들 사장님 스스로가 그렇게 생각하고 판단한다는 것은 이미 나에게서 모든 기대감이 떠났기 때문이라고 생각했다.

이처럼 사장님의 나에 대한 마음이 확인된 이상, 그리고 그것이 결코 다시 봉합될 수 없는 것이라는 것을 알게 된 이상 내가 하루라도 더 이 자리에 버티고 있는 것은 나나 사장님 모두에 대한 모독이라고 생각했다.

다음날 나는 사장실로 들어가 조용히 사표를 내놓았다.

이 무렵에는 공교롭게도 오뚜기, 한국야쿠르트, 빙그레 등에서 경쟁적으로 라면사업에 뛰어들어 라면업계가 뜨거울 때였다. 그래서 농심에서도 영업부나 기획부, 생산부에서 실력 있는 상당수의 간부들이 경쟁사에 스카우트되어 나가는 바람에 비상이 걸려 있는 상황이었다. 이런 때 내가 사표를 내자 사장님도 그 점이 신경이 쓰이는 듯한 눈치였으나 나는 그 부분에 대해서는 분명한 태도로 나의 결심을 밝혔다.

"저는 이 짧지 않은 사장님과의 생활을 평생을 두고 아름답고 소중하게 마음속 깊이 간직하고 살아갈 사람입니다."

내가 이렇게 말을 하는데도 사장님은 미심쩍은 눈빛을 쉽게 거두려 하지 않는다.

"설마 내가 호랑이 새끼를 키워놓은 것은 아니었겠지…."
하면서 나를 뚫어지게 바라본다. 그러나 나는 그 눈빛이 부담스러웠다. 그동안 사장님과 함께 지내면서 작은 바늘귀만큼의 틈새도 없이 사장님은 전적으로 나를 신뢰하고 있는 줄로 알고 있었는데 아무리 헤어지는 마당이라고는 하나 이처럼 의심스런 눈빛으로 바라보는 것이 나는 섭섭했다.

"저는 저 자신보다 사장님을 더 믿습니다. 사람을 정확하게 보는 사장님의 그 놀라운 심미안은 제가 사장님을 모시고 있는 동안 단 한 번도 틀린 적이 없었습니다. 사장님께서 저를 보신 눈도 이처럼 틀림이 없었으리라고 확신합니다."

나는 조금은 우회적으로 돌려서 말을 하자 사장님도 금방 내 말뜻을 알아듣고 비로소 얼굴에서 긴장을 푸는 것이다.

"난 이제까지도 니를 믿고 살아왔다만 앞으로도 나는 니를 믿을 기구만."

"저도 사장님을 회사의 상사였기보다 집안의 가형(家兄)으로 생각하고 살아갈 생각입니다. 그리고 그동안 베풀어주신 은혜도 평생 잊지 못할 것입니다."

그리고 나는 후임자 김 이사를 위한 충고도 잊지 않았다.

"나라에서 파일럿을 하나 양성하는 데도 큰 돈이 들어간다고 합니다. 한 회사의 선전책임자는 전투폭격기 한 대를 책임지는 파일럿과는 전혀 다르지요. 그 회사의 운명을 책임져야 하기 때문입니다. 많이 투자하세요. 그래서 훌륭한 일꾼을 만들어 쓰시기 바랍니다."

사장님은 진정으로 고마워했고 내가 선전실을 맡아서 지금까지 이루어놓은 업적과 공로에 대해서 깊은 감사를 표했으며 헤어지는 마당에도 참으로 분에 넘치는 호의를 많이 베풀어주었다.

그후 사장님은 후임 김현구 실장을 유능한 광고인으로 만들기 위해 많은 노력을 쏟아 붓는 모습을 보았다. 우선 광고비를 거의 두 배 가까이 대폭 증액시켜 힘을 실어주었고 이제까지 내가 관장해오던 업무를 선전실, 디자인실, 홍보실, 소비자상담실, 공장견학팀의 5개 부서로 나누어서 신임 김 이사에게는 그 중 선전실 하나만을 맡겨 업무를 전문화시켜 준 반면 기타부서에는 새로 부장급 4명을 따로 임명하여 세분화시켰다.

그리고 선전업무는 사장님이 바라던 대로 확실하게 직접 장악하여 그동안 사장님이 하고 싶었던 대로 광고의 꿈을 펼쳤고 아직 광고선전업무에 익숙하지 못한 김 이사는 그런 사장님의 뒤를 쫓아가느라고 땀을 뻘뻘 흘리는 모습을 보았다.

내가 회사를 떠나고 수년이 지난 다음 라면업계에 엄청난 사건이 터졌다. 삼양식품에서 이제까지 사용하고 있던 우지가 식용이 아닌 공업용이라는 충격적인 사실이 알려지면서 터진 이른바 1989년 우지파동(牛脂波動)이었다. 이 사건으로 해서 이미 팜유를 고집해온 농심은 시장점유율이 60%대 이상으로 치솟는 행운을 누리게 되었고 이로 말미암아 농심은 마침내 신 사장의 염원이었던 '업계 1위의 꿈'을 이루게 되었다.

제 6 장

아직도 남아 있는 유황성냥

숨고르기

갑자기 회사를 그만두고 나니 모든 것이 막막하였다. 이런 일은 생각해 본 적도 없었고 대비한 것은 더더욱 없었으므로 몹시 당황스러웠다. 그리고 세상이 두렵기조차 하였다.

우선 가장 마음에 걸리고 조심스러워지는 것이 가족들이었다. 혹시라도 가족들이 내가 직장을 잃었다는 것으로 기가 꺾이거나 불안해하면 어쩌나 하는 것이 가장 마음에 걸렸다. 그러나 우선 겉으로나마 가족들에게서 그런 모습을 발견할 수가 없어서 다소나마 마음이 놓이고 안심이 되었다.

아내와 아이들은 그런 방법으로 나에게 굳은 신뢰와 사랑을 보내고 있었다. 평소 가족들을 차에 태우고 운전할 때도 아내는 절대 자동차 운전에 대해서 이런저런 말참견을 하는 법이 없다. 운전을 하다 보면 때로는 차가 크게 요동을 칠 때도 있고 아찔할 때도 있다. 그래도 옆에 앉은 아내나 뒤에 있는 아이들은 그런 일에 전혀 놀라거나 동요하는 법이 없이 이제까지 각자가 하던 일을 말없이 계속할 뿐이다.

한마디로 말하면 어떠한 상황에서든 전적으로 나를 믿고 나에게 모든 것을 맡기는 모습이었는데 나는 이런 가족들을 볼 때마다 한없는 행복감과 책임감을 동시에 느껴 앞으로 어떤 일이 있더라도 이 평화스런 가정만큼은 끝까지 지켜야 한다고 다짐하곤 했다.

이번에 내가 직장을 잃었을 때도 마찬가지였다. 가장이 직장을 잃었다면 주부로서는 청천벽력과도 같아 몹시 불안하고 초조했겠지만 아내는 단 한 번도 그런 모습을 보인 적이 없었으며 이제 앞으로 어떻게 할 것이냐고 물어본 일조차 없었다.

그저 평상시와 똑같이 여전히 평온한 모습으로 나를 대했고 그 얼굴에 추호도 불안한 모습을 보이지 않았다. 어찌 보면 무심하다고 느껴질 정도로 아무런 태도변화가 없었는데 이런 아내의 모습이 나에게는 그렇게 고맙고 큰 힘이 되었다.

그렇게 한동안을 집안에 묻혀서 이런저런 궁리를 해보다가 하루는 친구인 삼립 한승희 이사를 그의 집으로 찾아갔다. 그사이 한 이사는 상무로, 허 전무는 부사장으로 승진되어 있었다.

"그러게 그때 내가 뭐라든. 사람은 누울 자리를 보고 다리를 뻗으랬다고…. 그때 이쪽으로 옮겼더라면 오늘 네가 이런 꼴은 당하지 않았을 게 아냐."

"난 지금도 후회하지 않는다."

"그래, 허세는 그만 부리고 허 부사장에게 다시 이야기해볼까…?"

"아냐 갈 데가 없어서 너를 찾아온 게 아냐."

"그럼…?"

"며칠 일에서 손을 놓고 지내다 보니 이런 세상도 있구나 싶어 자랑 좀 하러 왔다."

"무슨 귀신 씨나락 까먹는 소리야, 잔말 말고 이야기해봐 내가 뭘 도와주어야 할지…."

"아냐, 진짜 아무것도 없어. 이런 식으로 앞으로 나를 볼 때마다 동정을 베풀려 든다면 너 만나기 어렵겠네."

"제발 동정 안 하게 좀 살아봐라. 부탁이다."

나는 잠시 창가에 앉아 있는 동안에 멀리 다른 아파트의 아래층 유리문

안에서 어떤 중년이 열심히 러닝머신 위를 달리고 있는 모습이 보였다. 직장에 대한 아무런 걱정 없이 오로지 자신의 건강에만 신경을 쏟는 그 사람이 순간 한없이 부럽다는 생각이 들었다.

그러나 곧 돌아앉으며 표정을 바꾸었다.

사실 이때까지도 난 앞으로 내가 무엇을 해야 할지에 대해서 확실하게 정한 것이 없이 이것저것 많은 것을 도마 위에 올려놓고 고민하던 중이었다. 그래서 그것을 친구인 한 상무와 상의를 하고 싶었다.

앞에서도 이야기했듯이 당시 새로 라면업계에 뛰어든 오뚜기와 야쿠르트, 빙그레에는 농심의 간부들이 대량으로 몰려가서 영업과 생산에서 실질적인 중추역할을 하고 있었고, 이들이 내 소식을 전해듣고 사람을 넣어 물밑교섭이 왔던 것은 사실이었다. 그러나 이것만은 내가 단호하게 거절했으므로 재고의 여지가 없는 것이고 나머지는 방송국에서 주선해 주거나 어떻게 소문듣고 이리저리 말이 오갔지만 신빙성도 그렇고 또 그렇게 나 스스로를 막 굴리기도 싫었다.

아니면 내가 옛날로 되돌아가서 독립하는 길이었는데 과연 이 중에서 어느 길을 택해야 할지 선뜻 결정하기가 힘이 들었다. 한 상무도 내 이야기를 들어보더니 어려운 듯 고개를 갸우뚱거린다.

"그러나 내가 너라면 먼저 지금 너의 상품가치를 냉정하게 달아보는 것이 무엇보다도 중요하다고 생각한다. 어차피 인재란 인력시장에선 상품일 뿐이니까. 그런 의미에서 너는 역시 광고 쪽에서 높은 점수를 받을 수 있지 않나 생각하는데, 그렇다면 아직 네 상품성이 식지 않은 광고 쪽으로 새 직장을 찾는 것이 정답이 아닐까. 그것도 너의 전공과목으로 여전히 펄펄 날고 뛸 수 있는 라면회사 쪽으로…?"

"글쎄, 그건 아니라고 했지. 같은 연필로 다른 두 그림은 절대 그리고 싶지 않으니까."

"글쎄, 선택은 네 몫이야. 의리를 지키든 다른 그림을 그리든…."

한 상무 말이 맞는지도 모르겠다. 나를 인정하고 알아주는 곳에서 길을 찾아보아라…. 그러나 그 길은 이미 포기하기로 한 길이라면 그럼 이제 남은 길은 한 가지뿐이었다. 내가 스스로 독립하여 내 길을 찾는 방법뿐일 것이다.

그래서 과거 내가 가장 어렵고 중요할 때마다 나를 많이 도와주고 이끌어주었던 이석환 과장을 찾아가 보기로 했다. 이 과장은 그때 회사를 그만두고 제주MBC와 이리기독교방송국의 서울지사장으로 크게 성공하였으나 1980년 언론사통폐합으로 모든 지방방송국의 서울지사가 폐쇄되는 바람에 바로 손을 놓고 제지회사를 창업했는데, 이 역시도 크게 성공하여 지금은 중견 실업인으로 자리를 잡고 있었다.

이 회장은 삼립의 한 상무와는 다른 견해를 갖고 있었다.

"물론 직장생활로 정년퇴직까지 가는 경우도 있겠지. 하지만 정년까지 가든 못 가든 직장인의 운명이란 언젠가는 직장에서 떨어져 나올 수밖에 없는 것인데 그럴 바에는 차라리 조금이라도 힘이 남아 있을 때 독립하여 내 일을 만들어놓는 것이 현명한 방법이 아닐까."

"그러나 그게 생각처럼 쉽지만은 않겠지요."

"성공한 직장인은 독립해도 그만큼 성공확률은 크다고 생각해."

"……"

"단지 직장생활을 오래 하다 나오게 되면 우선 환경이 바뀌게 되는데 그 새로운 환경에 얼마만큼 잘 적응할 수 있느냐가 관건일 거야. 특히 김 실장과 같은 사람은 이제까지 남에게 베풀던 당당한 입장에서 이제부터는 남을 배려해야 하는 쪽으로 돌아서야 하는데 그것을 어떻게 잘 해낼지…. 사실 나도 처음 회사를 나와서 이 문제가 가장 크고도 어려웠던 일이었는데, 그래도 나는 방송국지사장이라는 입장이었다 보니 어느 정도 체면이나 자존심을 유지할 수는 있었지만….”

한 상무나 이 회장 두 사람 모두 직장생활과 독자경영으로 각각 성공한 대표적인 사람들이었고 그래서 그들 두 사람의 조언이 모두 나에게 큰 도움이 되는 말이었다. 그러나 지금의 내 형편을 따져 생각해 봤을 때 아무래도 이 회장 쪽으로 마음이 기울어지고 있었고, 그래서 스스로 독립하여 거기에 내 마지막 승부를 걸어보자는 결심을 하게 되었다.

몸을 낮춰라

그러나 막상 독립해야겠다고 생각하니 오히려 문제는 더 많은 것 같았다. 우선 가장 큰 문제가 나에 대한 광고계의 평가였다. 이제껏 농심 하나에만 올인하여 송곳처럼 일하다 보니 주위에서 나를 좋게 평가하는 사람보다는 비판적으로 대하는 사람이 더 많았다는 점이다.

그러나 이제 농심을 떠난 입장에서 이런 문제를 극복하지 않고는 내가 무엇을 하든 성공하기 힘들 것이라는 생각이 들었다.

하루는 집 응접실 소파에 몸을 파묻고 이런 문제들로 고민을 하고 있는데 마침 옆에서 아이들이 TV를 보고 있었다. 그래서 무심코 고개를 들어보니 아이들은 〈거지왕자〉라는 동화를 그렇게 재미있게 보고 있었다.

본래의 왕자신분을 숨기고 거지로 변장하여 왕궁이 아닌 일반 저자거리에서 갖가지의 평민생활을 경험한다는 이야기였는데 그 동화를 보는 순간 머리를 스치고 지나가는 것이 있었다.

아, 저것이구나….

동화 속의 왕자는 단순한 호기심 때문에 거지로 변신했지만 지금의 나에게는 저 왕자보다도 더 절박한 변신이 필요한 때였다.

그렇다, 우선적으로 스스로 내 몸을 낮추고 고개를 숙이는 방법부터 철저하게 배우자. 이런 과정을 거치면서 광고계에서의 내 이미지를 완전히 새롭게 바꾸어 놓자. 이 길만이 내가 광고계에서 살아남을 수 있는 길이고 성공할 수 있는 길이다.

그러기 위해서는 지금 내가 무엇을 해야 할까.

철저하게 나를 낮추고 겸손함을 배우려면 무엇이 좋단 말인가.

이때 문득 나의 가장 절친한 친구인 최주호와 손승호 생각이 났다. 두 사람 모두 막강한 방송PD로 또는 일선기자로 펄펄 날다가 지금은 광고영업으로 돌아서 더 큰 성공을 거두고 있지 않은가. PD와 기자의 오만과 방자에서 하루아침에 몸을 바꾸어 오늘날 저렇게 승승장구하는 두 사람이 갑자기 나의 새로운 표상으로 떠올랐나.

그것을 나도 배우고 싶었다. 지금의 나에게 그 겸손과 배려만 더 갖추어진다면 세상에 아무 두려울 것이 없어 보였고 무엇을 하든 자신이 있을 것 같았다. 그렇다. 바로 그것이었다.

광고영업으로 최소한 1년 정도는 철저하게 나 스스로를 담금질하여 새로운 이미지로 거듭나 보자. 만약 그렇게만 된다면 나 스스로에게도 그 일을 통해서 얻어지는 것이 많을 것이고 또 다른 기회도 생길 것이다.

그럼— 광고영업을 한다면 어디서 무엇부터 해야할까. 이미 방송이나 신문사에는 기존의 막강한 영업팀들이 있어서 나 같은 초심자는 비집고 들어갈 틈이 없었고 잡지사도 큰 곳은 마찬가지였다. 그렇다면 지금의 나로서 가능한 곳이라면 경영이 어려운 일부 작은 잡지사뿐이었다. 이미 다 커버린 신문사나 방송국보다는 차라리 이들 어려운 잡지사 쪽에서 숨은 보석을 찾기가 훨씬 더 쉬울지도 모른다는 생각에 나는 이들 잡지사 중에서 가능성이 있는 잡지를 하나 고르기로 했다.

곧 〈소녀시대〉라는 초등학생 잡지가 머리에 떠올랐다. 과거 〈소년세계〉라는 어린이 잡지에서 광고부장을 하던 허광수 씨가 창간하여 발행하고 있는 잡지였는데, 지금도 허 사장이 발행인 겸 광고부장을 직접 겸직하고 있어서 잡지의 인지도에 비해 광고수탁은 거의 전무한 형편이었다. 이런 잡지라면 내가 붙들고 열심히만 하면 일도 쉽게 배울 수 있고 또 실적을 올리는 데도 크게 어려울 것 같지 않았다.

그래서 멀리 안암동에 있는 〈소녀시대〉 잡지사로 허 사장을 찾아갔다. 허 사장과는 평소에도 절친하게 지내는 사이였다. 그런 허 사장을 만나 〈소녀시대〉의 광고도급을 나에게 넘겨달라고 했다. 내가 비록 광고영업에는 경험이 없었으나 그래도 광고계에서의 내 위치를 생각한다면 〈소녀시대〉로서는 크게 환영할 줄 알고 찾아가 광고도급을 달라고 했던 것인데 그러나 막상 허 사장의 태도는 전혀 딴판이었다.

"김 실장 같은 분이 우리 책을 맡아준다면야 우리로서는 더없이 큰 영광이지. 하지만 광고수탁이라는 게 그렇게 쉽고 용이한 게 아닙니다. 이제까지 김 실장이 광고주 입장에서 생각한 것과는 전혀 딴 세상이에요. 나를 그만큼 생각해준 것만으로도 나는 영광으로 생각하고 있을 테니 이야기는 여기서 끝냅시다."

허 사장은 한마디로 거절해버리는 것이다. 나는 어이가 없었다. 첫발을 내디디는 것부터가 만만치 않다는 생각이 들어 속으로는 놀랐으나 그렇다고 여기에서 물러설 수는 없었다.

"허 사장이 나를 잘못 알고 있는 모양인데 내가 그만한 어려움을 모르고 잡지광고를 하겠다고 했겠어. 절대 허 사장에게 실망은 시키지 않을 테니 나를 믿고 광고대행권을 나에게 맡겨주어요."

"어림없어요. 김 실장이 비록 광고계에서 오래 일했다고는 하나 이제까지 김 실장이 있던 곳은 따뜻한 온실 속이요. 그 안에서 고작 칼이나 휘둘렀던 게 전부였단 말입니다. 광고영업으로 산전수전 다 겪은 나도 이 잡지로 겨우 이 정도인데 이 바닥 물정을 전혀 모르는 귀하신 몸께서 무슨 수로 이것을 해내겠다는 겁니까."

"글쎄, 내가 언제 빈 소리나 허튼 소리 하는 것 봤어요? 허 사장이 지금은 광고업무에 전념할 수 없는 발행인 입장이다 보니 이 정도지 내가 만약 허 사장과 합세해서 열심히 뛴다면 상황은 완전히 달리질 수 있으리라고 생각하는데…."

"공연히 고운 옷에 먹물 칠하지 말고 굳이 광고영업을 해보겠다면 김 실장이 잘 아는 방송국이나 신문사로 가보세요."

허 사장은 도통 나를 믿으려들지를 않는다. 그 하고많은 것 다 팽개치고 굳이 왜 이렇게 어렵고 힘든 잡지를 찾아와 광고를 맡으려 하는지 이해할 수도 없고 또 그런 나의 불확실성에 공연히 끼어들고 싶지 않다는 태도였다.

그러나 나는 그런 허 사장을 끝까지 물고 늘어졌다. 내가 너무나도 집요하게 물고 늘어지자 나중에는 고집쟁이 허 사장도 더 이상 버틸 수가 없었던지 그럼 몇 달 해보면서 뜨거운 맛을 보라며 광고도급을 허락했다.

그런데 이번에는 그 도급계약 내용이 문제였다. 나는 이처럼 어려운 잡지사와의 계약이라면 어느 정도 나에게 유리한 계약내용이 될 줄 알았었는데 막상 허 사장이 제시한 계약내용이란 전혀 그런 것과는 거리가 먼 것이었다. 당시 인기가 있는 잡지의 도급조건이 대개 광고매출액의 30~35%를 도급자에게 제공하는 것이 일반적 상례였는데 허 사장은 이와 엇비슷한 40%를 제시했다. 즉, 광고 게재고의 60%를 광고게재 익월에 입금하는 것인데 그것도 현금으로 입금시키라는 것이다.

그리고 하한선도 요구했다. 하한선이라면 매달 책임량을 명시하여 광고매출이 그 책임량을 채우지 못할 때는 이것을 도급받는 자가 책임지고 변상해야 하는 것인데 이것은 이미 도급제를 실시하는 일부신문사나 방송국에서도 시행하지 않는 독소조항이었는데도 허 사장은 당당하게 이것까지를 요구했다. 그리고 광고원고를 마감하여 편집하다 보면 광고쪽수가 짝이 맞지 않는 경우가 종종 발생하는데 이럴 때는 한두 페이지 무단게재를 해서라도 쪽수를 맞춰야 편집이 가능하게 된다. 그러나 허 사장은 이것마저도 모두 유가로 인정해야 한다는 조항도 고집했다.

한마디로 허 사장은 현재의 〈소녀시대〉 입장은 전혀 고려하지 않은 너무나도 일방적인 요구를 내놓은 것이다.

"허 사장, 이제는 허 사장과 내가 한배를 탔습니다. 계약이란 양자가 다 만족할 수 있는 합리적인 것이어야지 어느 한쪽의 일방적인 것이 되어서는 안되지요. 허 사장이 주장하는 이것이 순리에 맞다고 생각해요?"

"순리에 맞지 않으면 내가 왜 이런 내용을 내놓겠어요? 〈소녀시대〉에 광고가 몇 페이지 없다고 김 실장이 우습게 생각하는 모양인데 〈소녀시대〉 그런 책이 아닙니다."

"〈소녀시대〉를 우습게 보아서가 아니지. 그렇지만 〈소녀시대〉의 지금 현재 광고수입이 얼맙니까. 모든 이야기는 거기에서부터 시작해야지 그것과는 무관하게 일반 잘 나가는 잡지수준을 요구하면 나 역시 모처럼 마음을 바꾸어 이런 일을 해보겠다고 허 사장을 찾아온 건데 그런 나에게 너무 가혹한 거 아니오?"

"김 실장이 지금의 〈소녀시대〉만을 보고 나를 찾아왔다면 그건 잘못 찾아온 것입니다. 김 실장이 말한 대로 〈소녀시대〉로 그만큼 큰 뜻을 세웠다면 그 뜻에 합당한 선을 내가 요구한 것일 뿐이지 조금도 내 일방적인 요구가 아닙니다."

소문대로 허 사장은 빈틈이 없는 대단한 사람이었다. 허 사장 말이 틀린 말은 아니었다. 내가 생각하는 대로 광고물량을 확보만 할 수 있다면 하한선 조항이나 무단게재 조항이 크게 문제될 것은 아니었다. 40% 조항도 그리 나쁜 편은 아니고….

만약 지금의 〈여고시대〉나 〈여학생〉에 40%를 요구한다면 언감생심 가당키나 한 소리겠는가. 그러나 나의 계획이 〈여고시대〉나 〈여학생〉을 능가시켜 보겠다는 각오라면 허 사장의 요구를 들어주어도 나쁠 것은 없으리라는 생각이 들었다. 그래서 내 의사가 철저하게 묵살된 이 계약에 기분은 좀 언짢았지만 허 사장의 요구를 그대로 받아들일 수밖에 없었다.

나는 계약서에 도장을 찍고 허 사장 사무실을 나오면서 자신의 무기력함에 허탈감을 감출 수가 없었다.

전에 농심에 있을 때는 이보다 더한 방송국이나 신문사의 국장들과 협상에서도 뒤로 밀리지 않고 기어코 내 뜻을 관철시키곤 했는데 나에게서 날개가 떨어지고 보니 이제는 이런 작은 잡지사와의 협상에서도 내 뜻은 외면당하고 무시되는 현실이 서글펐다.

〈소녀시대〉의 광고영업을 시작하려고 보니 당장 내가 거처할 장소가 문제였다. 잡지사가 있는 안암동이라면 시내에서 너무 멀리 떨어진 곳인데다 대부분의 광고주가 시내에 몰려 있어서 그곳에서 일하기에는 너무나 시간 낭비가 많을 것 같았다.

그래서 당시 아우가 경영하는 세신실업이 충무로 명보극장 앞에 있어서 아우에게 부탁하여 그 방에 책상 하나를 빌려쓰기로 하고 기존 잡지사 광고부에 있던 김영환 차장을 데리고 충무로로 나왔다.

마침내 명함집에서 새로 인쇄한 내 명함이 나왔다. 이제껏 세상에서 내 얼굴역할을 해왔던 농심 명함 대신에 새로 나온 〈소녀시대〉 명함을 책상 위에 놓고 보니 그 새 명함이 그렇게 생경하게 느껴질 수가 없었다.

"아니, 이게 지금부터의 내 모습이란 말인가."

이런 명함을 어떻게 사람들에게 내밀 수 있을지 걱정이 된다. 그러나 마음 한쪽 구석에서는 더 큰 오기가 솟아오르기도 한다.

'이 명함이 어때서, 내 직업이 어떻다고 이런 엉뚱한 열등의식에 빠지려든단 말인가. 이제부터는 이 명함으로 마치 조자룡의 칼처럼 온 세상을 헤집고 다닐 텐데….'

나는 처음 농심에 들어갔을 때를 생각해 보았다. 그때 신 사장님 앞에서 유황성냥 한 갑을 꺼내놓고 이 유황성냥처럼 농심을 위해 이 한몸 훨훨 불태워 재 한 톨도 남기지 않겠다고 다짐하지 않았던가. 지금이야말로 그때의 그 기개와 용기가 더 필요한 때라는 생각이 들었다. 나는 이 새로운 〈소녀시대〉 명함을 앞에 놓고 그 유황성냥이 아직도 남아있는지 확인해 보고 싶었다. 농심 12년 동안에 모두 소진시켜 버리고 지금은 빈 껍질만 남아 있는 것은 아닌지….

그래서 조용히 눈을 감고 기도를 했다. 그것은 출전을 앞둔 장수(將帥)의 비장한 각오를 다지는 엄숙한 시간이기도 했다. 앞으로 이 길이 얼마나 험난한 가시밭길일지 모른다. 좌절도 있을 것이고 냉대와 수모도 많이 겪게 될 것이다. 그러나 그럴 때일수록 더 큰 용기와 투지로 기필코 처음 뜻한 바를 이루어 이 명함을 자랑스럽게 만들어놓겠다고 다짐했다.

그러면서 나는 아직도 내 가슴속에는 불만 댕기면 금방이라도 터져 오를 화약덩어리 같은 유황불꽃이 그대로 남아 있음을 확인할 수가 있었다.

나는 새로 만든 〈소녀시대〉 명함과 잡지를 들고 이제까지와는 전혀 다른 인생, 광고세일즈맨으로 새롭게 뛰기 시작했다.

우선 평소에 나와 가까웠던 친구들부터 한바퀴 돌면서 명함을 내밀고 인사했다. 그러나 만나는 사람 모두 격려와 기대보다는 걱정을 많이 했다. 특히 제일 먼저 찾아간 태평양화학의 주문돈 이사는 이런 모습으로 나타난 나를 보고 깜짝 놀라는 것이다.

"아니 김 실장이 이게 무슨 짓이야… 그렇게 할 일이 없어서 잡지세일을 한단 말인가?"

너무나도 어이가 없다는 표정이다. 광고계에서 이것저것 아무것도 할 것이 없을 때 먹고살기 위해 어쩔 수 없이 손을 대는 게 잡지영업인데 나 정도 위치에 있던 사람이 무엇이 아쉬워 이렇게 비참한 모습으로 돌아다니느냐고 오히려 나무라기까지 했다. 그러나 나는 그런 주 이사에게 자세한 내 속내를 이야기할 수도 없어서 그냥 웃어넘기며 대신 광고를 좀 밀어달라는 부탁만을 되풀이했다.

첫날 하루를 돌고 보니 입 안에서는 쓴내가 나고 몸은 천근만근이었다. 난생 처음 남의 회사를 찾아다니며 광고부탁을 하려니 처음 몇 군데에서는 말도 제대로 나오지를 않아서 낭패를 당하기까지 했다. 그러나 첫날은 대부분이 평소 나와 가까웠던 친구들이어서 그나마 큰 어려움은 없었고 오히려 조금은 해볼 만하다는 용기까지 나기도 했다.

그래서 다음날부터는 본격적으로 강행군으로 돌입했다. 우선 하루방문 거래처를 25곳 이상으로 잡았다. 이 목표를 달성하려면 출퇴근시간이 따로 없었다. 필요하다면 아침 꼭두새벽에 담당자 집으로 쫓아가 대문을 두드리기도 했고 퇴근 후에도 두세 사람을 더 만나는 등 하루 24시간 중 잠자는 시간을 제외하고는 모든 것을 오로지 거래처 담당자를 만나는 데 올인했다.

이 일을 하면서 가장 어렵고 고통스런 것은 내가 여러 회사의 광고부를 방문할 때 그곳에서 나와 같은 처지의 다른 세일즈맨들과 마주치는 일이었다. 대부분의 거래처에 내가 들어가면 먼저 온 이들이 그 회사의 광고담당자 앞에 줄줄이 앉아서 순서를 기다리고 있었다. 그러면 나도 어쩔 수 없이 그들 뒤에 앉아서 순서를 기다려야 했는데 이 시간이 그렇게 괴롭고 힘들었다. 그들 대부분은 전에 우리회사에도 왔던 사람들이었고, 와서 나를 직접 만나지는 않았지만 우리 담당자나 담당과장을 만나고 갔던 사람들이었다.

그러나 이제는 그런 사람이나 나나 똑같은 입장에서 광고 한 쪽을 얻기 위해 함께 기다리는 처지가 되었으니 나는 매우 난처했고 그들도 거북하기는 마찬가지였다. 그래서 겉으로는 여전히 전처럼 예의를 갖추어 정중하게 대해주며 순서를 나에게 양보하는 사람들이 많았다.

거래처의 담당자들이 불편함을 느끼기는 마찬가지였다. 대부분의 거래처 담당자들이 내 이름 정도는 알고 있었는데 그런 내가 어느날 불쑥 나타나 광고를 달라고 떼를 쓰니 몹시 황당한 모양이다. 그러나 나는 상대가 당황해 하든 말든 그런 것에 신경쓰지 않기로 했다.

기다리던 세일즈맨들이 자리를 양보해 주면 고맙게 받아들여 그들보다 먼저 담당자를 만났고, 광고담당자가 불편해 하면 업계 선배로서 필요한 조언이나 경험을 풀어 그들의 관심을 끌도록 노력했다.

그리고 면담시간은 최대한 압축하여 가장 효과적인 면담을 하도록 했다. 하루에 25곳 이상의 거래처를 방문한다는 것이 말처럼 그렇게 쉬운 일이 아니었다. 아차 해서 조금만 시간조정을 잘못하거나 한 곳에서 시간을 많이 써버리면 절대 채울 수 없는 방문량이 25곳이었다.

나는 현재 3～4페이지뿐인 〈소녀시대〉의 광고게재고를 50페이지로 첫 목표로 삼았다. 그것은 당시 학생지로서 톱을 달리던 〈여고시대〉, 〈여학생〉이 매월 올리는 50～60면의 광고게재고를 의식한 의욕적인 목표치였다. 50면의 목표를 달성하려면 최소한 한 달 동안 거래처 방문수가 500번 이상은 확보되어야 가능한 것이었다. 그것을 역산해보면 하루 방문수가 25곳 이하로 떨어지면 불가능한 숫자였다.

물론 이것은 방문횟수의 산술적 숫자였고, 한 달에 500번 방문을 했다 해도 이것을 광고유치까지 끌어올리려면 또 그 하나 하나의 방문내용도 중요했다. 대부분의 세일즈맨들은 거래처를 방문하여 이런저런 객담을 하다가 돌아가는 경우가 많았으나 나는 철두철미 면담시간을 압축하여 10분 안에 모든 이야기를 마친다는 이른바 '10분 전략'을 고수했다. 그래서 이 10분이 지나면 또 다시 자리를 박차고 일어나 다음 거래처로 바람처럼 날아가는 식이었다.

이 무렵에 잡지광고 영업에 귀재로 통하는 사람이 하나 있었다. 〈여원〉 잡지사의 손승호 전무였는데 손 전무는 본래 중앙일보·동양방송에 기자로 입사했던 사람이다. 그런 그가 편집국을 떠나 광고국으로 자리를 옮긴 다음 광고영업에서 그의 진가를 발휘한 매우 이색적인 사람이었다.

삼성그룹의 인사관리는 좀 특이한 데가 있었다. 첫 입사한 부서에 평생을 묶어두기보다는 순환근무제를 적용하여 적재적소를 찾아 인재를 활용하는 방법을 택하고 있었는데 그래서 편집국에 근무하던 기자가 하루아침에 업무국으로도 오고 또 영업국에 있던 세일즈맨이 보도국이나 편성국으로 가는 경우가 비일비재했다.

손 전무는 편집국에서도 인정받는 유능한 일선기자였는데 본인이 희망하여 영업국으로 자리를 옮겨 이곳에서 차츰 실적을 높이다 보니 업계에서도 서서히 그를 주목하기 시작한 사람이다. 그러던 그가 막상 잡지광고의 귀재 소리를 듣기 시작한 것은 그가 중앙일보·동양방송을 떠난 다음부터였다.

우리나라 여성지로서 가장 오랜 전통을 자랑하던 〈여원〉이 경영난으로 어려움을 겪자 손 전무는 같은 직장에서 함께 일하던 역시 편집계의 달인 김재원 씨를 끌어들여 이 잡지를 인수했다. 그래서 김재원 씨는 사장으로 편집과 운영을 맡고 손 전무는 전무로 광고영업을 맡아 회사를 일으켰는데 이 일이 결국 크게 성공하여 잡지계에 하나의 큰 화제가 되었다.

그래서 손 전무는 잡지광고에 관한 나름대로 독특한 노하우를 갖게 되었는데 그후 손 전무는 이 노하우를 후배 광고인들에게 교육도 시키고 훈련도 시켜 업계에 기여한 바가 컸다. 그래서 훗날 이영혜 씨가 〈디자인〉이라는 잡지로 고전하고 있을 때도 〈행복이 가득한 집〉이라는 여성지를 창간하여 광고로 성공하는 계기를 만들어주기도 했다.

손 전무와 나는 오래 전부터 가깝게 지내던 터라 나는 손 전무에게서 많은 것을 배우기도 하고 지도도 받았다. 또 서로의 정보와 의견을 나누기도 하면서 다들 불가능할 것이라는 이 잡지영업에서 하나하나 벽돌을 쌓아가기 시작했다.

이와 같이 손 전무를 가까이서 지켜보니 손 전무가 귀재소리를 듣는 게 별 게 아니라는 생각이 들었다. 끈질긴 집념으로 끝없이 물고 늘어지는 전략, 바로 그것이었다.

나는 세일즈를 모르는 사람으로서 처음 이것을 시작했을 때 그저 어림잡아 뛰기 시작한 것이 이 전략이었는데, 그동안 업계의 귀재라는 손 전무를 만나보았을 때도 결국은 나와 같은 내용이었음을 알고 그렇게 반가울 수가 없었다. 그러다 보니 손 전무도 나 못지 않게 하루에 거래처 방문횟수가 많았으며 업무시간도 '9 to 5'로 정해진 게 아니고 밤 9시가 넘어서 내가 거래처 직원을 만나고 있을 때도 우리는 서로 조우하는 경우가 종종 있어서 그럴 때면 우리는 서로가 승자인 것처럼 서로의 어깨를 두드려주며 격려하기도 했다.

사실 남의 사무실 문을 두드린다는 것이 얼마나 어렵고 힘든 일인지 모른다. 그래서 물론 매일 마음을 모질게 먹어도 보지만 그래도 막상 남의 회사 현관에 들어서서 그곳을 지키고 서 있는 수위와 얼굴을 마주치면 그 모든 결심이 허물어지고 심약해지는 때가 한두 번이 아니었다. 그렇다고 그 앞에서 어물어물했다간 눈치 빠른 수위에게 쫓겨날지도 몰라 태연한 척 걸어서 엘리베이터 속으로 들어가 버리거나 만약 미처 엘리베이터가 와 있지 않으면 공연히 뒤에서 바라보고 있을 수위가 두렵고 겁이 나서 대개 엘리베이터 옆에 있는 화장실에 들어가 그 안에서 한숨을 돌리는 것이 한두 번이 아니었다. 그렇게 화장실에 들어간다 해서 매번 소변을 보는 것도 아니어서 대개는 변기 앞에 서서 한참 동안 마음을 되잡으며 이것저것을 생각하곤 했다.

'내가 꼭 이런 모습으로 살아야만 하는 것일까?'

거울에 비친 내 모습을 바라보며 그런 생각이 들면 당장 때려치워야겠다는 생각이 들었다가도,

'아니다, 여기에서 나를 이기지 못하면 모든 것이 끝장이다.'

라고 마음을 고쳐먹으면 또 다시 용기가 나서 화장실 문을 박차고 나와 사무실까지 올라갈 수가 있었다.

이처럼 광고영업을 한다고 남의 화장실을 잔뜩 들락거리다 보니 나중에는 그 회사의 사무실 구조는 잘 기억이 안 나도 화장실 구조는 눈에 훤해지는 화장실 귀신이 되기도 했다.

산너머 산

이처럼 내가 하도 억척스럽게 뛰어다니고 물고 늘어지다 보니 〈소녀시대〉는 첫 달에 40페이지의 광고를 유치할 수가 있었다. 처음부터 기대했던 태평양화학 등 몇몇 큰 광고를 싣지 못한 채 40페이지로 마감을 하고 보니 아쉬움이 많이 남았다. 이들 기대했던 곳에서만 협조해 주었더라면 목표는 그런 대로 채울 수도 있었을 텐데….

그러나 이것은 지난 한 달 동안 갖은 수모와 아픔을 이겨내고 일구어낸 실로 피눈물의 결정체였고 내가 농심을 떠나 처음 거둔 값비싼 대가였다.

이제까지 허 사장이 했던 3~4페이지에 비한다면 물론 파격적인 성공이었겠지만 그러나 〈여고시대〉나 〈여학생〉에 비하면 아직도 불만이 많았다.

'이제 겨우 1회전을 뛰었을 뿐인데… 2회전에서는 기필코 50페이지를 넘겨야지….'

내가 첫 달을 이렇게 마감을 하자 마음은 또 다른 각오와 기대로 부글부글 끓어오르고 있었다. 그러나 광고계에서 내가 처음 이 잡지를 들고 다닐 때 과연 제대로 해낼 수 있을까 해서 의심스럽게 바라보던 많은 사람들은 이 정도의 실적에도 깜짝 놀랐고 특히 허 사장의 기쁨은 이만저만이 아니었다.

나는 그런 허 사장을 실망시키지 않고 약속을 지킬 수 있었다는 것도 큰 보람 중의 하나였다. 그러나 막상 허 사장은 속마음과는 달리 대수롭지 않다는 태도였다.

"첫 시작으로는 물론 나쁘지 않은 것이었지만 이건 어디까지나 김 실장이 오랫동안 큰 회사에서 광고책임자로 있다가 퇴사하고 나와 주위의 친구들이 격려 차원에서 도와준 것이니 이게 결코 오래가지는 못할 겁니다."

〈여고시대〉나 〈여학생〉은 발행부수도 물론 〈소녀시대〉에 비해서 많았지만 주 독자층이 여고생들이었으므로 광고시장이 넓었다. 화장품은 물론 패션이나 제약, 가전, 조미료 등 일반여성지에 못지 않게 모든 광고를 다 실을 수 있는 대신에 〈소녀시대〉는 초등학생 상대의 잡지였으므로 기껏해야 값싼 문구류나 장난감 정도여서 광고시장이 절대적으로 열세였다.

이들 주류광고(主流廣告)를 빼고도 이 정도 광고물량을 유치했다는 것은 어찌 보면 처음 내가 기대했던 것 이상의 큰 성과라고도 생각할 수 있었다. 그러나 앞으로 좀더 많은 광고신탁을 올리려면 이들 주류광고를 끌어들이는 것이 가장 중요한 일이요, 급선무였다.

'아이들 잡지라고 외면만 하는 이들 광고주들을 어떻게 설득하고 이해를 시켜야 하나….'

여기에는 단순히 안면이나 집념만 갖고는 불가능하였다. 거래처 하나 하나마다 철저한 연구와 전략이 필요했다. 이 중에서도 특히 태평양화학이 제일 중요했다. 광고 수탁고를 높이려면 무엇보다도 광고의 황금시장인 화장품이나 패션광고를 끌어들이지 않고는 안되었는데, 그러기 위해서는 당시 우리나라 광고비 1위이며 잡지광고를 선도하는 태평양화학의 아모레광고를 정책적으로라도 우리책 첫페이지에 싣는 것이 급선무였다.

즉, 아모레 광고를 실어야 다른 화장품광고는 물론 여타 패션이나 가전쪽 광고도 유치할 수가 있었기 때문이다. 이것이 당시 광고계의 하나의 룰이었다.

태평양화학에서 인정하는 (아모레 광고를 싣는) 매체는 다른 광고주도 자동적으로 인정했고 태평양화학이 인정하지 않는 (아모레 광고를 못 싣는) 매체는 다른 광고주도 인정해주지 않았다. 그래서 나는 태평양화학의 주 이사를 만나 이런 속사정을 자세하게 이야기하며 제발 나를 좀 살려달라고 통사정을 했다. 그러나 막상 주 이사는 그럴 때마다 너무 서두르지 말고 천천히 해보자는 말만 되풀이했다. 하루하루가 피가 마르고 숨이 가쁜 나에게는 참으로 한가하고 기가 막히는 말이었다.

나는 그런 주 이사를 마주볼 때마다 마치 커다란 바윗덩이를 마주하고 있는 것만 같았다. 옆에서 이만큼 숨넘어가는 소리를 하면 어느 정도 귀를 기울여줄 만도 하련만 이처럼 돌부처같이 요지부동인 것을 보면 주 이사가 이토록 냉정한 사람이었던가 하는 생각도 들었다.

본래 주 이사와 〈소녀시대〉 허 사장과는 학교동창으로 막역한 사이라고 했다. 그럼에도 불구하고 주 이사가 이제껏 친구 허 사장이 운영하는 〈소녀시대〉에 단 한 페이지도 협조해주지 않는 것은 소구대상(訴求對象)이 전혀 맞지 않기 때문이라고 했다. 그런데 이제 와서 내가 〈소녀시대〉의 광고대행을 맡았다 해서 당장 광고를 싣는다면 자기는 책보고 광고를 주는 게 아니라 사람보고 광고를 준다는 오해를 면할 길이 없기 때문이라고 했다.

물론 주 이사 말이 틀린 말은 아니었으나 그러나 이 문제는 나에게는 사활이 걸린 시간을 다투는 시급한 문제로 주 이사처럼 그렇게 명분을 따지며 한가할 수만은 없었다.

동양방송의 최주호 차장이 처음 영업부로 부임해와 일성으로 가장 어렵고 힘든 거래처를 내놓으라고 했을 때 이구동성으로 태평양화학의 주 이사와 농심의 나를 지적했다는 말이 새삼 떠올라 나도 그때 지금의 주 이사처럼 매체사람들의 속을 까맣게 태웠나하는 자책감마저 들었다.

태평양화학은 첫 달에도 싣지 못하고 넘기고 말았는데 둘째 달에도 또 이렇게 입씨름만 하다가 마감일이 닥쳐오고 말았다. 어쩔 수 없이 이번에도 태평양화학은 포기한 채 원고마감을 할 수밖에 없었는데 마감을 하다 보니 국제상사의 프로스펙스 광고 2페이지가 아직 원고가 들어오지 않았다.

"김 차장, 왜 프로스펙스 원고가 없지?"

"배정을 받으셨어요? 그쪽에서는 원고를 주지 않던데…."

"원고가 아직 안 된 거야, 아니면 못 받아온 거야?"

"〈여고시대〉, 〈여학생〉은 이미 오래 전에 원고를 받아갔는데요."

"그럼 우리도 받아왔어야지. 오늘이 마감인데 이제까지 뭘 했어? 당장 가서 빨리 가져와."

나는 호통쳐서 김 차장을 국제상사로 보냈다. 국제상사의 독고 이사는 나와 가까운 사이였다. 그는 평소에도 광고계의 어렵고 궂은 일에는 항상 도맡아 처리하는 광고계의 의리(義理)의 화신이기도 했다. 그런 그가 내가 처음 광고부탁을 했을 때 두말 하지 않고 광고원고를 던져주며 내 어깨를 두드려 주었다.

그래서 이번 둘째달에도 당연히 종전처럼 해줄 것으로 믿고 국제상사에는 확인도 하지 않은 채 내가 일방적으로 면을 잡아놓고 있었는데 오늘 마감날에야 확인해 보니 원고가 들어오지 않은 것이다.

그것만 들어오면 지난달과 비슷한 선에서 마감을 할 수가 있었다. 월초에는 기필코 〈여고시대〉, 〈여학생〉을 잡고야 말겠다고 다짐했던 것인데 허 사장의 예언이 올무가 되었던 것인지 아니면 그가 정확하게 예측했던 것인지 아무튼 크게 늘리지는 못하고 말았다.

그런데 천만뜻밖에도 심부름을 간 김 차장에게서 이달에는 국제상사 광고가 계획에서 빠졌다며 원고를 줄 수 없다는 청천벽력 같은 보고를 하는 것이다. 순간 나는 눈앞이 캄캄해오는 것을 느꼈다. 그렇게 되면 지난달 수준에서 오히려 한 페이지가 모자라게 되는데….

처음부터 실적이 뒤로 밀리는 것은 죽음보다도 더 큰 치욕이었다. 어떤 일이 있어도 이것은 채워야 한다. 그러나 마감시간이 다 됐는데 지금에 와서 원고수배를 못한다면 이찌된 말인가.

나는 떨리는 목소리로 독고 이사가 자리에 있느냐고 물었다. 자리에 있다는 것이다. 나는 독고 이사를 바꾸라고 했다가 순간 퍼뜩 떠오르는 생각이 있어서 급히 그 말을 취소하고 담당자 신복선 씨도 자리에 있느냐고 되물었다. 두 사람 모두 자리에 있단다.

그러나 이 문제는 전화로 해결될 문제가 아니라는 것을 직감했다. 그래서 내가 지금 당장 국제상사로 달려갈 테니 내가 도착할 때까지 어떤 일이 있더라도 신복선 씨를 붙잡고 있으라고 김 차장에게 단단히 일러두고 나는 사무실에서 나와 차에 올라탔다. 그리고 양평동에 있는 국제상사를 향해 바람같이 달렸다.

신호를 무시하는 것 정도는 다반사였고, 차가 꽉 막힌 곳에서는 인도 위로 달렸다. 혹시 이러다 사고라도 나면 어쩌나 하는 걱정에 겁이 덜컥 나기도 했으나 지금 그런 것 저런 것을 가릴 때가 아니었다. 이럴 때는 차라리 순찰차에게 걸렸으면 좋겠다는 생각까지 들었다. 그렇게되면 떼를 써서라도 그 순찰차의 안내를 받아 빨리 갈 수 있을 것 같았기 때문이다.

이렇게 가까스로 국제상사에 도착하여 사무실 안으로 뛰어들어가 보니 마침 신복선 씨도 독고 이사도 모두 자리에 있었다. 시간은 이미 퇴근시간이 지났는데도….

독고 이사는 회전의자에 몸을 뒤로 젖히고 신문을 보다가 내가 들어서자 얼른 들고 있던 신문을 올려 얼굴을 가린다. 입장이 난처했던 모양이다. 그러나 나는 그런 것에 마음을 쓸 겨를이 없었다.

나는 독고 이사 바로 앞에 앉아 있는 신복선 씨 책상 옆으로 빈 의자를 끌어당겨 앉았다. 이제까지 신복선 씨와 이야기를 나누던 김 차장이 일어나 자리를 비켜준다.

"이게 어찌된 일입니까?"

나는 너무나 다급한 마음에 따지듯 소리를 질렀다.

"어찌된 일이라니요. 누가 〈소녀시대〉에 광고 약속했던가요?"

너무나도 당찬 반격에 나는 움찔했다. 맞는 말이다. 국제상사의 어느 누구도 이달 광고를 약속해준 게 아니었다. 다만 나 혼자 지레짐작으로 면을 잡아놓았을 뿐이다.

신복선 씨의 처음 인상이 너무나 곱고 예쁘장하게 생겨서 친구 독고 이사 밑에 참 예의바르고 고운 신입사원을 두었구나 하고 평소에 좋게 생각하였는데 그런 젊은 사람에게서 이토록 강력한 반격을 당하자 나는 당황했다.

"지난 달에는 우리 독고 이사님 체면을 보아서 한 번 배정해 주었는데 그렇다 해서 이달에도 일방적으로 면을 잡아놓고 원고를 달라면 어떻게 합니까. 인사치레는 한 번으로 끝났으니 이제 더 이상은 곤란합니다."

너무나도 또랑또랑하게 오금에 못을 박듯 분명하게 말을 하는데 선불리 선배라고 함부로 할 수 없는 범상함에 나는 꼼짝할 수가 없었다.

세상에 이렇게 똑똑하고 분명한 사람도 있었구나….

순간 나는 신복선 씨의 두 손을 덥석 잡았다.

"신형 —."

우선 나는 한참 후배였지만 깍듯하게 존칭을 썼다. 그리고 바로 뒤에 있는 친구 독고 이사는 전혀 의식하지 않은 채 오로지 신복선 씨에게만 간절히 매달리듯 정중하면서도 정성스럽게 예의를 갖춰 말을 꺼냈다.

"신형도 알다시피 내가 비록 광고계에 오래 있었다고는 하나 잡지광고 실무를 전혀 모르다 보니 이런 큰 실수를 했습니다. 신형의 말에 하나도 잘못이 없습니다. 당연히 그렇게 했어야 했는데 내 불찰로 일이 이렇게 되었습니다. 그러나 알다시피 오늘이 원고 마감날 마감시간이 다 되었네요. 일방적으로 내가 면을 잡아놓은 것은 물론 내 잘못이지만 그렇다고 해서 인쇄를 중지하고 면을 처음부터 다시 짤 수가 없다는 것은 누구보다도 신형이 잘 알고 있지 않습니까. 내가 몰라서 한 실수이니 이번 한 번만 신형이 봐주시면 앞으로는 다시 이런 일은 없을 것입니다. 신형에게 참으로 귀중한 한 수를 잘 배웠습니다."

내가 하도 정중하게 사과하며 사정하자 나이 어린 신복선 씨는 오히려 그 쪽에서 더 민망한 표정으로 한참을 나를 바라보더니 아래 서랍을 열고 원고를 꺼내주는 것이다. 신복선 씨에게 그 원고를 받는 내 손이 가느다랗게 떨렸지만 그는 그것을 미처 알아차리지 못하는 것 같았다.

나는 그 원고를 들고 자리에서 일어나 옆에 있는 김 차장과 함께 출입문 쪽으로 나오려니 뒷머리가 가려웠다. 틀림없이 그런 처량한 내 뒷모습을 신문을 내리고 바라보고 있을 친구 독고 이사의 시선이 아프게 느껴졌기 때문이다. 그래서 나는 자꾸만 처지려는 어깨를 의식적으로 더 치켜세우며 꼿꼿하게 문을 향해 걸었다.

일을 하다 보면 예기치 않았던 엉뚱한 곳에서 도움받는 경우도 있고 또 반대로 잔뜩 기대했던 곳에서 일이 빗나가는 경우도 있었다. 미원의 광고책임자 노시평 부장도 국제상사의 독고 이사와 마찬가지로 나와는 같은 모임의 멤버로 가까운 사이였다. 또한 미원은 잡지광고도 많이 하는 회사였기에 나는 처음부터 기대했던 곳이었는데 태평양화학과 마찬가지로 이곳도 쉽게 광고가 나오지 않아서 내 속을 태웠다.

물론 언뜻 생각하면 우리 〈소녀시대〉의 독자층과 조미료 미원은 잘 매치가 안 되는 것 같다는 생각에 노 부장은 이리저리 피하고 있는 것 같았다. 그러나 학생잡지라 해서 꼭 학생들이 책가방 안에만 넣고 다니며 보는 책은 아니지 않는가. 어린아이 책일수록 그 책을 골라주고 함께 읽는 사람은 바로 그 어린아이의 어머니인 주부들이었다. 주부잡지에 주부용품을 광고하기보다 어린이잡지에 어린이를 보살피고 어린이 건강을 챙겨주는 광고를 실어 어린이와 어머니가 함께 본다면 얼마나 더 효과가 클 것인가를 노 부장에게 열심히 설득했다.

그러나 노 부장도 주 이사 못지 않는 옹고집이었다. 될 듯 될 듯 하다가도 월말 마감에 가보면 아무것도 없는 것, 이것이 광고마감의 실망스런 모습이었다.

그래서 하루는 아침 트레이닝복 차림으로 멀리 청량리에 있는 노 부장의 미도아파트까지 찾아갔다. 그리고 사전에 노 부장을 만나서 어떻게 설득할 것인가 하는 작전계획을 시간의 분초까지 쪼개어 치밀하게 세워두었다. 마치 첩보영화처럼 그렇게 완벽하게—.

우리 모임의 친구들은 매달 한 번씩 가족 동반하여 정기적으로 모임을 갖고 있었으므로 가족끼리도 서로 잘 알고 지냈다. 그런 처지에 노 부장 부인이나 아이들 앞에서 광고부탁을 할 수는 없었다. 그렇다면 가족들과 떨어져

노 부장과 독대할 수 있는 시간은 언제가 좋을까.

집 안에서 그런 시간을 만들기가 어렵다면 집 밖에 나와서뿐인데 그렇다고 아파트 현관까지 나오면 그곳에는 또 운전사가 대기하고 있을 테니 그것도 어려워 보였다. 그래서 이리저리 시간을 재보니 노 부장이 집을 나와서 엘리베이터까지 오는 시간밖에는 달리 시간을 맞출 수가 없었다. 그럼 그 안에 결론을 내자. 그것도 불과 10~20초를 넘기지 않는 짧은 시간 안에….

그래서 나는 아파트 앞에서 초조하게 시계를 보며 카운트다운을 시작했다. 노 부장이 잠자리에서 일어나 세수하고 아침식사를 마친 다음 출근 전 조간신문을 보며 부인이 가져오는 차를 한 잔 마시는 시간에 내가 문을 열고 들어가기로 계획을 세웠다. 그것은 평소 때 모임에서 노 부장 부인이 하는 이야기를 종합하여 내가 노 부장의 아침시간을 정확하게 추정하여 시간표를 짜놓고 거기에 맞춰 시행을 했기에 가능한 것이다.

나는 노 부장이 식탁에서 수저를 놓는 시간에 맞춰 아파트 현관 앞에 있는 공중전화박스에서 전화했다. 내 예측은 정확했던 것 같다. 부인이 전화를 받아 방금 식사를 마친 노 부장에게 전화기를 바꿔준다.

"어, 김 실장, 아침 일찍 웬일이야?"

"응, 아침에 조깅을 하느라고 오다 보니 여기 노 부장집 부근까지 왔네, 왔던 길에 들를 테니 차나 한 잔 줄 텐가."

때로는 이처럼 전혀 말이 안 되는 터무니없는 말로 접근할 때도 있다. 아침 출근시간에 어떻게 여의도에서 청량리까지 조깅을 온단 말인가. 이처럼 말이 안 되는 소리라도 내가 노 부장 집 안으로 들어갈 수 있는 구실은 될 수 있으며 또한 이런 엉터리 구실이 노 부장에게는 내가 무엇 때문에 아침에 여기까지 왔나하는 의미전달까지도 가능케 하는 것이다.

나는 노 부장 집으로 들어갔다. 역시 내 시간계산대로 노 부장은 손에 신문을 든 채 나를 맞는다. 우리는 응접실에서 부인이 가져오는 차를 한 잔 마시며 이런저런 객담을 나누다가 노 부장 출근시간에 맞춰 집을 나왔다.

드디어 내가 본론을 꺼내야 할 중대한 시간이 임박해지자 긴장되고 마음이 조급해진다. 가까운 친구지간에도 형편에 따라 이렇게 처지가 달라지는 것이다. 그런데 이게 웬일인가.

문 앞에서 인사하고 집 안으로 들어갔어야 할 부인이 엘리베이터 앞까지 따라나오는 것이 아닌가. 내가 왔다고 배웅나오는 것이 엘리베이터까지였다. 엘리베이터 앞에 와서도 쉽게 돌아가는 것이 아니라 엘리베이터가 올라올 때까지 함께 기다릴 모양이다.

본래 내가 계획했던 시간과 그만큼 착오가 생기자 나는 바짝 더 긴장했고 순간적으로 시간조정을 다시 했다. 그럼 엘리베이터를 타자마자 일을 끝내야겠다. 엘리베이터 안에 또 다른 사람이 끼어들면 그것 또한 낭패였기 때문이다. 마침내 엘리베이터가 도착되었고 부인이 허리를 굽혀 인사하자 문이 닫힌다. 다행스럽게도 엘리베이터 안에는 아무도 없었으나 언제, 어느 층에서 문이 다시 열리고 사람들이 몰려들지 모른다.

시간은 없다. 이런 긴박한 상황에서 친구 노 부장의 손을 덥석 잡았다.

"노 부장, 내가 이 새벽에 여의도에서 여기까지 무슨 수로 조깅을 왔겠니. 나를 좀 도와다오."

내가 이렇게 갑자기 태도를 바꾸었음에도 노 부장은 별로 놀라는 기색이 아니다. 그도 이미 충분히 예견하고 있었던 듯 입을 굳게 다문 채 묵묵히 나를 바라볼 뿐이다.

우리가 1층에서 엘리베이터를 내리니 그곳에 노 부장의 운전사가 기다리고 있다가 허리를 굽혀 인사한다. 그리고 현관 앞에서 문을 열고 기다리는 승용차 안으로 노 부장이 올라타자 나는 비로소 길게 숨을 몰아쉬었다. 그리고 노 부장의 승용차가 시야에서 완전히 사라질 때까지 그 자리에 그대로 서 있었다.

그해 여름이었다. 벌써 내가 〈소녀시대〉 광고를 시작한지 석 달이 지났는데도 태평양화학의 광고는 아직까지도 한 페이지를 싣지 못하고 있었다.

나의 절친한 친구였던 과거 중앙일보·동양방송의 최주호 차장은 언론사 통폐합으로 KBS 업무국장으로 승진했다가 다시 중앙일보 상무로 돌아와 있었다. 나는 주 이사와도 가까운 최 상무를 만나 하소연했다.

될 듯 될 듯 하면서도 아직까지 내 속을 태우고 있는 태평양화학의 주 이사를 어떻게 했으면 좋겠느냐고 물었다. 정말 나로서는 할 수 있는 모든 것을 다 해봤지만 아직까지 소득이 없음을 최 상무에게 자세하게 이야기했다. 그랬더니 최 상무는 나에게 하나의 아이디어를 주었다.

당시 광고계에는 이런저런 모임들이 많았다. 그중 태평양화학의 주 이사를 중심으로 해서 모이는 모임이 있었는데 이들 모임은 매년 여름에는 가족동반해서 동시휴가를 가는 것이 오랜 전통이라고 했다. 여기에 나도 한 번 참석해 보라는 것이다. 그 회원들 모두가 나와도 절친한 사람들이니 내가 거기에 합류한다 해도 별 무리는 없을 것이라며 그런 기회를 통해서 주 이사와 자연스런 인간관계를 만들어보라는 것이다.

내가 지금 비록 주 이사와 가까운 관계라고는 해도 그것은 어디까지나 업무적 관계일 뿐이지 진정 마음과 마음이 통하는 그런 흉허물없는 관계는 아니라는 것이다. 그런 관계로는 업무추진에도 한계가 있는 법이니 그 벽을 넘어서려면 이런 모임을 통해서 나 스스로가 마음의 문을 열고 주 이사를 대해 보라는 것이다. 참으로 최 상무다운 좋은 아이디어였다.

그래서 당장 그해 여름휴가에는 내가 게스트로 참석하기로 하고 모든 것은 그 모임의 간사인 최 상무가 알아서 처리해 주기로 했다. 나는 가족들을 데리고 경주로 함께 떠났다. 그러나 나는 속으로 여간 긴장이 되는 게 아니었다. 비록 최 상무가 밀어붙이기 식으로 나를 끌어들이기는 했으나 주 이사도 나의 이런 속내를 알고 있었을 테니 썩 유쾌하지는 않았을 것이고, 무엇보다도 여러 가족들이 모인 즐거운 휴가중이어서 거기에서 내가 어떻게 처신할 것인가가 어렵고 힘들었다.

내 아내나 아이들도 이런 것을 눈치 채게 해서는 안되었다. 나 혼자 감당해야 할 일 때문에 가족들의 체면에 손상을 입히거나 자존심을 짓밟는 일은 절대 있을 수 없었기 때문이다.

우리 일행은 중간기착지인 금강휴게소에서 잠시 쉬어가기로 했다. 여러 집 아이들이 모두 차에서 쏟아져내려 물가로 달려갔다. 나도 얼결에 차에서 뛰어내려 우리 아이들보다도 먼저 다른 집 아이들에게서 눈을 떼지 않으며 그들의 뒤를 쫓아갔다. 그리고 행여 급류에 빠지지는 않을지 이것저것 보살피고 챙겨주었다. 그것도 아내와 우리 아이들이 전혀 눈치 채지 않게 최대한 능청을 떨면서….

금강휴게소는 흘러가는 강물을 시멘트로 한쪽을 막아서 강물을 다른 한 곳으로 모아 흐르도록 만들어 놓은 곳이었다. 그래서 그곳에서는 물줄기가 요동치고 있었고 물소리는 요란했다. 나는 무심코 그 요동치는 물줄기를 바라보며, 한없이 몸부림을 쳤다가도 이내 제 길을 따라 유유히 흘러내리고 있는 물살에 한없는 부러움을 느꼈다.

'그래 잘해 보자. 나도 저 물결처럼 잘 할 수 있을 거야."

우리들은 조선비치호텔에 숙소를 정했다. 모인 사람 모두가 나와는 절친한 친구들이었지만 그들 역시도 내가 이처럼 급작스레 합류한 이유를 모르는 바가 아니어서 나는 속으로 유쾌할 수가 없었다. 더구나 불과 얼마 전까지만 해도 나를 지금의 주 이사처럼 대했던 사람들이었으니 그들인들 지금의 나를 대하기가 그렇게 자유스러웠겠는가. 그러나 나는 어제까지의 모든 일은 새까맣게 잊고 오로지 여기 모인 모든 사람들을 더욱 알뜰하게 받들고 살갑게 보살피기로 작심했다.

다음날 새벽부터 남자들은 모두 골프백을 메고 골프장으로 나갔다. 나는 아직 골프를 쳐보지를 않았으므로 골프를 못 친다는 핑계로 자연스럽게 뒤로 빠져 남은 가족들이나 아이들이 수영장에서 잘 놀 수 있도록 뒷바라지를 해주거나 안전관리를 해주었다. 그리고 때로는 멀리 감천 해수욕장까지 데리고 가서 함께 놀아주기도 했다. 이런 모습을 보고 아내는 내가 그렇게 아이들을 좋아하고 잘 보살펴주는 줄은 몰랐다고 했다.

아내뿐만이 아니었다. 내가 보기에도 이토록 변신된 내 모습에 스스로 놀라기도 했다. 그해 여름휴가 동안 평소의 나로서는 상상도 할 수 없었던 인내로 주위의 아이들과 가족들을 위해 헌신하고 보살피다 휴가를 마치고 서울로 올라왔건만 기대했던 태평양화학은 여전히 요지부동이었다.

주 이사는 그야말로 난공불락의 옹고집이요, 철옹성이었다. 그렇다고 여기서 물러설 수는 없었다. 그래서 이제까지의 주 이사에 관한 전략을 되짚어 보기로 했다. 과연 무엇이 문제였을까….

주 이사는 시인 출신이다. 주 이사가 강하고 고집이 센 것 같지만 꼼꼼히 따져보면 그 옹고집 속에도 시인의 여린 감성이 숨겨 있음을 나는 간파했다. 그래서 이런 사람에게는 이제까지의 막무가내식의 밀어붙이기는 때로는 역효과가 있음을 알아차렸다. 그에게 무엇보다도 중요한 것은 명분과 자존심이었다.

'밀어서 밀렸다'는 절대 그에게 안 통하는 철칙이다. 오히려 이런 사람에게는 밀면 밀수록 더 강하게 버티는 반작용이 큰 법이다. 그래서 나는 우리 〈소녀시대〉의 제호를 〈세븐틴〉으로 바꾸자고 허 사장에게 건의했다. 책을 완전히 새롭게 탈바꿈시켜 보자는 생각에서였다. 만약 〈소녀시대〉를 초등학생용 잡지가 아닌 고등학생용 잡지로만 만들어 준다면 광고로는 〈여고시대〉나 〈여학생〉을 능가할 자신이 생겼다. 그러나 허 사장은 반대했다.

태평양화학의 광고 하나만을 위해 책 제호나 편집내용을 바꿀 수는 없다는 것이다. 〈소녀시대〉의 독자층은 초등학생인데 광고 때문에 이제까지의 초등학교 독자를 잃을 수는 없다는 것이다. 그러나 나에게 아모레광고는 단순한 광고가 아니었다. 화장품 및 패션업계에서 광고매체로 인정받을 수 있는 결정적 계기가 바로 아모레광고가 아닌가.

내가 광고수탁고를 올리기 위해 이처럼 절박하게 사정해도 허 사장은 끝까지 이를 승낙하지 않아 어쩔 수 없이 나는 차선책으로 〈세븐틴〉을 부제로 활용하기로 했다. 그래서 〈세븐틴〉이란 부제를 표지 〈소녀시대〉 밑에 붙였고 내용에도 몇 꼭지의 고교생 글을 실었다. 그리고 허 사장이 고집하는 초등학교 소녀들을 주 대상으로는 하되 집안에서 중고등학교 언니들도 함께 읽을 수 있는 읽을거리를 실어 독자층을 넓히도록 했다.

그리고 나는 이것을 적극적으로 부각시켜 잡지의 이미지를 업그레이드

시켜 주 이사의 명분을 살리도록 최대한 노력했다. 뿐만 아니라 태평양화학의 선전부의 책임자인 신동찬 부장부터 장웅조 차장, 권태효 과장, 신익승 잡지담당까지 거의 매일 찾아가 우리 잡지의 장점에 대해서 끊임없이 토론하고 이해시켜 그들 스스로도 우리에 대한 인식을 바꾸도록 노력했다.

태평양화학은 나와 참 인연이 깊은 회사였다. 주 이사는 말할 것도 없고 나와는 둘도 없이 가까운 신 부상, 상 차장, 권 과장 모두 흉허물없이 지내는 사이였다. 이렇게 한 부서의 전 직원을 줄줄이 가깝게 지내는 회사는 어디에도 없었다. 거기에 내가 그토록 심혈까지 기울이고 있음에도 아직 아무런 반응이 없으니 나는 속이 터지고 죽을 지경이었다.

이렇게 내가 애를 태우고 있자 신 부장이 슬쩍 한 가지를 귀띔해 준다. 주 이사는 각 부서별로 담당자의 의견을 매우 중요시 여겨 담당자의 의견이나 건의라면 혹 못 이기는 척 들어줄지도 모른다는 것이다. 참으로 중요하고도 적절한 정보를 나에게 알려준 것이다. 잡지담당자 신익승 씨는 입사한 지 얼마 안 되는 마치 국제상사의 신복선 씨처럼 깨끗하고 예의 바른 사람이었다. 사무실 안에서 몇 차례 그를 만나 이야기를 시도해 봤지만 윗사람들이 많아 '네, 네' 건성으로만 대답할 뿐 확실하게 못을 박을 수는 없었다. 그렇다고 그와 독대나 단둘이 식사는 더구나 눈들이 많아서 어렵고 또 본인도 절대 사양해서 불가능했다.

"어이 신 부장, 신익승 씨와 좀처럼 독대시간을 가질 수가 없는데 어떻게 하면 좋지?"

하도 답답해서 친구인 신 부장에게 슬쩍 하소연했다.

"그럼 집으로 찾아가 봐…."

"뭐? 신익승 씨 집으로 찾아가 보라고…? 아무리 그래도 그렇지 어떻게 갓 입사한 신익승 씨 집에 찾아 갈 수가 있단 말이냐. 본인도 너무 부담스러워할 텐데…."

"농심의 이사 출신이라 태평양화학의 신입사원 집에 찾아갈 수가 없다면 할 수 없지…."

그래서 하루는 시간을 내어 밤늦게 신길동에 있는 신익승 씨 집을 노크했다. 그는 무심코 나왔다가 대문 밖에 서 있는 나를 보고 까무라치듯 놀란다. 그리고 한사코 안 된다는 것을 억지로 그의 등을 대문 안으로 떠다밀며 집 안으로 들어갔다.

그러나 이렇게 막무가내식으로 안으로 들어가 보니 아, 이게 웬일인가. 부인이 아이를 출산한 지 얼마 되지 않아 옛날 같으면 손을 가릴 그런 시기였다. 그리고 비좁은 단칸방 안에는 부인의 어머님도 와서 산후조리를 돕고 있었다. 도저히 나이 많은 내가 들어올 자리가 아니었다.

나는 뒤늦게 후회를 했지만 이왕 여기까지 왔는데 그렇다고 물러설 수도 없었다. 그래서 억지로 그의 손목을 붙잡으며 호소했다. 주 이사가 선뜻 결정 못하는 것을 담당자 입장에서 적극적으로 한 번 밀어달라고….

좁은 방안에서 얼굴에 붓기가 채 가시지 않은 부인이 안절부절을 못하고 있었는데 나는 그런 부탁을 하면서도 그와 부인에게는 한없이 미안했고 또 이렇게까지 해야 하는 내 처지가 너무나 속이 상하고 화가 났다.

이처럼 내가 태평양화학에 대해 거의 사생결단을 하다시피 집요하게 물고 늘어지자 마침내 그 바윗덩이 같던 태평양화학도 서서히 우리 쪽에 관심을 보이기 시작하는 것이다. 그래서 마침내 우리에게도 태평양화학의 아모레 광고가 배정되었는데, 이번에는 쪽수가 경쟁사에 비해서 너무나 적은 2페이지였다.

태평양화학은 업계 1위에 제품도 다양해서 대개 한 잡지당 4페이지 이상 많게는 10페이지까지 싣는 주부지도 있었다. 〈여고시대〉 〈여학생〉도 매달 4~6페이지를 싣고 있었는데 우리는 달랑 2페이지를 배정한 것이다.

그러나 나는 이것이나마 너무나 감사해서 이것을 기회로 그동안 풀리지 않던 다른 화장품과 패션, 가전광고를 끌어들이기 시작했다. 비로소 우리도 이제야 광고다운 광고를 본격적으로 싣기 시작하여 광고주가 인정하는 광고매체로서 자리를 잡아가기 시작했다.

고향에서는 손을 내밀지 말라

내가 여기까지 오는 데 6개월이 걸렸다. 길다면 길고 짧다면 짧은 기간이었다. 수입은 농심에 있을 때와는 비교가 되지 않을 정도로 늘어났고 일찍이 느껴보지 못했던 생활의 여유도 즐길 수 있게 되었다.

그래서 나는 전에 아파트를 옮기면서 농심 사장님에게 도움을 받았던 것을 갚기로 했다. 농심을 떠난 이후 줄곧 내 마음 속에서 떠나지 않던 부담감을 털어내기 위해서였다. 그러나 아무리 생각해봐도 사장님이 이 돈을 받을 것 같지가 않았다. 아니 오히려 역정을 낼지도 모른다는 생각이 들었다. 그래도 나는 처음부터 내가 결심했던 사항이었으니 꼭 그렇게 하고 싶었다.

그래서 나는 농심을 찾아가 사장실이 아닌 경리부 서 상무실로 들어갔다. 그래서 서 상무에게 자초지종을 이야기하고 봉투를 내놓았다.

"아, 그런 일이 있었습니까?"

서 상무는 깜짝 놀라는 표정으로 나를 바라본다. 그 표정으로 봐서는 서 상무는 이 일에 대해서 전혀 모르고 있었던 것 같았다. 이런 큰돈을 서 상무도 모르게 나에게 주었다면 그럼 사장님이 회삿돈이 아니라 개인적으로 건네주었다는 말인데 그렇게 생각하니 더더욱 그런 사장님에게 고맙고 미안한 생각이 들었다.

"그런 돈이라면 더욱 내가 받을 수가 없습니다. 김 실장이 직접 사장님에게 전하세요."

"아니지요. 그건 큰 결례입니다. 사장님이 받지도 않으시겠지만…."

"사장님이 받지 않으실 것이라면 더욱 나는 받을 수가 없지요."

“그래도 이건 저의 간절한 부탁이니 한 번 제 심부름을 해주세요. 저는 이렇게라도 해야 마음의 부담을 조금이라도 덜어버릴 수가 있어서랍니다.”

억지로 서 상무에게 떠맡기며 간청했더니 본래 성격이 여린 서 상무는 마지못해 그것을 받아든다.

“그 대신 사장님이 끝까지 받지 않으시면 다시 돌려드리겠습니다.”

“감사합니다. 그러나 그런 일은 없도록 상무님이 수고해 주세요.”

내가 서 상무와 헤어져 사무실을 나오는데 비로소 허리가 펴지고 가슴속 깊이 응어리져 있던 한숨이 토해져 나오는 것 같았다.

이 돈이 어떻게 모아진 것인가. 거래처 하나하나를 발이 닳도록, 얼굴이 땅에 닿도록 뛰고 빌어서 겨우 장만한 것이 아닌가. 그 돈으로 이렇게 사장님에게 진 빚을 조금이나마 갚았다고 생각하니 그렇게 마음이 홀가분할 수가 없었다.

그리고 다시 6개월이 지났다. 정확히 내가 〈소녀시대〉 광고를 도급받고 광고영업을 시작한 지 꼭 1년이 되는 날이다. 나는 조용히 지난 1년을 정산해 보았다. 내 생애 중에 가장 물불을 가리지 않고 뛰었던 한해였던 것 같다.

그렇게 온몸을 던져 미친 듯이 활활 불태우고도 과연 지금 뭐가 남아 있을까 싶을 정도로 완전 소진되어 아무것도 없어보였다. 마치 1년 동안의 산고를 치르며 모든 것을 다 쏟아부어 건강한 옥동자를 세상에 내놓고 기진하여 쓰러져 있는 듯한 기분이었고, 고(故) 김득구 선수가 마지막 피 한 방울까지 다 쏟아붓고 캠버스 위에 장렬하게 쓰러져 있는 그런 기분이었다. 그리고 그 대가로 나는 지금 고개를 숙여 남을 배려하는 모습을 배운 것이다.

본래 내가 이 어려운 〈소녀시대〉를 붙들고 광고영업을 시작한 것이 이제까지 내 몸에 배어있는 꼿꼿한 교만을 버리고 자숙과 겸손을 배우기 위해서가 아니었던가. 그 목표만 이루어졌다면 그 외에 무엇을 더 바라랴. 좀 열심히 뛰어서 광고면을 늘렸다는 것은 전혀 큰 문제가 아니었다. 그래서 광고 세일즈맨 생활은 여기에서 접기로 했다.

더 이상 내가 여기에 연연한다면 그것은 살기 위한 하나의 선택일 뿐 처음부터 내가 뜻했던 것과는 거리가 먼 것이었다. 더구나 이런 일을 앞으로도 계속한다면 자숙(自肅)과 겸손(謙遜)이 아니라 오히려 성격 자체가 비굴해지고 자신을 잃을 위험성마저 클 것 같았다.

그래서 허 사장을 만나 나의 이런 뜻을 전하고 지난 1년 동안 어려웠던 〈소녀시대〉를 이만큼 올려놓았으니 앞으로 잘 해보시라고 했다. 그랬더니 허 사장은 펄펄 뛰며 난리를 피우는 것이다. 자기는 그동안 나만 믿고 사업을 잔뜩 확장해 놓았는데 이제 겨우 1년 만에 손을 떼면 어떻게 하느냔다.

"아니 내가 〈소녀시대〉를 이만큼 키우고 기반을 잡아서 되돌려 주면 고맙다고는 못할 망정 이렇게 원망하면 어떻게 해요."

"글쎄 이건 기반이 잡혀진 게 아니라니까. 여기까지는 김 실장 얼굴로 된 것이고 〈소녀시대〉가 자체 기반이 잡히려면 앞으로도 2, 3년은 더 해주어야 한다고."

"그렇지 않아요. 이만큼 만들어놓은 사람도 있는데 이미 만들어놓은 것을 유지를 못 한대서야 허 사장다운 말이 아니지. 전처럼 허 사장이 직접 운영하시든가 아니면 김 차장에게 맡겨봐도 좋을 겁니다. 김 차장도 지난 일년동안 내 밑에서 배운 게 있잖아요."

나는 허 사장의 간청을 끝까지 물리치고 〈소녀시대〉의 사무실을 나왔다.

지난 1년 동안 정들었던 전직원이 현관 앞까지 나와 떠나는 나를 아쉬워했으나 허 사장은 끝내 사장실에서 나오지 않았다.

또 하나의 시작-광고자료사업

1년 전 내가 직장을 잃었을 때는 너무나 막막하고 세상이 두렵기까지 했었으나 이번은 달랐다. 직장을 잃고 실업자가 된 것은 마찬가지였으나 속마음은 전혀 딴판이었다. 아마도 그때는 타의에 의한 실직이었고 이번은 내 스스로가 그만 두었다는 차이 같았다.

지금은 막막하고 세상이 두려운 게 아니라 이것저것 많은 것들이 눈앞에 그려지기도 하고 하고싶은 일들도 많았다. 하고싶은 일 중에 가장 내 마음을 끌고 있는 것은 역시 CF제작이었다. 영화나 CF는 나에게 일종의 고향과도 같은 존재였기 때문이다.

그렇다해서 지금 내가 다시 CF제작으로 돌아가는 것은 문제가 있다고 생각했다. 왜냐하면 내가 CF업계를 떠나있던 지난 10여 년 사이에 이미 많은 신진후배들이 나와 이미 그들에 의한 새로운 질서가 잡혀있었기 때문에 그곳에 내가 새삼스러이 끼어 든다는 것은 어느 모로 보나 바람직해 보이지 않았다.

'한 번 떠나온 고향은 영원한 고향으로 남겨두는 것이 장부의 마음'이라는 선배들의 말을 굳이 빌리지 않더라도 새삼스럽게 그 바닥에 다시 되돌아가서 후배들과 어깨를 부딪치고 싶지는 않았다. 차라리 후배들과 경쟁하기보다는 오히려 잘하고 있는 후배들이 더 잘할 수 있게 도와줄 수 있는 일은 없을까를 생각해보았다. 그래서 생각해낸 것이 바로 광고자료사업이었다.

내가 일선에서 CF감독을 하면서 항상 갈급해 하던 것이 바로 이 CF자료가 아니었던가. 아이디어가 막힐 때도 그랬고 광고주를 설득할 때도 그랬었다. 그래서 그때마다 마땅한 외국자료를 구할 수가 없어서 어쩌다 한두 편 얻게되면 보물중의 보물로 여겨 두고두고 아껴보았으며, 급할 때는 마산까지 내려가서 현해탄을 건너오는 일본 TV광고를 8mm로 촬영하여 그것을 연구하며 공부하지 않았던가.

세계 각국의 광고자료를 우리나라 일선 광고제작팀들에게 공급하여 그들이 우리 때보다는 훨씬 편하고 다양하게 공부할 수 있는 여건을 만들어주자. 이것이 곧 선배가 후배에게 할 수 있는 일이고 내가 해야할 일이라는 생각이 들었다. 그래서 바로 사무실을 차리기로 했다.

지난 1년 동안 아우에게 한푼도 임대료를 내지 않고 사무실을 공짜로 쓴 것도 미안해 겸사겸사 이번에 사무실을 따로 내어 독립하기로 했다. 그래서 1984년 설립한 것이 '한국광고개발연구소'였다.

그리고 곧바로 우리나라를 비롯하여 세계각국의 CF자료를 만들기 시작했는데 내친 김에 CF자료뿐만 아니라 인쇄자료도 함께 내기로 했다. 당시 우리나라에는 광고자료라는 것이 전무했던 시대였다. 그래서 자료집을 만들려고 해도 아무것도 참고할 것이 없었다. 그래서 다시 전에 농심에 처음 입사했을 때처럼 도서관을 뒤지고 외국문헌과 해외 유명광고제 등을 발췌해가며 나름대로 정형을 만들어보았다.

그래서 세계 12개국의 CF를 모아 국가별, 제품별로 이들 CF를 분류하여 쉽게 볼 수 있도록 만들기로 했다. 그리고 국내 신문 잡지광고는 한 달 동안 출고된 원고 모두를 축소하여 한 권의 책으로 만들었는데, 이것은 일본에서 발행되는 '신문광고축쇄판'을 참고로 했다.

이렇게 일을 벌여놓고 보니 이것이 보통 어렵고 힘든 일이 아니었다.

매월 세계 12개국의 CF를 모은다는 것도 힘들었고 또 모아진 CF를 국가

별 제품별로 따로 편집하는 것도 보통 일이 아니었다. 그리고 국내 CF를 모으기 위해서는 전 TV방송을 하루종일 녹화하여 이 중에서 그날 새로 나온 CF만 따로 편집해야하는데 여기에도 엄청난 최신장비와 많은 인력이 필요했다.

게다가 인쇄광고축쇄판을 만들기 위해서는 국내에서 발행되는 모든 신문과 잡지를 전량 보아 이 중에서 광고만 발췌하여 그기기 제각각인 이들 광고를 업종별로 분류하여 편집하는 것 또한 어마어마한 일이었다. 이렇게 만들어놓고 보니 그 볼륨만도 타블로이드판으로 800페이지가 넘는 엄청난 책자였고, 인쇄제본비만 매월 2,500만원(1984년 당시)이 넘는 천문학적 금액이었다.

내가 처음 이 계획을 이야기했을 때 주위의 모든 사람이 다 반대했다. 어떤 사람은 내가 잡지영업에서 조금 성공하더니 독선과 아집에 빠졌다고 우려하기도 했다. 그러나 나는 뜻이 있는 데 길은 있다고 확신하고 있었다.

그래서 한국의 신문과 잡지 광고모음집인 〈애드브레인〉과 세계 각국의 CF모음집인 VIDEO TAPE 24권과 〈CF BANK〉를 매월 내기 시작했다. 이들 모두는 내가 그동안 광고실무를 하면서 그 필요성을 절실히 느끼고 있던 것들이었다.

그러나 그 어려움은 이만저만이 아니었다. 또다시 나는 내 스스로를 벼랑 끝 배수진 위에 나를 올려놓은 꼴이 되었다. 그러나 나는 이 모든 어려움과 난관을 내 몸 하나로 스스로 부딪치며 해결해 나가기로 했다. 그러자니 눈에는 항상 살기가 돌았고 충혈되었으며 말은 빠르고 발걸음은 뜀박질이었다.

지성이면 감천이라고 이렇게 하루하루를 미친 듯이 뛰다 보니 모두들 불가능하다는 이 일이 그런 대로 하나하나 자리가 잡혀가기 시작했다.

최초의 광고전문지 〈월간해외광고〉

나는 사업을 시작할 때 항상 업계에서 필요한 것으로서 지금은 없는 새로운 것만을 골라 시작하는 버릇이 있었다. 그러다 보니 내가 손대는 것이란 모두가 우리나라에서는 처음 시도하는 것들뿐이어서 그 사업은 언제나 위험이 따랐고 부담은 컸지만 나는 이것을 끈기와 집념으로 극복했다.

당시 우리의 광고시장 규모는 아시아에서 일본 다음이었다. 이런 큰 광고시장을 가지고 있으면서도 업계에는 광고 전문지가 없다는 것이 늘 아쉬웠고 광고인의 한사람으로서 부끄러웠다.

그래서 나는 광고 전문지를 하나 창간하기로 마음을 굳혔다. 〈애드브레인〉과 〈CF BANK〉, 〈CF자료〉와 같은 한 개인이 하기에는 턱없이 벅찬 일도 해냈는데 광고전문지 하나 못 만들까 하는 오기도 생겼다.

당시에는 군사정부 시절로서 모든 방송과 신문은 말할 것도 없고 정부정책에 비판적인 여론을 사전에 차단하기 위해 잡지 같은 일반 정기간행물까지도 정부에서 철저하게 통제하고 감시, 감독하던 때여서 고위층에 특별한 선이 닿지 않는 한 신규로 정기간행물 허가를 받는 다는 것은 전혀 불가능한 때였다.

이런 살벌한 시기에 내가 엉뚱하게도 정기간행물 허가를 내겠다고 하니 모든 사람들이 계란으로 바윗돌 깨기라며 코웃음을 쳤다. 그러나 나는 이것도 "뜻이 있는 곳에 길이 있다"는 엉뚱한 신념 하나만을 믿고 무모하다 못해 미친 짓이라는 비난을 들어가며 밀어붙이기 식으로 일을 벌였다.

광고업계의 탄원도 받고 또 나름대로 요로요로에 길도 찾아보았다. 이때처럼 내가 출신학교에 고마움과 보람을 느껴본 적은 없었다. 뜻밖에도 동창 선후배들이 관계에 많이 자리하고 있어서 이들이 나를 전적으로 도와주고 용기도 주었다. 모두가 하나같이 내가 내세운 명분을 십분 이해했기 때문이었다.

일본을 제치고 아시아 제일, 나아가 세계 제일을 지향한다는 우리나라 광고산업이 업계의 정론(正論)을 모으고 선도해야 할 전문지 하나가 없다는 모순을 그들도 충분히 이해해 주었기 때문이었다.

이때 내가 이들 선후배들과 약속한 것이 있었다. 만약 정부에서 정기간행물 허가를 내주면 우리나라 광고산업을 세계화하는 데 일조하여 기필코 이를 성사시켜 놓겠다고….

결국은 그 불가능하다는 정기간행물 허가가 떨어졌다. 그래서 나는 그 약속을 기키는 의미에서 책의 제호도 〈월간 해외광고〉로 '해외'를 강조했고 겉표지에는 "세계로, 세계로"라는 슬로건을 표제아래 붙여서 늘 이런 우리의 각오를 다지기로 했다. 뒤떨어진 우리 산업의 나갈 길은 세계의 선진기술을 도입하여 그들을 좇아가는 길밖에는 없다고 생각했기 때문이다.

정기간행물 허가가 정부로부터 나오자 이제는 책을 만드는 편집이 남았다. 이 분야는 내가 전혀 알지 못하는 것이어서 전에 〈소녀시대〉에서 일했던 편집장을 찾아가서 조언을 받고 또 당시 일반 시사잡지로 최고의 영향력을 행사하던 〈마당〉 잡지의 막강한 아이디어도 지원 받아가며 어설프나마 팀을 발족시켰다.

그래서 나는 이들과 함께 낮밤을 가리지 않고 사무실 안에서 뒹굴며 창간 씨름을 했는데 이렇게 미쳐 날뛰다 보니 결국은 내 손에서 우리나라 최초의 광고잡지 〈월간 해외광고〉가 탄생하게 된 것이다. 그리고 미력하나마 이 잡지가 한국광고를 세계화하는데 향도적 역할을 다 할 것을 다짐했다.

그러나 이렇게 패기 있게 출발한 잡지사업이 처음 생각했던 것만큼 그렇게 만만한 것만은 아니었다. 아니 가면 갈수록 첩첩산중이었다.

판매가 미미한 데다가 광고유치도 뜻대로 되는 것이 아니었다. 광고시장 규모와 광고관련 출판과는 전혀 관계가 없음을 실감하면서 나는 몸부림을 쳤다. 나는 잡지의 제작은 〈애드브레인〉과 〈CF BANK〉를, 그리고 잡지의 광고는 〈소녀시대〉의 성공을 디딤돌로 하여 나름대로 자신하며 시작했던 것이었는데 내가 이미 두 곳에서 너무 탈진하고 지쳐버린 탓이었을까. 잡지 사업만큼은 모든 것이 처음 뜻대로 되지를 않는 것이다.

게다가 편집팀의 독선적이고 비타협적인 기자들을 통솔하는 것도 또 보통 애물단지가 아니었다. 이것이 이제까지 잘 운영되던 기존의 회사조직에까지 악영향을 미쳐 가뜩이나 어려운 회사 형편에 내부 조직마저 부글부글 잠시도 조용한 시간이 없었다. 기름은 기름대로, 물은 물대로 따로 나누어 끓였어야하는데 형편상 한 사무실에 넣고 같이 운영하려다 보니 그 부작용이 이만저만이 아니었다.

광고지에 광고를 유치하는 것도 문제였다. 광고영업에 관한 한 언제나 자신만만했던 나에게 〈월간 해외광고〉는 여러 가지로 시련을 주었다. 종래의 끈질긴 집념이나 물불을 가리지 않던 정열만으로 되지 않는 것이 이 광고잡지의 광고였다. 광고잡지에는 일반광고를 싣는 것이 아니다. 광고대행사나 신문, 방송 등 광고매체사의 광고를 실어야 하는데 광고로 살아가는 이들 회사들이 막상 자체광고를 하는 데는 너무나 인색하고 배타적이어서 나의 투지나 집념만으로는 한계가 있었던 것이다.

이렇게 어렵게 2년 6개월을 끌어왔다. 마침내 대망의 1988년 새해가 밝았다. 온 국민이 우리민족에게 새로운 비전과 도전을 안겨줄 희망의 '88 세계올림픽' 제전이 있을 이 해를 오래 전부터 준비하고 기대하고 있었다.

그러나 나는 이런 희망찬 신년을 맞으면서 참으로 비통한 중대결심을 하지 않으면 안되었다. 잡지사업을 어떤 형태로든 정리하지 않으면 안 될 입장이었다. 그동안 잡지사업이 얽히고 설키다 보니 나머지 사업까지 영향이 미처 이런 결정을 하지 않을 수가 없었다.

그래서 1988년 1, 2월호를 합본으로 내고 일단은 휴간에 들어가기로 했다. 폐간이 아니라 잠시 쉬면서 다음 기회를 보자는 의미에서 휴간으로 한 것이다. 이것이 내가 홍행영화에서 첫 좌절을 맛본 이후 두 번째 경험하는 가슴 아픈 시련이었다.

그리고 나는 다시 종전의 자료사업에 전력하기로 하고 회사를 대대적으로 재편했다. 종전의 연구소를 법인체로 전환하면서 상호를 '주식회사 오토오'로 바꾸었다 그리고 잡지팀을 없애는 대신 기존의 관리와 영업팀을 대대적으로 보강했다.

사업을 확장하고 경영을 합리화하는데 가장 중요한 것이 유능한 인재를 확보하는 문제였다. 한국에서 중소기업의 가장 취약한 분야가 바로 좋은 인재를 제대로 구할 수가 없다는 점이었다. 그래서 회사의 성패가 달린 유능한 인재 찾기에 회사의 모든 역량을 집중하기로 했다.

우선 내 주위에 있는 사람들 중에서 탁월한 능력을 갖은 사람을 찾아보기로 했다. 그것이 모르는 사람을 데려오는 위험을 덜 수 있는 지름길이라고 생각했기 때문이었다.

그래서 가장 먼저 머리에 떠오르는 사람이 콘티식품 광고이사인 주진원 씨와 서울우유 광고부장인 장성환 씨였다.

두 분 모두 나와는 오랜 업계의 벗으로 서로가 너무나 잘 아는 사이인데다가 탁월한 업무능력은 이미 오래 전부터 업계에 널리 알려진 분들이어서 나로서는 몹시 욕심이 나는 사람들이었으나 문제는 그런 큰 회사에서 중책을 맡은 사람이 우리처럼 작은 중소기업의 초빙에 과연 응해줄 것인가 하는 섬이었나.

그러나 뜻이 있는 데 길이 있다고 하지 않았던가.

나는 이분들을 어떻게 잘 설득해서 모셔올 것인가 그 방법을 고민하기에 앞서 먼저 내가 이분들과 어떤 관계를 가질 것인가를 정립했다. 이것을 허심탄회하게 상의를 하여 서로 뜻만 같이 할 수만 있다면 지금의 형편 따위는 크게 문제가 될 수 없다는 생각에 그 방법대로 밀어붙이기로 했다.

나는 오래 전부터 세계경영을 꿈꾸고 있었다. 국내경영은 회사가 틀이 잡혀지는 대로 다른 사람에게 맡겨두고 나는 미국이나 중국에서 뛰고 싶었다. 지금의 우리회사의 규모가 아직은 작은 틀에서 벗어나지 못하고 있었으나 그런 대로 안정은 되어있었다. 이제부터는 유능한 분이 와서 경영을 맡아준다면 큰 어려움 없이 회사를 확장시켜 나갈 수 있는 바탕은 되어있다고 생각되어 이분들을 모셔놓고 나의 계획과 지금의 상황을 있는 그대로 꾸밈없이 자세하게 이야기해 주고 동참을 구했다.

그러자 두 사람도 여러 날 동안 고민을 하더니 결국은 다함께 힘을 합쳐보자는 데 의기가 투합되어 한 배를 타기로 한 것이다.

그리고 2년이 지난 1990년.

처음 계획대로 회사가 그런 대로 안정이 되어 나는 주진원 사장과 장성환 전무에게 회사 일체를 맡겨두고 나는 훌훌 태평양을 건너 세계 비즈니스의 중심지인 미국뉴욕에 새로운 둥지를 하나 더 틀기로 했다.

세계시장을 개척하고 세계경영을 하는데도 이 귀중한 유황성냥을 활용해 보고 싶었다.

웨스트뉴욕에서 바라보는 아침의 맨해튼은 유난히도 아름답고 활기차 보인다. 허드슨강을 끼고 길게 뻗어있는 웨스트 리버사이드 하이웨이에는 꼬리에 꼬리는 무는 수많은 아침 출근차량으로 장관을 이루고 있고, 이곳 뉴저지에서 출발하여 강을 건너가는 페리호 갑판 위에도 많은 뉴요커들이 몰려서서 손에 들려있는 커피를 마시며 서류를 뒤적이고 있다.

나는 그 선상에서 점점 내 앞으로 다가오는 하늘을 찌를 듯한 맨해튼의 마천루들을 바라보며 주먹 쥔 손에 힘을 더 넣어보는 것이다.

그 엄청난 마천루숲 속에서 무한한 대한민국의 미래를 바라보면서….

그리고 앞으로 세계경제의 또 하나의 중심축으로 태어날 중국을 주목하면서 한중(韓中)간의 국교가 정상화되기를 기다려 중국북경에 새로운 둥지를 틀 것을 기대해 본다.

에필로그

생각하는 사고와 건강, 그리고 게으르지 않은 조금의 부지런함, 나는 오로지 이것만을 갖고 나름대로 최선을 다해서 여기까지 왔다고 생각한다. 그러다 보니 몸은 항상 바쁘고 힘들게 살아왔지만 남들처럼 대단한 것을 남겨놓지는 못했다. 본래 생각이 많은 사람이란 다 그런 게 아닌가….

그러나 나는 주어진 것에 항상 만족하며 지금도 일을 계속하고 있다. 아직 끝나지 않은 일, 아니 나에게는 결코 일의 끝남이란 있을 수 없을 것 같은 그런 착각(?) 속에서 지금도 일을 손에서 놓을 수가 없다.

아직도 내 주머니 안에는 유황성냥 몇 개가 그대로 남아 있기 때문이다.

나는 본래부터 아이디어를 만들어내는 아이디어맨이었다.

그래서 광고자료사업도 광고인들이 보다 쉽고 간편하게 아이디어를 낼 수 있게 그들에게 공급해준 것이었고 그 외에도 많은 아이디어들이 있었음에도 이것들을 제대로 활용하지 못해 아쉬웠던 것이 많았다.

최초의 인라인스케이트사업, 방송프로그램수출사업, 영상소설사업, 자서전공장사업, 한지수출 및 세계종이백화점사업, 세계흙자연석백화점사업, 도시조명사업, 미국에 한국식 극장간판사업 등 이루 헤아릴 수 없는 아이디어들이 많았으나 이제는 모두 지나간 일이요, 그 생명력을 잃은 것들이다.

그럼에도 불구하고 아직도 미련과 열정을 버리지 못하는 사업이 하나 있다. 그것이 바로 한강 수상골프사업이다.

사무실에서든 집안 응접실에든 벽에 걸려 있는 서울시전도를 보고 있노라면 그때마다 나는 항상 안타까움에서 벗어나지 못하는 것 딱 한 가지가 있다. 그것은 서울시내 한복판을 관통하는 엄청나게 큰 공간, 한강이 그곳에 있기 때문이다. 이 자연하천 한강이 서울시에 미치는 환경친화적인 기여는 말할 나위 없겠으나 그렇다고 해서 이 엄청난 공간을 그저 방치하고 있다는 것은 너무나도 우리 서울시민이 아이디어가 없다는 증거였다. 그래서 나는 일찍이 김영삼 정부 첫해부터 이 한강을 적절히 활용할 수 있는 아이디어에 몰두하였고, 그래서 생각해낸 것이 이른바 한강수상골프였다.

한국인은 골프를 좋아한다. 이 좋아하는 골프를 일반시민들이 쉽고 값싸게 활용할 수 있는 방법은 물론 골프장을 많이 건설하여 대중화하는 것도 한 방법이겠지만 그것은 엄청난 토지와 건설비를 필요로 하므로 불가능한 일이고 저 방치되어 있는 한강을 이용하면 가능하지 않을까 하는 생각을 했었다.

그래서 그에 적합한 물에 뜨는 골프공을 개발한다고 일본에까지 달려가 시제품을 만들어보았는데 모두 실패했다. 기껏 만들어보면 볼이 너무 가벼워 멀리 날아가지를 않고 타격감도 떨어져 매력이 전혀 없었기 때문이다. 그러던차 우연히 미국 플로리다를 여행중에 이 수상용 골프공을 발견하고 우선 5만 개를 특수 주문하여 본격적으로 서울시에 사업건의를 시작했던 것이다.

그러나 서울시에서는 받아들이지 않았다. 계층간의 위화감을 조성할 우려가 있다는 이유에서였다. 이것을 김영삼 정부, 김대중 정부, 노무현 정부, 매 정권이 바뀔 때마다 꾸준하게 사업계획서를 제출하고 허가를 간청했건만 번번이 퇴짜였다. 나중에는 한강변에 산재해 있는 배수펌프장이나 안양천, 탄천 같은 한강의 지류를 이용해보겠다 해도 이것도 허락을 안 하는 것이다.

지금은 골프가 상류층에서만 즐기는 귀족스포츠가 아니라 이제 거의 대중화되었고 더구나 골프로 해서 우리나라 국위선양이 얼마나 되었는가. 이제는 한국이 세계 제1의 골프강국이 되었건만 그동안 국가나 정부에서 이들 골프계를 위해서 해준 게 무엇이란 말인가.

세계에서 유례를 찾아볼 수 없는 엄청난 고비용으로 골프를 쳐야 하고, 그래서 해마다 일반 골퍼는 말할 것도 없고 어린 자녀들의 골프연수 등으로 해외로 빠져나가는 비용은 또 얼마나 많은가. 그럼에도 불구하고 서울의 한복판을 가로지르고 있는 금싸라기 같은 엄청난 공간—한강에는 기껏 수질오염의 주범인 수상식당이나 유람선 몇 척 띄우는 정도로 방치하고 있는 것이다.

그래서 이곳에 수상골프 레저타운을 만들어 시민들에게는 손쉽고 값싸게 골프를 즐기고 한국을 찾는 외국인이나 해외바이어들에게는 선진화된 한국의 국력을 과시해 보이자는 데 역대 정부에서는 그렇게 막무가내식으로 귀를 막고 있는 것이다. 나중에는 서울과 경기도 일원에 있는 저수지나 연못을 활용하자는 안을 수자원공사에 넣어보았으나 이것 또한 법에 걸려 곤란하다는 것이다. 그래서 이번에는 포항에서부터 남해, 서해를 거쳐 인천 앞까지 바다로 볼을 칠 수 있는 방법으로 해양수산부를 노크해 보았다. 그러나 이것도 법에 걸려 안 된다는 것이다. 강이든 바다든 아니면 저수지든 우리는 그 기본의 수자원기능은 유지하면서 단지 그들 수면 위만을 활용하여 그 효용을 높여보자는 것인데도 한사코 반대만 하는 이유를 이해할 수가 없다.

미국처럼 땅이 넓은 나라, 뉴욕에도 시민들이 코앞에 있는 허드슨강으로 마음껏 공을 날릴 수 있는 수상골프장이 있다. 그런 뉴욕시민 어느 누구도 맨해튼에 수상골프장이 있어 계층간에 위화감을 조성한다거나 수질오염을 시키고 있다고 생각하는 사람은 단 한 사람도 없다.

법이란 그 시대의 옷과 같은 것이다. 시대가 바뀌면 당연히 옷 모양도 더불어 바뀌어야한다. 변화된 시대에 맞지 않는 법이라면 당연히 그 법을 현실에 맞게 바꾸던가 그것도 아니면 그 법의 운용의 묘를 살리면 되는 것이다.

어차피 우리는 자원빈국이요 협소한 땅덩어리 안에 살고 있는 사람들이다. 이런 나라일수록 자원과 공간을 보다 더 효율적으로 활용할 줄 아는 아이디어가 필요한 법이다. 그렇게 구시대적인 법을 내세워 그 잣대에 맞지 않는 것은 무조건 안 된다고만 했다가 우리가 언제 선진대열에 들어선단 말인가. 싱가포르같이 조그마한 도시국가의 열린 자세가 지금의 우리에게는 절실하게 요구되는 시대가 아닐까.

그동안 오랜 세월동안 일을 하면서 나름대로 보람도 기쁨도 많았지만 아직도 풀리지 않아 안타까운 일이 있어 이 글로 나의 긴 이야기를 매듭지을까 생각한다. 이 일이 언젠가는 꼭 성공할 수 있는 날이 올 것을 기대하면서….

뒤돌아보면 참으로 많은 생각에 젖게 한다. 그 중에서도 직장생활을 함께 했던 직원들에게 미안한 생각을 지울 수가 없다. 당시 나는 오로지 경영주가 꾸고 있던 그 꿈의 실현에만 외곬으로 올인하던 중이어서 함께한 직원들에 대해서 너무나 소홀했음을 새삼 반성하고 그분들에게 좀더 따뜻한 배려를 하지 못했음을 두고두고 마음 아프게 생각한다.

이석환님을 비롯하여
김광일님, 김옥선님, 김준섭님, 김춘복님, 노환숙님, 박상종님, 박정호님, 신명철님, 유미자님, 오기인님, 이선희님, 임종웅님, 전년일님, 조형준님, 조민승님, 최 건님, 최광환님

모두 영원히 잊을 수 없는 나의 황금시대에 나와 인생의 한 페이지를 함께한 귀중한 친구들이자 소중한 동역자들이었다.

앞으로 건승하심과 집안의 행복하심을 빌어마지 않는다.

아울러 지금도 함께 일하고 있는 (주)오토오의 여러 임직원들께도 감사를 드리고 싶다.

우리는 군사정권하의 암울했던 시대부터 우리의 살길은 오직 해외로 나가는 길뿐이라는 확신하에 우리 광고의 세계화와 선진화를 위해 나름대로 헌신했다. 그리고 오늘날 우리의 광고산업, 특히 영상사업 쪽은 서구수준에 손색이 없는 경지에 다다른 것도 사실이다.

1970년대 마땅한 광고자료가 없어서 마산까지 내려가 그곳 여관방에서 현해탄을 넘어오는 일본 TV광고를 훔쳐보며 우리는 언제 저런 광고를 만들어 보나 하며 요원의 꿈을 꾸었던

때를 생각하면 실로 감격의 눈물을 흘리지 않을 수가 없다.

광고자료의 불모지였던 이 땅에 이토록 풍성한 자료천국을 만들어놓고 그래서 오늘날과 같은 우리 표현문화의 활짝 핀 모습을 볼 때마다 지금까지 함께한 우리 오토오의 직원들에게도 가슴 뿌듯한 자랑스러움을 감출 수가 없다.

미국 뉴욕과 중국 베이징에 현지 법인을 설립하고 세계시장을 공략하는 《한국의 불개미》가 〈아이디어 불태우기 시리즈〉(2)로 계속됩니다.